汉语国际教育研究

（第3辑）

《汉语国际教育研究》编委会

上海交通大學出版社
SHANGHAI JIAO TONG UNIVERSITY PRESS

内容提要

本书是以汉语国际传播为主题的论文集，主要研究内容涉及第二语言习得、汉语与汉语教学、文学与文化传播、非洲语言政策、华人华侨、专业建设与人才培养研究等。

图书在版编目(CIP)数据

汉语国际教育研究．第3辑/马洪海主编．—上海：上海交通大学出版社，2018.8

ISBN 978-7-313-19956-0

Ⅰ．①汉… Ⅱ．①马… Ⅲ．①汉语—对外汉语教学—教学研究—文集Ⅳ．①H195.3-53

中国版本图书馆CIP数据核字(2018)第186726号

汉语国际教育研究·第3辑

主　　编：马洪海

出版发行：上海交通大学出版社　　地　　址：上海市番禺路951号

邮政编码：200030　　电　　话：021－64071208

出 版 人：谈　毅

印　　制：虎彩印艺股份有限公司　　经　　销：全国新华书店

开　　本：710mm×1000mm　1/16　　印　　张：19.5

字　　数：308千字

版　　次：2018年8月第1版　　印　　次：2018年8月第1次印刷

书　　号：ISBN 978-7-313-19956-0/H

定　　价：78.00元

前言
PREFACE

本书既为浙江师范大学国际文化与教育学院的科研阵地，同时也是国内外汉语国际教育界开展学术研究、探讨理论创新的广阔平台。本书以促进汉语国际教育学科建设的持续发展，提升汉语作为第二语言教学的专业水平为宗旨。纵观学界，在本学科领域，同类书籍已有很多。如何在众多书籍中，占有一席之地，站稳脚跟，立于学林，获得长足的生长与发展空间，就必须发挥自身的特长与优势，形成自己的研究特色与学术品牌。综观本系列书籍出版以来，披览阅读之余，不难发现研究者所关注的研究热点，并从中体味出本系列书籍出版的宗旨，以及背后的学术支撑。

《汉语国际教育研究》的研究特色，体现在如下三方面：①注重第二语言习得与汉语作为第二语言的本体研究。②面向非洲，研究非洲国家的语言政策、语言社会生活、汉语教育的历史现状与存在的问题，从中寻求对非洲汉语教育的方略与对策。③发挥师范院校的优势，在培养和培训汉语国际教育师资方面深入探讨，创新模式，颇见成效。三者合为一体，成就本书与众不同的学术色彩与研究风貌。

汉语国际教育的本质是汉语作为第二语言教学。第二语言习得研究，也就是学习研究。首先要研究学习者语言，所谓之中介语研究；再者要研究学习者的习得过程、习得特点、习得规律；最后还要进行学习者个体研究，诸如学习策略、学习动机、学习者个体因素对学习的影响，等等。简言之，就是要摸清学习者是怎样学习汉语的，力求洞察学习者是如何学会汉语并使用汉语的。只有了解了这一切，教学设计才具有针对性，教学理论、教学模式、教学方法的采用才有了依托，否则将成水上浮萍。从教学中挖掘问题，从学习的角度深入思考，以第二语言习得研究方法获取结论，这既是学界研究的发展方向，也体现了本书的研究特点。

本书所展现的第二个特点，是本书独具的，也是很难得的，就是浙江师范大学，特别是国际文化与教育学院，与非洲大陆结下的不解之缘。早在1996年，就有教师在非洲执教，20多年来，络绎不绝，至今已在喀麦隆、莫桑比克和坦桑尼亚建立了3所孔子学院。非洲的汉语教学，具有不同于其他地区的汉语教学的特点，由于教学的需要，也为了适应非洲学生的学习需求，就必须对非洲国家语言政策及语言使用状况、语言教育传统、学习者外语学习习惯了如指掌。尤其是如何针对非洲学生进行汉语教学，结合国内外的对非汉语教学实践，寻觅出教学对策与教学方法。几年来孜孜以求，集思广益，多有建树。当今的语言教育研究是跨学科的，与非洲国家的文化往来，拓展了文化领域的研究。浙江师范大学非洲研究院的成立，非洲博物馆的建立，又为汉语教学与研究提供了丰富的资料来源，相得益彰。

第三个特点是有关汉语国际教师的培养与培训的研究。师范院校本就具有培养教师的优势，充分利用这个优势为培养汉语国际教育人才多作研究是本分的事。孔子学院在世界上已星罗棋布，大量汉语教师被派往海外，其中既有汉语国际教育专业硕士学位的在读生，更有数量可观的汉语国际教育志愿者，他们中的大多数责任心强，有使命感，但不少人的汉语教育知识与教学技能都还不够成熟。要提升教师质量，还得从源头做起。特别是培养本土汉语教师，更要尽心设计、精心培养。培养与培训是一门专门的学问，值得深入探讨。前不久，全国唯一一所举全省之力建设的师资选拔、培训机构——“浙江省教育厅孔子学院师资选拔培训中心”由浙江师范大学牵头成立。相信今后随着工作的展开，会有更多更好的汉语国际教育师资培养、培训研究论文问世。

本书作为汉语国际教育研究百花园中艳丽的一支，还有待于精心培育，细心呵护。我们相信，在汉语国际教育研究中，继往开来，立足于自身的优势，以教学与学习需求为导向，以学术创新为驱动力，会不断涌现新的研究成果，本系列书籍也一定会越来越好。

北京语言大学教授 赵金铭

2017年1月10日

目录
CONTENTS

第二语言习得研究

初级水平外国留学生的汉语听力学习策略

吴　剑*

（浙江大学　国际教育学院）

摘　要：当前汉语国际教育背景下听力教学法的创新要求深度探索初级水平外国留学生的汉语听力学习策略使用情况。通过对100份汉语听力策略有效问卷的统计分析，本文发现：①初级水平外国留学生的听力策略使用整体情况并不乐观，使用频率普遍不高；②初级水平外国留学生听力策略使用不均衡情况明显，具有过渡性和阶段性的特点；③初级水平外国留学生的听力策略使用与听力成绩的正相关关系占优势；④初级水平外国留学生的听力成绩通过推理策略、复述策略和评估策略能够得到有效的预测和解释；⑤初级水平外国留学生各项听力策略的发展性评估应该得到充分的重视。

关键词：外国留学生；初级水平；汉语听力学习策略

汉语听力教学研究一直是对外汉语教学领域较为薄弱的环节。汉语听力教学的宏观研究以杨惠元（1988）[1]、孟国（2003）[2]、刘颂浩（2008）[3]、张本楠（2008）[4]为代表，他们的研究明显受到了结构主义语言学的影响，大致都认为听力教学应该在语言形式的五个层面上进行：在训练学生听懂一段课文时，教师先从声母、韵母、声调的识别出发，然后依次进入词语、短语、句子和篇章的层面，然后在这些层面上配置相应的教学方法。汉语听力教学的微观研究则以马燕华（1999）[5]、李红印（2000）[6]、毛悦和任丽丽（2004）[7]、洪炜（2010）[8]为代

* 基金项目：浙江省教育科学规划研究课题“汉语国际教育背景下听力教学法创新的实证研究”（2017SCG221）。

作者简介：吴剑（1985—），男，浙江庆元人，浙江大学助理研究员，语言学及应用语言学专业博士。

表，他们或关注如何帮助学生跳跃听力障碍，或关注听力课的形式和教学重点，或关注心理因素对听力教学的启示。总体而言，这些实证调查的被试人数较少，亟须增加被试数量以利于研究的进一步细化和深化。

汉语听力教学研究主要探讨“如何教学”的问题，而“如何学习”则是汉语听力习得研究的重要课题。探索外国学生在听力课堂上如何更加迅速而有效的学习策略（Learning Strategy）越来越受到学界的普遍重视。蔡燕和王尧美（2013）[9]发表了一篇重要论文，她们使用汉语听力策略调查量表描述性地统计了 103 名来华预科留学生使用听力策略的基本情况，并且推断性地得出学生听力策略使用情况与其 HSK 听力成绩之间的正相关关系，该项研究对我们极具启发意义。我们认为，在当前汉语国际教育背景下听力教学法的创新要求深度探索初级水平外国留学生的听力学习策略①使用情况。

一、研究设计

1.研究对象

此次研究的被试是来自国内三所高校国际教育学院 2017 年春夏学期的语言进修生，总人数为 115 人，由于研究目的需要，被试必须满足填写完整问卷和参加学期末听力测验这两项条件，最终得到有效问卷 100 份。被试的性别分布为：男性 56 人，女性 44 人。年龄分布在 20 至 36 岁这个区间，分别来自 38 个不同的国家。他们的初始汉语学习水平并不一致，从零起点到已学汉语 18 个月不等，但都处于汉语听力的初级水平。

2.研究目标

在本研究中，我们试图回答以下三个问题：

(1)初级水平外国留学生在汉语听力课上的听力策略使用情况如何？

(2)汉语听力策略的使用与汉语听力成绩有何种相关性？

(3)汉语听力策略的运用是否可以评估听力成绩？若是，如何评估？

被试参加的期末听力测验试卷与新 HSK（汉语水平考试）听力试题在信度、效度和区分度上具有一致性，用期末听力成绩的高低来衡量被试的听力水平，我们认为是有理据的。

3. 研究工具

在本研究中，我们综合 O'Malley & Chamot (1989)[10] 和 Oxford (1990)[11] 关于第二语言听力策略调查量表的设计和论述，结合蔡燕和王尧美(2013)[9]30 的问卷，最终编制出一套适合汉语的听力策略调查量表。该量表共有 47 项问题(均为正向题，无反向题)，包含了三个维度：元认知策略、认知策略和情感补偿策略。元认知策略指在听力学习之前确定听力目标、监控听力过程以及评估听力结果的相关策略。认知策略指在听力学习过程中巧妙地处理(如分析、转化、综合)听力信号的相关策略。情感补偿策略指听力学习者主动选择与他人(如教师、同学、本族语者)交流的相关策略。在大规模发放问卷前，我们对 30 个被试样本进行了问卷的信度分析，其中 Cronbach's Alpha 系数情况如下：整体问卷为.940(47 项)，元认知策略为.882(13 项)，认知策略为.919(27 项)，情感补偿策略为.463(7 项)。由此可知，整体问卷、元认知策略和认知策略的 Cronbach's Alpha 系数均大于.8，信度很高，但是情感补偿策略的 Cronbach's Alpha 系数小于.6，信度较低，我们在研究中要予以特别关注。

所有问题的答案采用李克特 5 点量表法(Likert-type Scale)，即每个问题有五个选项：1＝这种做法完全或几乎完全不适合我的情况，2＝这种做法通常不适合我的情况(少于 50%)，3＝这种做法有时适合我的情况(约 50%)，4＝这种做法通常适合我的情况(多于 50%)，5＝这种做法完全或几乎完全适合我的情况。这五个选项分别代表了被试的五种态度。

在被试正式作答听力策略调查问卷之前，我们请求被试仔细、认真、诚实地回答每一个问题，并对如何作答问卷做相应的指导。整个答题过程要求在 20 分钟内完成，被试若有问题可以在现场向我们提问。

二、统计结果与分析

1. 外国学生使用听力策略的总体情况

我们将 100 份有效调查问卷得到的数据逐份录入 IBM SPSS Statistics 23

统计软件。被试的听力期末考试成绩由其听力教师提供，另行录入，最后汇总。

通过 SPSS 的描述性统计，我们得出了元认知策略、认知策略和情感补偿策略各题项的均值和标准差情况，如表 1、表 2 和表 3 所示。为了分析研究的方便，我们对元认知策略（13 项）、认知策略（27 项）和情感补偿策略（7 项）做降维处理，将其归纳为若干因子。在最终归纳出的 10 个因子中：元认知策略包含 3 个因子，分别为计划策略、监控策略、评估策略；认知策略包含 5 个因子，分别为复述策略、推理策略、预测策略、概括策略、转移策略；情感补偿策略包含 2 个因子，分别为提问策略、自我安慰策略。

表 1　元认知策略[Metacognitive Strategies]各题项的均值和标准差情况

序号	题　项	个案数(Case)	平均值(Mean)	标准差(SD)
1	When I'm free, I find interesting things to listen to in Chinese. 当我空闲时，我会寻找有趣的汉语材料来听	100	3.54	1.123
2	I look for opportunities to listen to things in Chinese. 我会寻找机会听汉语材料	100	3.69	.950
3	To improve my listening in Chinese, I watch Chinese TV programs. 为了提高我的汉语听力，我会收看汉语电视节目	100	3.78	1.124
4	I try to find out how to improve my listening in Chinese. 我会努力找出提高我的汉语听力的方法	100	3.99	.948
5	Before I listen to something, I decide whether it is important based on the task/topic. 听材料前，我会根据任务/主题确定其是否重要	100	3.28	1.064
6	Before I start listening, I decide if I need to pay attention to details or to the main idea. 开始听材料前，我会确定注意其细节还是大意	100	3.49	1.105
7	Before I listen to something important, I ask myself what I already know about the topic. 开始听重要的材料前，我会问自己关于此主题我知道些什么	100	3.40	1.128
8	When I'm listening to something, I know whether I have problems in understanding. 当我听材料时，我知道自己是否有理解上的障碍	100	3.90	.959

（续表）

序号	题　项	个案数(Case)	平均值(Mean)	标准差(SD)
9	When I have a problem in listening, I decide whether I should pay more attention to it. 当我听力中有疑难时，我会决定是否应该更重视它	100	3.98	.964
10	If I have a problem in understanding, I quickly decide whether I should continue or listen again. 如果理解有障碍，我会很快决定应当继续听，还是重新听	100	4.03	1.020
11	During or after listening, I check how much I have understood. 听材料期间或之后，我会检查我听懂了多少	100	4.12	.891
12	During or after listening, I compare my understanding with other things I know about the topic. 听材料期间或之后，我会将我所理解的内容与我所知道的关于此主题的内容相比较	100	3.78	1.031
13	I check my overall understanding to find out whether any part of my understanding goes against each other. 我会全面检查我所理解的内容，找出其中有无相互抵触之处	100	3.72	.933

从表1可知，元认知策略中均值最高的前五项分别是第11题(4.12)、第10题(4.03)、第4题(3.99)、第9题(3.98)和第8题(3.90)，均值最低的后三项分别是第5题(3.28)，第7题(3.40)和第6题(3.49)。根据元认知策略的3个因子类型，第11、10、9、8题属于评估策略，第4题属于计划策略，第5、6、7题属于监控策略，因此在元认知策略中被试使用最多的是评估策略，其次是计划策略，最后是监控策略。

表2　认知策略[Cognitive Strategies]各题项的均值和标准差情况

序号	题　项	个案数(Case)	平均值(Mean)	标准差(SD)
14	When I listen, I repeat the sounds I hear. 当我听材料时，我会重复我所听到的	100	3.64	1.059
15	When I listen, I repeat the words or phrases I can understand. 当我听材料时，我会重复我能理解的单词或短语	100	3.81	1.012

（续表）

序号	题　项	个案数（Case）	平均值（Mean）	标准差（SD）
16	If I can't understand a word or phrase, I repeat it to myself. 当我不能理解某个单词或短语时，我会重复给我自己听	100	3.76	1.026
17	When I listen, I pay attention to every word in order to understand the whole thing. 我听材料时，为了理解整个材料，我会注意听每一个单词	100	2.29	.977
18	When I don't understand something, I use what I know about the world to guess. 当我不能理解某项内容时，我会运用我所了解的常识进行猜测	100	3.99	.904
19	When I don't understand something, I use what I know about the topic to guess. 当我不能理解某项内容时，我会运用我所了解的关于此主题的知识进行猜测	100	3.94	.862
20	When I don't understand something, I use what I know about Chinese to guess. 当我不能理解某项内容时，我会运用我所知道的汉语方面的知识进行猜测	100	3.90	.810
21	When I don't understand something, I use what I have already heard to guess. 当我不能理解某项内容时，我会运用我已经听到的内容进行猜测	100	3.92	.884
22	When I don't understand something, I use what I know about text structure to help me understand the text. 当我不能理解某项内容时，我会运用我所知道的文本结构帮助理解文本	100	3.72	1.006
23	When I don't understand something, I make several guesses. 当我不能理解某项内容时，我会运用几种猜测方法	100	3.87	.950
24	When I listen, I use what I know about the world to think about what I will hear next. 当我听材料时，我会运用我所知道的常识思考下面要听到什么内容	100	3.73	.930
25	When I listen, I use what I know about the topic to think about what I will hear next. 当我听材料时，我会运用我所知道的关于此主题的知识思考下面要听到什么内容	100	3.73	.962

（续表）

序号	题　项	个案数 (Case)	平均值 (Mean)	标准差 (SD)
26	When I listen，I use what I know about Chinese to think about what I will hear next. 当我听材料时，我会运用我所知道的汉语方面的知识思考下面要听到什么内容	100	3.61	.984
27	When I listen，I use what I have already heard to think about what I will hear next. 当我听材料时，我会运用我所听过的内容思考下面要听到什么内容	100	3.69	.982
28	When I listen，I use what I know about text structure to think about what I will hear next. 当我听材料时，我会运用我所知道的文本结构思考下面要听到什么内容	100	3.54	1.009
29	When I think about what the rest of the text is about，I have more than one guess in mind. 当我思考此听力文本其余的内容时，我的脑子里有不止一种猜测	100	3.58	.901
30	Before I listen to something，I think about the main idea of what I am going to hear. 在我听材料前，我会思考我要听到的材料的大意	100	3.61	.886
31	When I listen，I try to think about what the rest of the text is about. 当我听材料时，我会努力思考此文本其余的内容是什么	100	3.65	.947
32	When I listen，I translate Chinese into my mother tongue in order to understand better. 当我听材料时，为了更好地理解，我会将汉语翻译成我的母语	100	3.85	1.058
33	When I listen，I try to form pictures in my mind in order to understand better. 当我听材料时，为了更好地理解，我会在脑子里将材料想象成图画	100	3.79	1.028
34	After I finish listening，I use my own words to retell what I heard. 听力结束后，我会运用自己的话重述听到的内容	100	3.64	1.087
35	After I finish listening，I summarize what I heard. 听力结束后，我会总结我所听到的内容	100	3.60	1.110

（续表）

序号	题　项	个案数（Case）	平均值（Mean）	标准差（SD）
36	I try to see connections between what I heard and my own experiences. 我会努力将我所听到的内容与自己的经验联系起来	100	3.59	1.074
37	When I listen, I try to remember the useful expressions, descriptions, etc. so that I can use them myself. 当我听材料时，我会努力记住有用的表达、描述方式等，以便自己运用	100	3.86	.817
38	I try to find problems with what I hear so that I can avoid the same thing when I use Chinese. 我会努力找出我所听到的有什么问题，以便我在用汉语时可以避免同样的问题	100	3.86	.829
39	When I meet a difficult word in listening, I'll try to look it up in the dictionary after I finish listening. 当我在听材料过程中遇到难懂的单词时，我会在听完后查阅词典	100	4.00	.974
40	When I have difficulties in listening, I use my computer for help. 当我在听材料过程中遇到困难时，我会求助于电脑	100	4.11	.963

认知策略中均值最高的前五个项目分别是第 40 题(4.11)、第 39 题(4.00)、第 18 题(3.99)、第 19 题(3.94)和第 21 题(3.92)，均值最低的后五项分别是第 17 题(2.29)、第 28 题(3.54)、第 29 题(3.58)、第 36 题(3.59)和第 35 题(3.60)。根据认知策略的 5 个因子类型，第 40、39 题属于转移策略，第 18、19、21 题属于推理策略，第 17、28、29 题属于预测策略，第 36、35 题属于概括策略，因此在认知策略中被试使用最多的是转移策略和推理策略，使用最少的是预测策略，使用较少的是概括策略。

表 3　情感补偿策略[Compensatory Strategies]各题项的均值和标准差情况

序号	题　项	个案数（Case）	平均值（Mean）	标准差（SD）
41	When I have a problem in listening, I ask my friends for help. 当我在听材料有疑难时，我会向朋友求助	100	3.90	1.020

（续表）

序号	题　项	个案数 (Case)	平均值 (Mean)	标准差 (SD)
42	When I have a problem in listening, I ask my family members for help. 当我在听材料有疑难时，我会向家人求助	100	2.30	1.367
43	When I have a problem in listening, I ask my teachers for help. 当我在听材料有疑难时，我会向老师求助	100	4.02	.974
44	I tell myself to enjoy listening in Chinese. 我告知自己听汉语要乐在其中	100	4.02	.985
45	I tell myself to relax when I listen in Chinese. 我告知自己听汉语时要放松	100	3.90	.959
46	When I don't understand something in listening, I won't tell anybody about it. 当我在听材料时有不理解的地方，我不会告诉任何人	100	3.28	1.296
47	I try to relax when I have a problem in listening. 当我听材料时有疑难之处我会尽量放松	100	3.49	1.115

情感补偿策略中均值最高的并列两项分别是第 43 题(4.02)和第 44 题(4.02)，均值最低的一项是第 42 题(2.30)。根据情感补偿策略的 2 个因子类型，第 43 题属于提问策略，第 44 题属于自我安慰策略，第 42 题也属于提问策略，因此在情感补偿策略中被试使用最多的是自我安慰策略和提问策略(对象是老师)，使用最少的是提问策略(对象是家长)。提问策略的对象差异所造成的均值差异，其实是由于在课堂教学被试只能向老师提问，而不能请求外援。

2. 听力策略使用不均衡性的情况分析

被试在汉语听力策略三个维度策略的使用上存在着一定的不均衡性，如表 4 所示。

表 4　汉语听力策略三个维度的使用不均衡情况

维度	个案数	均值	标准差	使用频率排序
元认知策略	100	3.7433	.65324	3
认知策略	100	3.7552	.59537	2
情感补偿策略	100	3.9600	.74934	1

我们可以看到，被试在使用元认知策略、认知策略和情感补偿策略上存在一定的不均衡性，情感补偿策略使用频率最高，另外两个维度则差别不大。具体到三个维度内部的因子，使用的不均衡情况就更加明显，如表 5 所示。

表 5　元认知策略中 3 个因子的使用不均衡情况

因子	个案数	均值	标准差	使用频率排序
计划策略	100	3.7500	.86164	2
监控策略	100	3.3900	.88008	3
评估策略	100	3.9500	.74907	1

表 5 所示元认知策略的 3 个因子中，评估策略使用频率最高，计划策略居中，监控策略使用频率最低。这说明被试在听力学习过程中会常常对自己的听力理解进程做出评估，并根据具体评估结果调整学习计划。被试在听力学习进程中有一定的计划意识，但是还不太懂得有效监控自己的注意力分配和关键语音信号的输入处理，监控策略对被试的听力能力提出了较高的要求。

认知策略的 5 个因子中，使用策略从高到低排序是：转移策略、推理策略、复述策略、预测策略和概括策略。转移策略的高频使用表明被试对于已经习得的语音信号和学习方法具有了较强自主性的掌控能力，能够快速调动以往的百科知识促进当下的听力理解。相比推理、复述、预测等策略，概括策略的调动耗时较长，在语音信号转瞬即逝的听力理解过程中，概括策略若使用不当，反而得不偿失，如表 6 所示。

表 6　认知策略中 5 个因子的使用不均衡情况

因子	个案数	均值	标准差	使用频率排序
复述策略	100	3.7650	.83741	3
推理策略	100	3.8900	.70361	2
预测策略	100	3.6589	.72151	4
概括策略	100	3.6100	.93930	5
转移策略	100	3.9067	.67183	1

情感补偿策略的 2 个因子中，提问策略使用频率最高，自我安慰策略次之。被试在听力理解过程中，听不懂时常常向老师提问并寻求解答。被试在听力理解当有挫败感时，常常自我安慰，自我鼓励。这两个策略都是积极的、便捷的、效果明显的听力策略，在调查中我们发现被试在这两个策略上的使用频率较高，如表 7 所示。

表 7　情感补偿策略中 2 个因子的使用不均衡情况

因子	个案数	均值	标准差	使用频率排序
提问策略	100	4.0200	1.02000	1
自我安慰策略	100	3.9000	.97421	2

我们认为汉语听力策略是一个系统工程，初级水平外国留学生在听力策略使用上的不均衡现象具有过渡性和阶段性，听力策略教学的目标在于使初级水平外国留学生灵活熟练地掌握全面的汉语听力策略。

3.听力策略使用与听力成绩的相关性分析

为了了解听力策略使用与汉语听力成绩的关系，我们对两者进行了相关性分析，如表 8 所示。

表8　汉语听力成绩与听力策略10个因子的皮尔逊相关分析(被试 N=100 人)

	计划	监控	评估	预测	复述	推理	概括	转移	提问	自我安慰
汉语听力成绩皮尔逊相关性	.044	.114	.245*	.205*	−.081	.285**	.110	.157	−.075	.153
显著性(双尾)	.660	.258	.014	.014	.421	.004	.276	.120	.456	.130

*. 在 0.05 级别(双尾)，相关性显著。
**. 在 0.01 级别(双尾)，相关性显著。

从上表可以看出，在听力策略10个因子中，除了复述策略和提问策略与汉语听力成绩存在微弱的负相关以外，其余8个因子与汉语听力成绩都存在一定的正相关，特别是推理策略(r=.285**)、预测策略(r=.205*)、评估策略(r=.245*)与汉语听力成绩在统计学意义上存在显著的正相关。这再一次证明了听力策略在汉语听力教学中的重要性。

我们根据被试的听力期末成绩将他们分组，设定60分以下的为低分组，61—85分为中分组，86—100分为高分组，最后统计出低分组6人，中分组83人，高分组11人，如表9所示。

表9　不同听力水平被试在听力策略10个因子上的均值和标准差

不同听力水平被试		计划	监控	评估	预测	复述	推理	概括	转移	提问	自我安慰
低分组	平均值	4.0000	2.8889	3.9000	3.2963	3.9167	3.2500	3.6111	3.8889	4.3333	3.9167
	个案数	6	6	6	6	6	6	6	6	6	6
	标准差	.68920	.95839	.89219	.64278	.91742	.91742	.77220	.65546	.60553	.86120
中分组	平均值	3.6959	3.3855	3.9084	3.6854	3.7801	3.9076	3.6225	3.8795	3.9578	3.9337
	个案数	83	83	83	83	83	83	83	83	83	83
	标准差	.89037	.89182	.76017	.71142	.84048	.68879	.92507	.67991	.84538	.90315
高分组	平均值	4.0227	3.6970	4.2909	3.6566	3.5682	4.1061	3.5152	4.1212	3.7727	4.1818
	个案数	11	11	11	11	11	11	11	11	11	11
	标准差	.68124	.65751	.52432	.84394	.79129	.59	1.18663	.63723	.78625	.75076

（续表）

不同听力水平被试		计划	监控	评估	预测	复述	推理	概括	转移	提问	自我安慰
总计	平均值	3.7500	3.3900	3.9500	3.6589	3.7650	3.8900	3.6100	3.9067	3.9600	3.9600
	个案数	100	100	100	100	100	100	100	100	100	100
	标准差	.86164	.88008	.74907	.75151	.86471	.70361	.93930	.67183	.82780	.88100

从表 9 可以看出，在听力策略平均值超过 4 的因子上，低分组有 2 个（计划和提问），中分组没有，高分组有 5 个（计划、评估、推理、转移和自我安慰），可见高频使用大规模听力策略是衡量听力水平高低的一个重要标准。中分组的听力能力仍处于发展阶段，其策略均值大多在 3.6 以上。监控策略、评估策略、预测策略、推理策略以及自我安慰策略的均值随着听力水平的提高而提高。然而，提问策略和复述策略的均值随着听力水平的提高反而下降了。这个发现在蔡燕和王尧美（2013）[9] 的论文中未提及，但我们认为这是很重要的，因为这关系到对具体听力策略的发展性评估。

听力成绩是听力能力的直接反映，从上述的论证来看，宏观上汉语听力成绩与听力策略的正相关能够在高水平听力学习者大规模听力策略的高频使用上得到验证。

4. 听力策略使用与听力成绩的多元回归分析

相关性分析只能说明在多大程度上听力策略使用与汉语听力成绩相关，但不能说明这些听力策略对汉语听力成绩是否具有显著的预测作用，其预测力是多少。为了进一步探索具体听力策略对汉语听力成绩的预测力，我们对两者用“步进法”（stepwise）进行了分析。

我们以被试的听力成绩为因变量，以计划策略、监控策略、评估策略、复述策略、推理策略、预测策略、概括策略、转移策略、提问策略、自我安慰策略为 10 个自变量，在 SPSS 统计软件中做多元回归分析。结果呈现为三个回归模型：第一个模型进入的预测变量只有推理策略，多元决定系数 R 方是.081；第二个模型进入的预测变量是推理策略和复述策略，多元决定系数 R 方是.145；第三个模型进入的预测变量是推理策略、复述策略和评估策略，多元决定系数 R 方是.190。因此，第三个模型的解释力最好，表明推理策略、复述策略和评估策略能够比较有效地解释被试的听力成绩情况，如表10所示。

表10　三个回归模型的回归系数、显著性以及置信区间

系数[a]

模型		未标准化系数		标准化系数	t	显著性	B的95.0%置信区间	
		B	标准误差	Beta			下限	上限
1	常量	36.322	7.131		5.093	.000	22.170	50.474
	推理策略	5.311	1.804	.285	2.943	.004	1.730	8.891
2	常量	43.205	7.376		5.857	.000	28.565	57.845
	推理策略	7.925	2.003	.425	3.957	.000	3.950	11.900
	复述策略	−4.529	1.688	−.288	−2.683	.009	−7.880	−1.178
3	常量	36.551	7.764		4.708	.000	21.139	51.963
	推理策略	6.306	2.080	.338	3.032	.003	2.178	10.434
	复述策略	−5.845	1.746	−.372	−3.348	.001	−9.311	2.379
	评估策略	4.533	1.954	.259	2.321	.022	.655	8.411

a.因变量：听力成绩

根据表10第三个回归模型的标准化系数Beta值，我们可以得到最后的回归方程：听力成绩＝.338×推理策略－.372×复述策略＋.259×评估策略。

上述回归方程中复述策略对听力成绩呈现出负的回归系数，这说明复述策略对听力成绩有反向预测力，即随着复述策略自变量的值增加，对听力成绩因变量的预测值反而减少。从本节第一部分“外国学生使用听力策略的总体情况”，我们知道复述策略主要体现在第14题(均值3.64)、第15题(均值3.81)、第16题(均值3.76)、第32题(均值3.85)上，其使用为中高频率，主要方法是在听力过程中重复理解或母语转译，虽然能够帮助听力理解，但是会耗费大量的时间和精力，我们应当建议学生在听力练习中逐步减少使用复述策略，以利于提高他的听力成绩。

三、研究结论

通过对 100 份调查问卷的科学统计分析，我们可以得出以下五点研究结论：

(1)初级水平外国留学生的听力策略使用整体情况并不乐观。问卷 47 题中均值超过 4 仅有 6 个题项，绝大部分的均值在 3—4 之间，这说明初级水平外国留学生有一定的听力策略使用意识和需要，但是还不能熟练运用，教师应该注重培养并训练学生的听力策略专项技能。

(2)初级水平外国留学生听力策略使用不均衡情况明显。元认知策略的 3 个因子中，评估策略使用频率最高，计划策略居中，监控策略使用频率最低。认知策略的 5 个因子中，使用策略从高到低排序是：转移策略、推理策略、复述策略、预测策略和概括策略。情感补偿策略的 2 个因子中，提问策略使用频率最高，自我安慰策略次之。这种不均衡现象具有过渡性和阶段性，教师不能让学生长期停留在该阶段，要帮助学生在各个层面的听力策略上全面发展。

(3)初级水平外国留学生的听力策略使用与听力成绩的正相关关系占据优势地位。在听力策略 10 个因子中，除了复述策略和提问策略与汉语听力成绩存在微弱的负相关以外，其余 8 个因子与汉语听力成绩都存在一定的正相关，特别是推理策略($r=.285^{**}$)、预测策略($r=.205^{*}$)、评估策略($r=.245^{*}$)与汉语听力成绩在统计学意义上存在显著的正相关。

(4)初级水平外国留学生的听力成绩通过推理策略、复述策略和评估策略能够得到有效的预测和解释。但是，复述策略对听力成绩具有反向预测力，即随着复述策略自变量的值不断增加，对听力成绩因变量的预测值反而减少。

(5)初级水平外国留学生各项听力策略的发展性评估应该得到充分的重视。我们认为，能够高频使用大规模听力策略是衡量听力水平高低的一个重要标准。在统计数据中我们观察到：监控策略、评估策略、预测策略、推理策略以及自我安慰策略的均值随着听力水平的提高而提高；然而，提问策略和复述策略的均值随着听力水平的提高反而下降了。那么提问策略和复述策略在初级水平外国留学生听力学习过程中是不是反向地发展了呢？能够使得反向发展转换成正向发展吗？对此我们应该如何评估呢？这是我们下一步必须要重视并加以解决的问题。

注释

①本文的研究对象是听力学习策略，而非听力教学策略。为了行文的方便，本文在具体论述时把听力学习策略简称为听力策略，因此本文中的听力学习策略和听力策略所指称的是同一个对象，都是从听力学习者的视角出发，而不是从听力教学者的视角出发。

参考文献

[1] 杨惠元．听力训练八十一法[M]．北京：现代出版社，1988.

[2] 孟国．关于实况汉语教学的几个问题[J]．语言教学与研究，2003(4)：64－68.

[3] 刘颂浩．汉语听力教学理论与实践[M]．北京：北京大学出版社，2008.

[4] 张本楠．中文听力教学导论[M]．北京：北京语言大学出版社，2008.

[5] 马燕华．中级汉语水平留学生听力跳跃障碍的实现条件[J]．北京大学学报(哲学社会科学版)，1999(5)：125－131.

[6] 李红印．汉语听力教学新论[J]．南京大学学报(哲学・人文科学・社会科学版)，2000(5)：154－159.

[7] 毛悦，任丽丽．监控训练在速成汉语中高级听力教学中的应用[J]．语言教学与研究，2004(3)：51－56.

[8] 洪炜．输入—输出训练模式对听力理解影响的实证研究[J]．华文教学与研究，2010(2)：21－26.

[9] 蔡燕，王尧美．来华预科留学生汉语听力策略实证研究[J]．云南师范大学学报(对外汉语教学与研究版)，2013(1)：29－37.

[10] O'MALLEY J M, Chamot A U, Küpper L. Listening comprehension strategies in second language acquisition[J]. Applied linguistics, 1989, 10(4): 418－437.

[11] Oxford R L. Language learning strategies: What every teacher should know [M]. New York: Newbury House Publishers, 1990: 45－47.

An Empirical Study on Primary Level Foreign Students' Chinese Listening Learning Strategies

Wu Jian

(*College of International Education, Zhejiang University*)

Abstract: At present, the innovation of Chinese listening teaching methodology is deeply required under the background of current Chinese international education. Through the statistical analysis of 100 Chinese listening strategy questionnaire, all subjects are primary level in Chinese, the research data show that: the overall situation of foreign students' listening strategy usage is not optimistic, while the frequency is not enough high; the unbalanced situation of foreign students' listening strategy is obvious, which has the characteristics of transitional and gradual; the positive correlation between foreign students' listening strategy usage and scores is predominate; the strategies of reasoning, repeating and assessing could effectively predict and explain foreign students' scores; the developmental assessment of foreign students' listening strategies need to be seriously paid attention to.

Key words: foreign students; primary level; listening learning strategies in Chinese

阿拉伯语背景汉语学习者舌面音偏误分析

胡伟杰　孙嘉莉*

（浙江师范大学外国语学院；华东师范大学国际汉语教师研修基地）

摘　要：在汉语作为第二语言习得过程中，语音最基础并贯穿学习始终，而且语音一旦出现僵化就难以纠正。阿拉伯语与汉语语音差异较大，故阿拉伯语背景学习者习得汉语语音的过程中经常出现语音偏误。本文借助PRAAT语音软件考察不同学习阶段的阿拉伯语背景学习者舌面音j[tɕ]、q[tɕʰ]、x[ɕ]的语音偏误情况。研究结果表明，阿拉伯语背景学习者舌面音习得难度按q[tɕʰ]、j[tɕ]、x[ɕ]顺序递增；偏误主要表现为送气与不送气混淆、清音浊化、舌位靠前。这些结果将为对阿汉语语音教学提供参考。

关键词：阿拉伯语；二语习得；语音偏误；舌面音

语音就是语言的物质基础，对外汉语教学必须要打好语音基础，语音基础没有打好，一旦形成了习惯，错误的语音最容易"僵化"，以后就很难纠正（刘珣，2000）[1]。然而，相比词汇、语法等方面，对外汉语语音教学和研究并未得到足够的重视（林焘，2001）[2]，而且学者们也注意到了语音教学与研究的滑坡现象（赵金铭，2004）[3]。此外，由于文化、经济等原因，现有的语音教学研究大多集中在欧美[4][5][6]、日[7][8][9]、韩[10][11][12]等国家的学习者，对于阿拉伯语背景学习

---

* 基金项目：浙江省社科规划课题"第二语言口语流利性认知测量模型构建"（18NDJC258YB）成果；教育部人文社科研究青年基金项目"基于认知视角的第二语言口语流利性实证研究"（15YJC74 0030）成果。

作者简介：胡伟杰（1977－），男，浙江丽水人，浙江师范大学外国语学院副教授，文学博士。

孙嘉莉（1993－），女，浙江湖州人，华东师范大学国际汉语教师研修基地硕士研究生。

者的汉语语音习得关注较少。现有的相关研究中大部分为汉阿语音对比分析，如朱立才(2004)[13]和周文巨、陈杰(2007)[14]，语音习得研究为数甚少。与此相对的是，随着中国对外开放程度日益加深，中国和阿拉伯国家的国际合作关系更进一步深化，越来越多的阿拉伯人对学习汉语产生了浓厚的兴趣，汉语在阿拉伯国家持续升温，埃及、黎巴嫩、土耳其等国家各大院校竞相开办了中文系，并设立了孔子课堂和孔子学院。目前，对阿拉伯语背景学习者语音习得和教学研究的不足已对汉语对阿推广带来一定的影响。本研究以汉语舌面音 j[tɕ]、q[tɕʰ]、x[ɕ]为切入点，考察阿拉伯语背景学习者在舌面音习得过程中产生的主要偏误，以及这些偏误在不同阶段的变化，以期借此为对阿拉伯语国家学习者汉语语音教学提供参考。

一、研究方法

本文采用实验语音分析法，选取浙江师范大学在读阿拉伯语背景留学生30人作为研究对象，分别来自也门、沙特阿拉伯、叙利亚、巴勒斯坦、毛里塔尼亚、埃及、阿尔及利亚等国家；初级和中级汉语水平各15人，其中初级汉语水平学习者来华学习汉语3～6个月，中级汉语水平学习者来华学习汉语12～15个月；年龄在20岁到30岁之间，平均年龄23.5周岁。

本文采用语音分析软件 Praat 5408-win 32 将瞬间性以及主观性的语音转化为较为直观的语图，如波形图(见图1)与宽带语图(见图2)所示，可以读取乱纹、冲直条、发音时间等影响正确发音的因素，从而改变语音只能用“耳治”的现象，在更为客观的基础上进行深入的语音偏误分析。

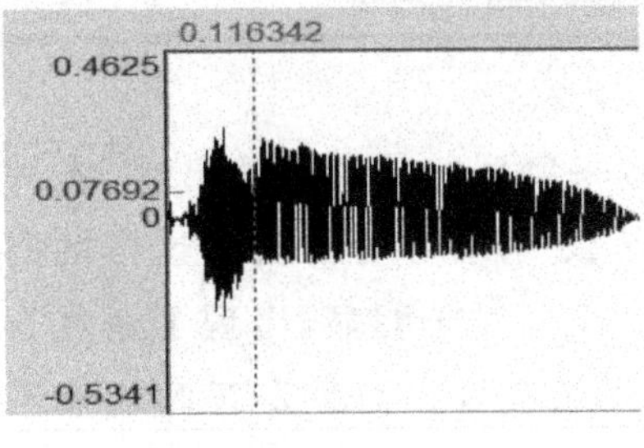

图1　Praat 波形图

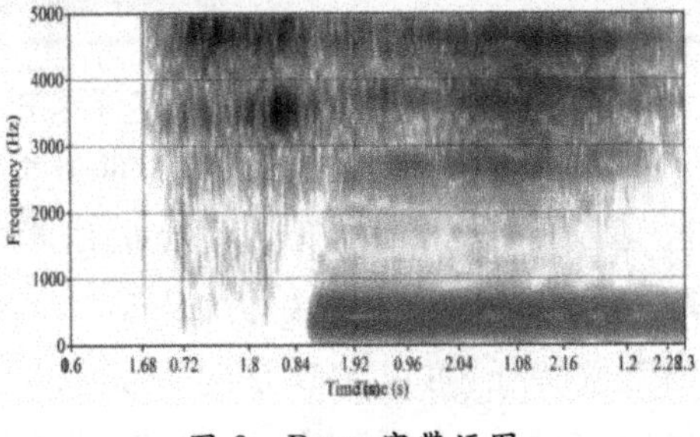

图2　Praat 宽带语图

由于测试者很难独立发出辅音，故采用 j[tɕ]、q[tɕʰ]、x[ɕ]与韵母 i 拼合的方式。图 1 中显示的是测试者完整的读音，但是实际辅音发音区域为时间线 0.116342 秒之前的非周期性振动部分，后面部分周期性振动为元音 i 的发音，本文研究前一部分的辅音发音内容。

二、实验结果

1.初级汉语水平学习者发音情况

(1)初级汉语水平学习者 j[tɕ]的发音情况。初级水平学习者 j[tɕ]的发音偏误主要包括以下三个方面：

①缺少冲直条，发音靠前，如图 3 所示。缺失冲直条，发音靠前，甚至有明显的团音现象，而冲直条是 j[tɕ]的典型语图特征之一。该偏误较为普遍，在 15 名测试者中有 11 名测试者出现该类偏误，出现此偏误的原因主要是学习者将舌面音 j[tɕ]与舌尖前音混淆，在发音时舌位过于靠前。

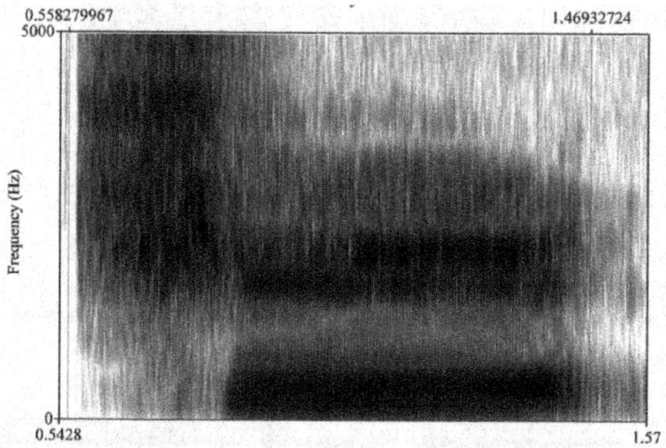

图 3　初级阶段学习者 j[tɕ] 宽带语图 a

②将 j[tɕ]错读为送气音，如图 4 所示。另一典型的偏误为将 j[tɕ]发为送气音。在测试的 15 名阿拉伯语学习者中有 13 名学习者都出现这样的问题。由图 4 可以看出，乱纹从 5000Hz 延续到 0Hz，过于明显，出现了送气音的乱纹特征，可以发现该学习者将j[tɕ]发成了送气音。而且发音时能量不集中，频率上下幅度大、频率快，没有稳定的频率变化过程，所以听感上带有 q[tɕʰ]的感觉，更像是 j[tɕ]与 q[tɕʰ]的过渡音。

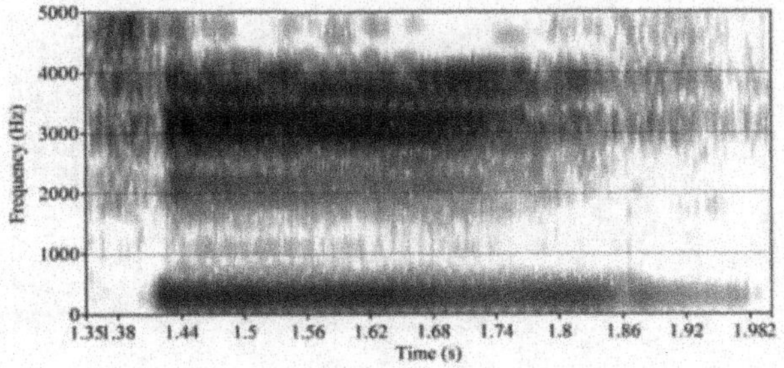

图 4　初级阶段学习者 j[tɕ] 宽带语图 b

③出现横杠，基频低，频率变化混乱，如图 5 所示。在测试过程中发现，阿拉伯语背景学习者 j[tɕ]的宽带语图中常带有横杠，在 15 名测试者中一共有 12 名测试者出现这样的情况，其中 6 名测试者尤其严重。在标准的汉语声母语图中，横杠只出现在浊辅音中，而 j[tɕ]是清辅音，语图中没有横杠。可见学习者发 j[tɕ]时产生了浊化，在听感上偏向于 j[tɕ]与 z[ts]的混合。另外，频率变化不规则，标准的 j[tɕ]的语图中频率先快后慢，但是在浊化后的语图中没有这个显著的特征，甚至出现了中间慢的趋势。

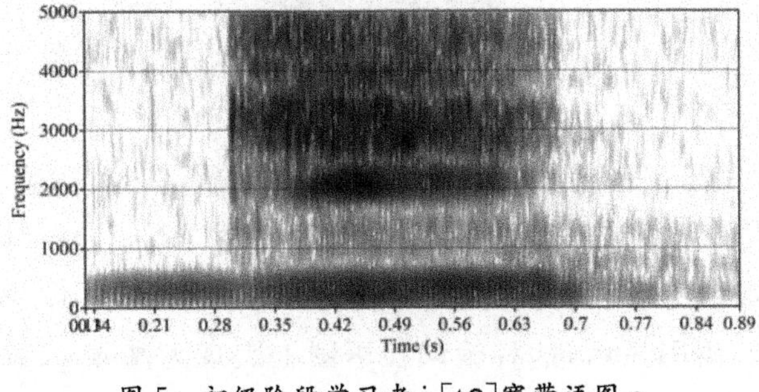

图 5　初级阶段学习者 j [tɕ]宽带语图 c

(2)初级汉语水平学习者 q[tɕʰ]的发音情况。实验结果表明 q[tɕʰ]的发音准确度相对 j[tɕ]而言高，而且偏误更集中，主要表现为：

①出现浊音横杠，发音浊化。出现浊音横杠在阿拉伯语背景学习者 q[tɕʰ]的发音中较为常见，在测试的 15 名阿拉伯语学习者中，有 8 名学习者 q[tɕʰ]的语图中出现了横杠，但是相对 j[tɕ]的横杠其强度更弱，发音带有[dʒ]的音，而且与标准 q[tɕʰ]的发音相比送气程度较弱，舌根用力，发音位置靠后，如图 6 所示。

②缺失冲直条，塞音部分不明显，如图 7 所示。相对于出现多余横杠的偏误，缺失冲直条在阿拉伯语学习者 q[tɕʰ]发音语图中并不普遍，在测试的 15 名

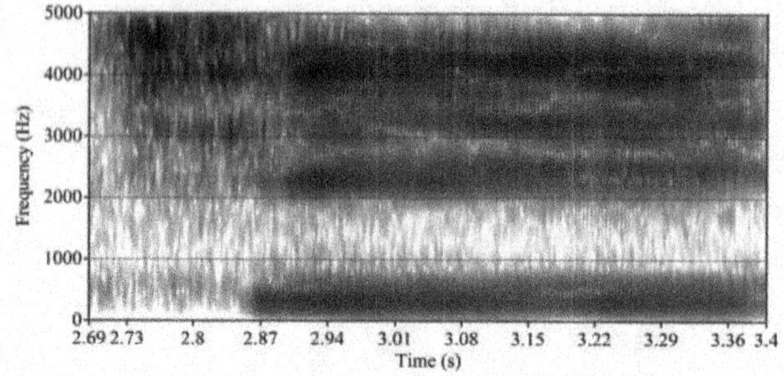

图 6　初级阶段学习者 q[tɕʰ]宽带语图 a

学习者中只有 6 名学习者出现了明显的冲直条缺失，使得 q[tɕʰ]的发音听感短促，加上浊化现象就听起来为 j[tɕ]和 x[ɕ]的过渡音。

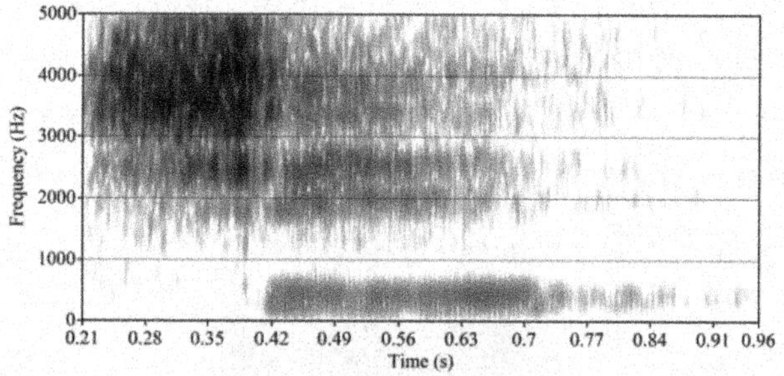

图 7　初级阶段学习者 q[tɕʰ]宽带语图 b

(3)初级汉语水平学习者 x[ɕ]的发音情况。x[ɕ]偏误种类少，十分集中，主要表现为 x[ɕ]与舌尖后音 sh[ʂʰ]的混淆，但是与 j[tɕ]、q[tɕʰ]相比，x[ɕ]出现偏误的范围大，偏误率更高，在测试的 15 名阿拉伯学生中，有 13 名测试者出现缺少乱纹的偏误。语图显示，这种偏误在语图上表现为高频 500Hz 处缺少集中的乱纹(见图 8)，学习者在发 x[ɕ]音时，振动不够，声音在听感上偏向舌尖后音 sh[ʂʰ]，或者发音介于 x[ɕ]与 sh[ʂʰ]之间。

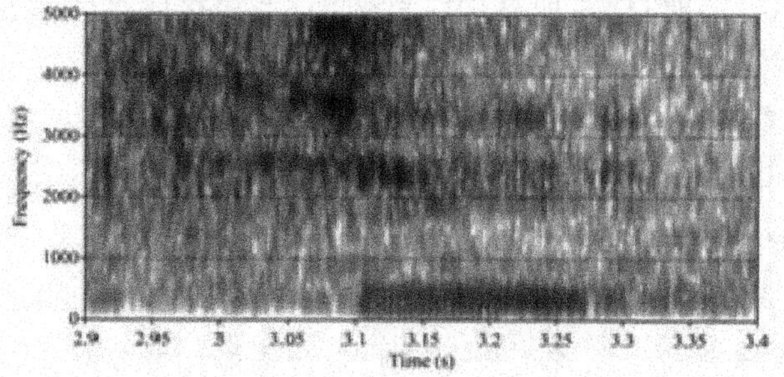

图 8　初级阶段学习者 x[ɕ]宽带语图

综上所述，初级阶段阿拉伯语背景学习者舌面音 j[tɕ]、q[tɕʰ]、x[ɕ] 偏误率高，且偏误类型多样，如表 1 所示：

表 1　初级阶段阿拉伯语背景学习者舌面音 j[tɕ]、q[tɕ]、x[ɕ]偏误情况表

声母	主要偏误	人数/人
j[tɕ]	①缺少冲直条，发音靠前；	11
	②将 j[tɕ]错读为送气音；	13
	③出现横杠、基频低；频率变化混乱。	12
q[tɕʰ]	①出现横杠，发音浊化；	8
	②缺失冲直条。	6
x[ɕ]	①缺少乱纹，振动不够，发音偏向舌尖后音 sh[ʂʰ]。	13

2. 中级汉语水平学习者发音情况

(1)中级汉语水平学习者 j[tɕ]的发音情况。中级汉语水平学习者在 j[tɕ]上偏误率明显降低，15 名测试者中，仅 6 名测试者出现发音偏误，其中 4 名测试者偏误较为明显，典型偏误仍然为：①缺少冲直条(见图 9)，发音靠前，将舌面音 j[tɕ]与舌尖前音混淆，在听感上更接近于 c[tsʰ]，该类型偏误率为 33.30%。②发音时间过长，发音时间在 0.1 秒以上(正常情况下 j[tɕ]的发音时长在 0.06—0.8 之间)，听起来为送气音 q[tɕʰ]，该类偏误率为 20.00%。

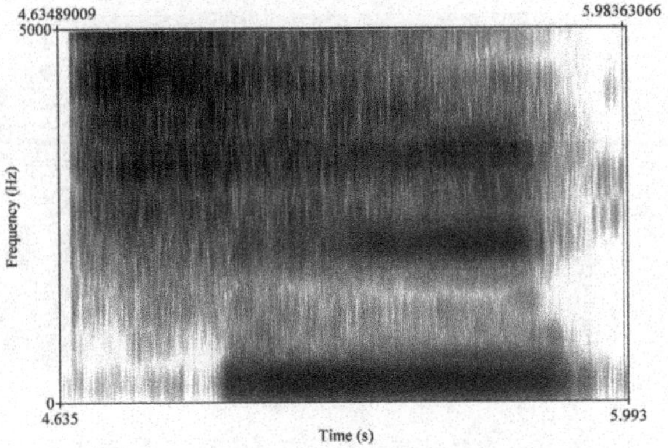

图 9　中级汉语水平学习者 j[tɕ]宽带语图 a

（2）中级汉语水平学习者 q[tɕʰ]的发音情况。实验结果表明中级汉语水平学习者对 q[tɕʰ]的掌握程度明显高于 j[tɕ]和 x[ɕ]。在 15 名测试者中，仅有 3 名学习者出现了发音不准确的现象，其中 2 名出现横杠，发音浊化（见图 10）；1 名冲直条不明显，在听感上偏向于 c[tsʰ]。

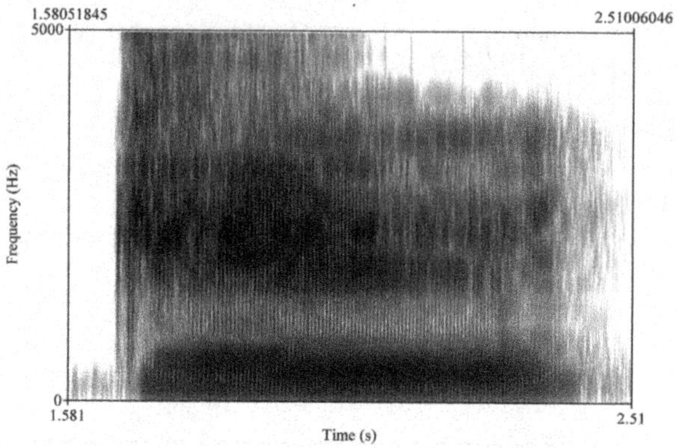

图 10　中级汉语水平学习者 q[tɕʰ]宽带语图

（3）中级汉语水平学习者 x[ɕ]的发音情况。实验结果显示有 6 名学习者出现偏误，偏误类型比较集中——以缺少乱纹为主，表现为高频 5000Hz 处乱纹不集中或不明显（见图 11）。出现此偏误的原因可能是学习者母语的负迁移，由于阿拉伯语中没有与 x[ɕ]完全对应的辅音，但是有与 x[ɕ]相似的舌叶辅音，所以在阿拉伯语背景学习者习得 x[ɕ]的过程中，学习者容易以舌尖音代替x[ɕ]发音，造成发音时振动不够，声音在听感上偏向舌尖后音 sh[ʂʰ]，或者发音介于 x[ɕ]与 sh[ʂʰ]之间的偏误。

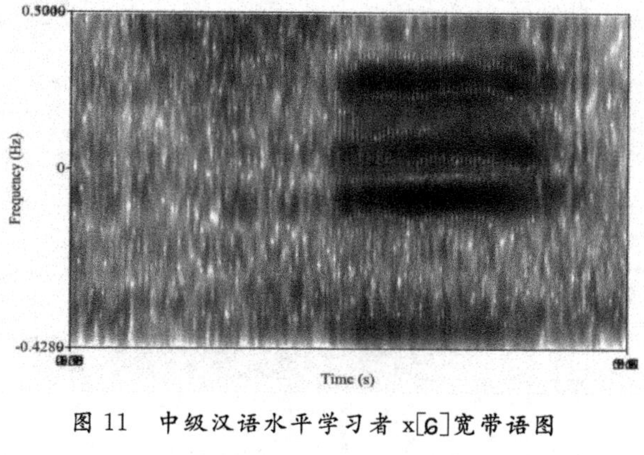

图 11　中级汉语水平学习者 x[ɕ]宽带语图

综上所述，中级汉语水平学习者舌面音 j[tɕ]、q[tɕʰ]、x[ɕ]偏误情况，如表2所示：

表 2　中级汉语水平学习者舌面音 j[tɕ]、q[tɕʰ]、x[ɕ]偏误情况

声母	主要偏误	人数/人
j[tɕ]	①缺少冲直条，发音靠前	5
	②发音时间过长，将 j[tɕ]错读为送气音	3
q[tɕʰ]	①出现横杠，发音浊化	2
	②缺失冲直条，发音近似擦音	1
x[ɕ]	①缺少乱纹，发音偏向舌尖后音 sh[ʂʰ]	6

3.不同汉语水平学习者发音情况对比分析

上述结果表明阿拉伯语背景学习者在习得 j[tɕ]、q[tɕʰ]、x[ɕ]的过程中一直存在偏误，但到了中级阶段在偏误率和偏误类型上有明显改善。在初级阶段，阿拉伯语背景学习者 j[tɕ]的偏误率为 86.67%，q[tɕʰ]的偏误率为53.33%，x[ɕ]的偏误率为 86.67%，到了中级阶段偏误分别降到 33.33%(j[tɕ])、13.33%(q[tɕʰ])、40.00%(x[ɕ])。在偏误类型上，初级阶段学习者 j[tɕ]的主要偏误有三类，而中级阶段学习者 j[tɕ]的主要偏误则降为两类。

在听感上，中级阶段学习者也明显好于初级阶段学习者，以 x[ɕ]为例，虽然在声母发音时中级阶段学习者会出现缺少乱纹，实际发音在听感上偏向sh[ʂʰ]的偏误，但是在与韵母 i 拼合时在听感上仍可以分辨出 x[ɕ]音，而初级阶段学习者 x[ɕ]与 i 拼合，更倾向于英语中[θ]的发音，与汉语发音差异较大。

另外，初级阶段学习者个体差异较大，受个体主观影响较多。例如阿拉伯语背景学习者 j[tɕ]的偏误主要为缺少冲直条、发音靠前、将 j[tɕ]错读为送气音等，在实际的语图中，初级汉语水平学习者每个人的实际读音偏向有所不同。然而中高级阶段学习者在同类偏误中，实际读音也趋于一致。也就是说，在相同类型的偏误中，初级阶段学习者偏误的个人特征更明显，有多种表现形式。

总的来说，中级阶段学习者与初级阶段学习者的偏误十分相似，主要表现如下：

(1)送气与不送气混淆。在阿拉伯语中送气不送气并不是语音的区别性特征，所以阿拉伯语背景学习者对于汉语中送气音与不送气音常常混淆，发音时难以区分 j[tɕ]和 q[tɕʰ]。

(2)清音浊化。阿拉伯语中浊辅音占大多数，但是在汉语中绝大多数声母都是清音，导致阿拉伯语背景学习者习得舌面音时，会不自觉地将清音浊化。学习者到了中级阶段浊化程度有所减弱，但仍然存在。虽然浊化并未改变语义，但使学习者的发音带有“洋腔洋调”。

(3)舌位靠前。舌位靠前，导致发音近似 z[ts]、c[tsʰ]、sh[ʂʰ]，是阿拉伯语背景学习者在习得舌面音过程中的主要偏误之一，在三个声母的习得过程中均有发生，而且从初级阶段遗留到中高级阶段。

三、教学启示

学习者之所以出现大量偏误，一部分的原因是由于教师以及学习者对其发音的监控不够。语音学习是一个长期的过程，但现阶段，单个声母的集中教学多在初级阶段的前期，在后来的教学中往往以字词句的语音教学为主，所以容易导致学习者在没有完全掌握单个发音的基础下马上进入组合发音阶段，这对第二语言学习者而言无异于拔苗助长。因此，在教学过程中，除了最开始的集中教学，教师还要在学生长期学习的过程中适量布置语音复习任务，通过这些小任务对学生进行长期的语音纠正，防止学生语音僵化。此外，在学习者的不同汉语水平阶段采取恰当的教学策略，比如：

1.初级阶段

(1)应以难易程度合理分配教学时间。教学应该与学生的接受能力相符，对于阿拉伯语背景初级汉语水平的学习者而言，舌面音中 q[tɕʰ]最简单，其次是 j[tɕ]，最后是 x[ɕ]，所以在教学过程中应该有所侧重。

(2)针对性示范，重视模仿作用。母语在第二语言习得过程中迁移作用较大，在教学中一定要进行听辨训练，以建立学习者舌面音正确读音的认识，所以在语音教学中要进行针对性示范，着重展示送气音与不送气音、清音与浊音的差异。针对送气音与不送气音可以采用小纸条或者手掌(湿手掌效果更明显)

感受发音时是否送气。针对清音浊化的问题可以让学生用手轻贴喉部感受是否有明显振动。在课堂中教师应该先进行正确示范，然后让学生进行模仿。可以用不同的方式重复示范模仿的过程，加深学习者对舌面音的认识。

2. 中级阶段

(1)巧用绕口令，以词句为练习单位。绕口令将相似的语音编写在一句或者一段话中，以此锻炼学生的发音。绕口令需要学习者具有一定的汉语基础，所以适合中高级阶段的学习者。在针对阿拉伯语背景学习者舌面音的教学中，教师可以选择 j[tɕ]、q[tɕʰ]、x[ɕ]混合练习的绕口令以及单个声母练习的绕口令，让学习者进行多样化的练习。

(2)选择性进行单个声母练习。中高级阶段时，学习者偏误类型比较集中，所以在中高级阶段应该进行有针对性的训练。教师可以布置个别任务，也可以在课堂互动时有意识地请仍存在偏误的学习者回答相关问题。

四、结语

本研究通过实验语音学手段考察了阿拉伯语背景学习者 j[tɕ]、q[tɕʰ]、x[ɕ]的偏误特征，并提出相应的教学策略。然而本研究主要集中在偏误描写阶段，对偏误产生的深层原因未能进行调查，未来研究可以对此进行深入探讨。此外，未来研究也可以将阿拉伯背景学习者与其他语言背景学习者的语音习得偏误进行对比分析，以考察不同母语类型的迁移效应。

参考文献

[1] 刘珣. 对外汉语教育学引论[M]. 北京：北京语言文化大学出版社，2000.

[2] 焦立为. 现代语音学的方向——访林焘教授[J]. 语言教学与研究，2001(2)：43－48.

[3] 赵金铭. 对外汉语教学概论[M]. 北京：商务印书馆，2004.

[4] 倪彦，王晓葵. 英语国家学生学习汉语语音难点分析[J]. 汉语学习，1992(2)：47－50.

［5］ 陈彧．苏格兰留学生汉语普通话单字音声调音高的实验研究——以两名发音人的语音样本为例［J］．世界汉语教学，2006(2)：99－109．

［6］ 马婷．在华英语国家的留学生汉语口语中的语音偏误研究［D］．武汉：华中师范大学硕士学位论文，2013．

［7］ 赵丽君．有针对性地对日本留学生进行语音教学［J］．云南师范大学学报：对外汉语教学与研究版，2003(3)：66－68．

［8］ 马燕华．中级汉语水平日韩留学生汉语语音听辨范畴的异同［J］．北京师范大学学报：社会科学版，1999(6)：95－101．

［9］ 张林军．知觉训练和日本留学生汉语辅音送气/不送气特征的习得［J］．语言教学与研究，2009(4)：85－90．

［10］ 胡晓研．韩国学生汉语中介语语音模式分析［J］．汉语学习，2007(1)：88－93．

［11］ 王韫佳．韩国、日本学生感知汉语普通话高元音的初步考察［J］．语言教学与研究，2001(6)：8－17．

［12］ 侯晓虹，李彦春．初级汉语水平韩国留学生汉语双音节词声调的发音规律研究［J］．语言文字应用，2006(S2)：9－13．

［13］ 朱立才．汉语阿拉伯语语言文化比较研究［M］．北京：新世界出版社，2004．

［14］ 周文巨，陈杰．阿拉伯语汉语对比研究［M］．上海：上海外语教育出版社，2007．

A Study on the Acquisition of Chinese Palatal by Arabic Learners

Hu Weijie[1] Sun Jiali[2]

(*1. College of Foreign Languages, Zhejiang Normal University;*
2. Institute of Global Chinese Language Teacher Education,
East China Normal University)

Abstract: The phonetics study is the most basic and important part in the acquisition of Chinese as a second language. Once there is phonetics fossilization, it's hard to rectify. Due to the great phonological differences between Arabic and Chinese, Arabic learners are always making mistakes when they learn Chinese phonetics. By the phonetic analysis software—PRAAT, the study examined the acquisition process of Chinese phonemes of j[tɕ], q[tɕʰ], x[ɕ] by Arabic learners. The results show that the major errors during the process of acquisition include: the confusion between the aspirated voice and the unaspirated voice, the mixture of the voiceless sounds and voiced sounds, the dentalization of the palatal phonemes.

Key words: Arabic; second language acquisition; phonetic errors; palatal

汉语作为第二语言课堂互动研究述评

鲍　蕊*

（浙江师范大学　国际文化与教育学院）

摘　要：20世纪80年代以来，随着交际任务法在二语课堂教学中的广泛应用，互动对课堂教学和二语习得的作用受到学者们的普遍关注。而在汉语作为第二语言领域，课堂互动研究主要是近十年的事，起步较晚，但发展较快。本文针对汉语二语课堂互动研究的现状，认为未来课堂互动研究应拓宽理论视角，注重综合运用多种方法的实证性研究，从习得角度对课堂互动与学习者学习之间的因果关系进行深入考察与分析，以更好地提高汉语作为第二语言课堂教学质量和学习效率。

关键词：课堂互动；汉语；二语教学；二语习得

20世纪80年代以来，随着交际任务法在第二语言教学领域的广泛应用，互动对课堂教学和二语习得的影响受到学者们普遍关注。大量研究表明互动有助于语言学习与发展，对调动学习者参与性，改善课堂教学环境，提高学习效率，培养学习者的语言交际能力都有所裨益。[1]本文主要针对课堂上的言语互动，对国内汉语作为第二语言相关方面研究进行梳理、总结与反思，探讨其有待完善提高之处以及未来的研究方向。

* 作者简介：鲍蕊（1980—），女，辽宁海城人，浙江师范大学国际文化与教育学院讲师，博士。

一、课堂互动研究的理论背景

现有第二语言课堂互动研究主要基于两种理论框架:互动认知理论和社会文化理论。以下对两种理论分别展开具体讨论。

1. 互动认知视角下的互动学习观

互动认知理论主要以 Long(1981,1996)的"互动假说",[2][3] Swain(1985)的"输出假说"[4]和 Schimdt(1992)的"注意假设"[5]为代表,其中 Long 的"互动假说"影响最大。Long(1981)在肯定可理解性语言输入在语言习得中重要性的同时,认为互动,特别是协商性互动,能帮助学习者更好地获得可理解性语言输入。[2]而 Long(1996)从信息加工的角度对"互动假说"重新阐释,他强调除了提供可理解性语言输入以外,互动也为学习者的语言输出提供反馈,引起学习者的注意,进而使学习者调节中介语使其更加接近目的语形式。[3]然而,Swain(1985)通过观察沉浸式课堂法语学习者语言能力的发展,发现语言输入对二语习得的影响是有限的,进而提出"输出假说"。[4] Swain(1995)认为通过语言输出,学习者意识到自己中介语与目的语之间的差距,检验自己对目的语用法的假设,并对其语言表达形式进行反思和重新加工,使其更接近于目的语形式,从而习得该语言结构。[6]而 Schimdt(1992)根据自己的二语学习经验,强调通过互动所引起的学习者对所学语言形式的注意才是其完成习得的重要条件,没有"注意"就没有习得。[5]

互动认知学派的三种"假说"虽然角度不同,但都强调互动对学习者内在习得机制的影响,认为语言学习是学习者获得可理解性语言输入,经过一定的认知加工完成语言输出的过程,而互动是实现这一认知活动的重要手段。因此,互动认知研究也被称为"输入—互动—输出"模式。[7]该模式下的早期研究大都探索什么条件下的互动才能最大限度地促进学习者获得可理解性语言输入,近年来的相关研究则开始关注课堂纠正反馈与二语习得的关系,研究方法侧重用微观量化的方法对个体的互动行为进行实验。然而,有些研究[8]发现互动过程中,除了意义协商、纠正反馈外,还有很多其他互动类型或过程对学习也起到一定的促进作用,所以,把动态的互动过程量化为某一种话语机制过于狭窄。[9]因此，一些学者开始从新的视角考察互动对语言学习的影响。这些研究主要基于建构主义模式，其中最具代表性的就是社会文化理论。

2.社会文化理论的互动学习观

源于苏联心理学家维果茨基（Vygostky）的著述，社会文化理论强调语言学习的社会属性。这个观点维果茨基在《发展的发生律》中进行了明确阐述，即“在儿童的文化发展中，每种机能都是在两个层面两次登台，首先是社会的，作为心理间范畴的人与人之间的关系，其次是心理的，儿童内部的心理内范畴……所有高级心理机能都是社会关系的内化”。[10]189－239 也就是说，儿童首先是在与他人的社会协同互动中共同构建新的知识或技能，然后才将其内化为个人的认知能力，而这种社会机能的内化不是直接的，而是借助各种工具的调节来完成的，这就涉及社会文化理论的另一个重要观点：调节论（mediation）。

维果茨基认为人类任何高级心理机能的发展都是由符号或工具为中介调节的。这种调节就犹如人借助工具改变周边物质世界一样，人也要借助工具来调节自己的认知思维，其中最强大的工具就是符号，即语言。[11] 从这一观点出发，语言既是交流工具也是认知工具。这种双重功能表现为语言在传递信息作用于外部世界时，也塑造和重组人的思维，促进人自身的认知发展。这对第二语言学习而言，语言学习与语言运用密不可分。语言学习是学习者在运用语言的过程中实现对新知识或技能的构建，而语言运用反过来又促进语言学习。因此，在社会文化理论视角下，语言的变化可以看成是语言能力发展的标志，维果茨基提出“最近发展区”概念来解释这种变化和发展的关系。

“最近发展区”是指儿童已经具备的能够独立解决问题的实际发展水平与尚未形成但在成人的指导下或是与能力较强的同伴合作时儿童能够解决问题的潜在发展水平之间的差距。[12]86 维果茨基认为学习就是儿童或新手学习者弥补个人“最近发展区”内的差距的过程。因此，最近发展区的实质就是在互动条件下个体认知能力的高级发展过程，而实现这一过程的关键就是儿童与他人的对话。通过对话，学习者从中受到启发，学习或深刻理解到一些尚未掌握的语言项目，从而使自己的语言能力得到进一步拓展和提升。[13]167 因此，在社会文化理论看来，互动不是工具，而是学习者认知发展的途径，是学习产生和发展的重要源泉。

以上两种互动理论从不同视角揭示了课堂互动与语言学习的关系，对第二语言语言教学过程及关系产生了重大影响。这种影响在汉语作为第二语言领域也不例外，课堂互动研究已开始受到学者们的关注，下面就相关研究进行具体梳理和讨论。

二、汉语作为第二语言课堂师生互动研究内容

相较于国外互动研究，汉语作为第二语言课堂互动研究主要是近十年的事。虽然起步晚，但是发展较快，取得了一定成果。现有大多数研究主要集中在汉语二语课堂互动模式与课堂互动教师话语研究两个方面。

1. 汉语二语课堂师生互动模式研究

随着二语习得“交互假说”在国内研究的盛行以及当前以教师为中心的教学模式给课堂教学带来的困扰，许多学者探讨了构建课堂互动教学模式的重要性和必要性，并提出了一些具体原则和方法。例如，李燕和贾放(2007)基于“互动假说”理论，提出语言课堂教学活动中，除了意义协商模式以外，还应建立问答、组队协作、任务分配等多种互动模式。[1]孙冬惠和李勉东(2009)提出课堂互动模式的构建应遵循交际性、针对性、统一性和时效性原则。[14]陈岩和赵宏(2005)根据汉语二语综合课的性质，提出综合课互动教学模式的指导原则、设计种类以及教师应遵循的原则。[15]祖晓梅(2008)则从互动与习得关系角度，探讨课堂师生互动中，教师如何在提问、意义协商和更正性反馈这三个环节来提高课堂师生之间的互动。[16]

然而，还有一些研究从实证角度对汉语二语课堂互动进行考察与分析。元华和李雯(2009)通过对普北班优秀教师课堂师生话语互动情况的微观量化分析，指出该班最成功之处是课堂上师生之间、学生之间多样化、高密度的话语互动模式，并认为这一模式可以为汉语国际推广的师资培训和汉语二语教学模式的构建提供参考和借鉴。[17]而李云霞(2016)通过对三位初级阶段汉语二语教师课堂话语特点的个案分析，建议教师应给学生创造更多自由表达的机会、增加小组与话语信息差活动以及提高教师反馈形式多样化的意识。[18]赵雷(2015)则从认知心理学和社会文化理论两个视角分析任务型口语课堂汉语学习者之间的协商互动，发现澄清请求和确认核查是各类协商中使用较多的互动

方式，而学习者的形式协商意识有待加强，并提出了任务型口语课堂强化互动以促进汉语学习的教学策略。[19]此外，郑家平(2010)通过对互动教学和传统教学两种模式的对比，探索互动式微观口语课堂教学模式对汉语学习的影响，发现互动模式下大剂量强化输入、重述反馈和强化输出方法不但提高了课堂上师生之间和生生之间的互动，也促进了学生汉语学习效果。[20]

上述研究既有从宏观角度探讨如何构建有效的课堂互动模式，也有从微观视角考察汉语课堂互动特点，还有对汉语二语课堂互动与汉语学习关系的探讨与分析。这些研究成果对汉语课堂互动理论研究和实践探索的深入发展都具有重大启示作用。而随着互动研究的发展，课堂教师行为，特别是教师话语日益成为学者们关注和讨论的热门话题。

2.汉语二语课堂师生互动中教师话语研究

目前汉语二语课堂互动中教师话语研究主要集中在教师反馈和教师提问两个方面，其中以教师反馈居多。以下分别做具体讨论。

(1)教师反馈。反馈作为教师话语研究的一个重要内容一直是学者讨论和关注的焦点。现有教师反馈研究成果以高校硕士论文居多，研究方法以问卷调查为主，少数借助访谈和课堂观察，针对课堂互动中教师反馈的频率、策略分布、与学生错误类型的关系以及学习者理解回应进行描写，并对教师如何进行有效课堂反馈提出一些具体建议。近年来，一些学者开始从不同角度对教师反馈进行深入的个案探析。例如，刘弘和王冰(2013)通过对五位汉语教师课堂积极反馈语的量化统计分析，指出课堂教师积极反馈语使用存在的普遍问题，并提出汉语二语教师应适当丰富积极反馈语、明确反馈指向、更多关注语言能力较差的学生以及提高反馈意识。[21]而对纠正性反馈而言，学者们却得出不同的结论。如祖晓梅(2008)发现汉语课堂纠正性反馈使用频率很高，其中对语法偏误的纠正最多，而重述是使用最多的反馈策略，使用最少的是明确纠错。[16]而杜朝晖和元华(2007)发现重复学生的答案或重复加表扬是最常用的反馈方式，而在学生不能回答或答案不理想的情况下，重复或改述问题则成为教师常用的反馈技巧，且该研究认为，目前教学中常用的教师反馈方式不是激发学生回答的有效方式。这些不同的研究结果暗示课堂教师反馈语的使用及效果可能受多方因素影响。[22]

据此，一些学者开始考察影响教师反馈的因素。祖晓梅(2008)发现教师反馈与偏误类型有一定关系，语音和语法的反馈以重铸策略为主，词汇的反馈策略以形式协商为主。[16]洪芸(2013)进一步证明，除了偏误类型以外，纠错方式也受到学生汉语水平的影响。[23]不同于上述两个研究，段铁娜和孙琪(2015)通过分析初、中、高听说课的教师反馈，发现无论学生语言水平高低，教师反馈主要集中在语法和词汇上，语法偏误的反馈方式以重述为主，但方式多样；词汇偏误多使用重述和重复；然而，就语音偏误的反馈而言，方式则比较单一，以重述为主。[24]

此外，有些研究发现教师反馈与学习者个人对反馈的态度也有一定关系。孙宁宁(2010)通过调查学生对汉语课堂"教师反馈"的态度，发现重述和明确纠正仍然是学生最喜欢的纠错方式，但初级汉语学习者喜欢积极反馈和教师的口头纠错，而中高级学习者喜欢纠正性反馈。[25]祖晓梅和马嘉俪(2015)考察教师和学习者对课堂纠错反馈的信念和态度，发现教师和学生在纠错方式、纠错时机、纠错内容等方面都存在很大差异。[26]然而，郑家平(2015)通过关注互动过程中学习者对重述反馈的注意度，发现学生的注意水平受学习者语言水平、重述句子长度以及重述句子与学习者初始话语之间差异程度的制约。[27]而就重述对汉语学习的作用而言，陆熙雯和高立群(2015)从习得角度，运用对比实验法，发现纠错性反馈，特别是重述，无论是其即时效果还是延时效果，对汉语学习都具有积极的促进作用。[28]

(2)教师提问。教师提问多年来一直是语言教学研究的焦点。然而，以"教师提问"和"课堂提问"为主题，笔者检索了中国知网核心期刊库，只出现了4篇相关论文。刘晓雨(2010)提出课堂提问要激发学生的反应、增加学生的参与程度、促进学生学习的自主性，才能更好地促进课堂师生之间、学生与学生之间的互动交流。[29]荣继华(2009)强调初级汉语课堂教师的提问策略，即教师提问前、提问中和提问后都要做好充分准备，以鼓励学生积极参与问答并进行互动为原则，真正提高教学质量。[30]元华和杜朝晖(2009)对中级汉语课堂提问策略的量化分析，提出汉语教师应该加强提问理论和技能的培训，教学中注意构建逻辑严密、内容丰富的话题链，有效实施问题转移并进行追问。[31]张东波、赵守辉和刘永兵(2008)在社会文化理论框架内分析了新加坡小学华文课堂教师提问与师生互动的特点及其对学生话语参与和华文学习的影响，发现教师提问以展示性问题为主，而且问题主要围绕课本内容，以词汇教学为中心，因此在很大程度上限制了学生在师生互动中的参与程度。[32]然而，刘弘、靳知吟和王添淼(2014)则从教师提问后的等待时间角度，通过比较6名熟手教师和6名新手教师在课堂操练中的等待时间，认为教师等待时间的长短与次数受教师提问方式、问题本身的质量以及教师课堂应变能力的影响。[33]

三、汉语作为第二语言课堂互动研究述评

纵观已有研究成果，汉语作为第二语言课堂互动研究在短短10几年时间里，取得了较大成绩，对深化汉语课堂互动研究理论和实践探索奠定了基础，为广大一线汉语教师提供了一定的参考和借鉴，对汉语二语课堂教学模式和教学理念的改革与创新以及汉语教师培养培训等方面也具有一定的启示意义。然而，现有的课堂互动研究仍有较多值得深思的问题。

(1)当前课堂互动研究理论视角有待拓宽。现有课堂互动研究主要依托认知理论的"互动假说"，而基于社会文化理论视角的相关研究尚为鲜见。如前所述，社会文化理论对语言本质以及语言学习的阐释，对课堂教学过程及师生角色关系提供了一个新视角，为课堂互动研究提供了一个新思路，注入了新活力，有利于推动汉语二语课堂互动理论研究的深入发展，对课堂教学实践在一定程度上具有重大启迪作用。因此，基于社会文化理论的汉语课堂互动研究亟需进一步加强。

(2)课堂互动研究模式比较单一。当前课堂互动研究模式主要从宏观上探讨互动对汉语课堂教和学的作用为主，总体上滞留在泛陈式和感悟性层面。虽有一些实证研究，但研究方法主要通过调查问卷，对课堂互动特点进行描写或列举式阐释，而利用深度访谈、观察实录以及课堂互动会话分析等质性研究方法，深入分析课堂互动动态过程的实证研究还比较薄弱。

(3)现有课堂互动研究视角比较单一。绝大多数以"怎么教"为立场，对教师如何提高课堂互动，创造有效的互动环境"建言献策"，而从二语习得，特别是"怎么学"角度，探讨课堂互动与汉语学习因果关系的实证研究还不足。根据杨惠元(2004)，课堂学习是由教师和学生共同完成的社会活动，是教师的"教"和学生的"学"相结合或相统一的活动。[34]当然，教师作为课堂教学中的主导因素，提高教师"如何教"的重要性毋庸置疑。然而，只有在充分了解学习者"怎么学"的基础上，才能为教师如何更好地"教"提供可行性建议。[35]否则，教师的"教"就是"无本之木，无源之水"。

综上所述，汉语作为第二语言课堂互动研究需要进一步拓宽理论视角，注重实证性研究，综合运用多种研究方法，从多角度、多层面对课堂互动的动态过程及其与汉语学习关系进行深入系统地考察与分析，从而构建汉语二语课堂的有效互动模式，更好地促进汉语学习。

四、结语

汉语作为第二语言课堂互动研究虽然取得了一定的成绩，但总的来说还处于探索阶段。未来相关研究需要在不同理论框架基础上，加强对课堂互动与汉语学习，特别是互动与听、说、读、写不同技能之间习得因果关系的个案研究。此外，注重从“怎么学”角度，深化对学习者这一主体的研究，探索学习者个体差异如学习动机、学习水平、学习兴趣、学习策略、学习风格等因素对课堂互动以及汉语学习的影响，从中总结汉语二语学习者之间互动的特点及规律，进而完善和丰富汉语二语学习理论，提高汉语课堂学习效率。同时，加强对汉语教师课堂教学理念、教学信仰等个体因素与课堂互动及语言学习之间关系的考察，试图探索一套行之有效、并符合汉语学习特点的课堂互动模式，从而改进当前困扰汉语二语教学的教师和教学法问题，推动和深化汉语作为第二语言实践探索和学科建设的发展进程。

参考文献

[1] 李燕，贾放. 互动假说与语言课堂教学互动策略及效用研究[J]. 语言文字应用，2007(12)：39—42.

[2] Long, M. H. (1981). Input, interaction, and second language acquisition. In H. Winitz (Ed.), Native language and foreign language acquisition: Annals of the New York academy of science, Volume 379, pp. 259—278.

[3] Long, M. H. (1996). The role of the linguistic environment in second language acquisition. In W. C. Ritchie & T. K. Bliatia (Eds.), Handbook of Second Language Acquisition. San Diego, CA: Academic Press.

[4] Swain, M. (1985). Communicative competence: some roles of comprehensible output in its development. In S. Gass & C. Maddern (Eds.), In-

put in second language acquisition(pp. 235—253). Cambridge, MA: Newberry House Publishers.

[5] Schmidt, R. (1992). Awareness and second language acquisition. Annual Review of Applied Linguistics, 13,206—219.

[6] Swain, M. (1995). Three functions of output in second language learning. In G. Cook & B. Seidlhofer (Eds.), Principles and practice in applied linguistics: studies in honour of H. G. Widdowson. (pp. 125—144). Oxford: Oxford University Press.

[7] Block, D. (2003). The social turn in second language education. Washington: Georgetown University Press.

[8] Foster, P., & Ohta, A. (2005). Negotiation for meaning and peer assistance in second language classrooms. Applied Linguistics, 26(3):402—430.

[9] Van Lier, L. (2000). From input to affordance: Social-interactive learning from an ecological perspective. In J. P. Lantolf (Ed.), Sociocultural Theory and Second Language Learning (pp. 245 — 259). Oxford: Oxford University Press.

[10] Vygotsky, L. S. (1981). The development of higher forms of attention in childhood. In J. V. Wertschm (Ed.), The Concept of Activity in Soviet Psychology. Armonk, NY: M. E. Sharp.

[11] Lantolf, J. P., & Thorne, S. L. (2006). Sociocultural theory and the genesis of second language development. Oxford: Oxford University Press.

[12] Vygotsky, L. S. (1978). Mind in society. The development of higher psychological processes. Cambridge, MA: Harvard University Press.

[13] 王建勤. 第二语言习得研究[M]. 北京：商务印书馆，2009.

[14] 孙冬惠，李勉东. 对外汉语“互动式”教学模式的构建原则[J]. 汉语学习，2009(3):93—98.

[15] 陈岩，赵宏. 对外汉语教学综合课的互动教学模式[J]. 黑龙江教育研究，2005(8):144—145.

[16] 祖晓梅. 汉语课堂的师生互动模式与第二语言习得[J]. 语言教学与研究，2008(1):25—31.

[17] 元华，李雯. 中美联办普北班中、高年级课堂话语互动模式研究[J].

北京师范大学学报(社会科学版),2009(6):111—118.

[18] 李云霞.基于 COLT 量表的初级汉语口语课堂话语互动的个案研究[J].东北师大学报(哲学社会科学版),2016(1):135—139.

[19] 赵雷.任务型口语课堂汉语学习者协商互动研究[J].世界汉语教学,2015(3):362—376.

[20] 郑家平.互动式汉语口语课堂教学模式实验研究[J].汉语学习,2010(4):83—90.

[21] 刘弘,王冰.对外汉语教师课堂积极反馈语研究[J].语言教学与研究,2013(3):32—40.

[22] 杜朝晖,元华.中级汉语会话课堂教师反馈研究[J].语言文字应用,2007(12):43—48.

[23] 洪芸.纠错反馈与理解回应的实证研究[J].汉语学习,2013(6):105—112.

[24] 段铁娜,孙琪.听说课不同偏误类型纠误方式比较研究[J].汉语学习,2015(3):89—95.

[25] 孙宁宁.关于留学生对教师教学反馈态度的调查研究[J].云南师范大学学报,2010(4):17—23.

[26] 祖晓梅,马嘉俪.汉语教师和学习者对课堂纠错反馈信念和态度的比较[J].汉语学习,2015(4):66—75.

[27] 郑家平.汉语学习者重述反馈注意度研究[J].汉语学习,2015(6):78—88.

[28] 陆熙雯,高立群.对外汉语课堂互动中纠正性反馈对习得的影响[J].世界汉语教学,2015(1):95—109.

[29] 刘晓雨.提问在对外汉语课堂教学中的运用[J].世界汉语教学,2000(1):70—76.

[30] 荣继华.初级对外汉语课堂提问策略探讨[J].中国青年政治学院学报,2009(2):129—134.

[31] 元华,杜朝晖.中级汉语会话课提问策略研究[J].汉语学习,2009(5):86—92.

[32] 张东波,赵守辉,刘永兵.新加坡华文课堂的教师提问与师生互动[J].世界汉语教学,2008(3):85—91.

［33］刘弘，靳知吟，王添淼．对外汉语课堂操练中教师等待实践研究［J］．世界汉语教学，2014(2)：277－288.

［34］杨惠元．试论课堂教学研究［J］．语言教学与研究，2004(3)：37－41.

［35］赵金铭．汉语作为第二语言教学理念与模式［J］．世界汉语教学，2008(3)：93－107.

A Review of Classroom Interaction in Chinese as a Second Language

Bao Rui

(*Zhejing Normal University, College of International Culture and Education*)

Abstract: Since the 1980s, with the prevalence of communicative task-based method in second language teaching and learning, the role of interaction in classroom teaching and second language acquisition has attracted researchers' attention. While as for Chinese as a second language, research on classroom interaction has started only in recent decade, but has developed rapidly. This paper discusses the status quo of interaction research in Chinese as a second language. It proposes that future related research should enrich its theoretical perspective and diverse research methods on the basis of which to strengthen empirical research with a special emphasis on interaction and its links to Chinese language learning from the perspective of acquisition in order to better improve classroom teaching quality and learning efficiency.

Key words: classroom interaction; Chinese language; second language teaching; second language acquisition

汉语与汉语教学研究

“不是……吗?”反问句的偏误特点及其成因

胡德明　董　行*

（浙江师范大学　国际文化与教育学院；杭州市学军小学）

摘　要：本文采用问卷调查研究留学生“不是……吗?”反问句偏误特点及其成因。调查发现，留学生使用“不是……吗?”反问句，语用偏误是频率最高、范围最广、持续时间最久的偏误类型，贯穿初、中、高三个学习阶段。语用偏误表现出多种多样的类型，常见的有：不符合话题语境，不符合中国人思维方式，不符合交际称呼习惯，不符合语用预设，含义与断言矛盾。其形成原因有交际文化负迁移、教学误导、学生个体因素。

关键词：“不是……吗?”反问句；语用功能；偏误分析

“不是……吗?”是日常交际中使用频率很高的一种反问句，有着不可替代的语用功能，是留学生在初级阶段就接触到的句子类型，也是偏误率很高的一种句子，一直是对外汉语教学的重点和难点之一。根据我们的调查，初中高各阶段留学生“不是……吗?”反问句运用偏误率高达48.38%，尤以语用偏误为最。而有关“不是……吗?”反问句的习得研究，截至目前，几乎不见报道。赵果[1]调查了初级阶段美国留学生“吗”字是非问的习得顺序，丁雪欢[2]的研究结论与赵果类似，均为“高疑问句—低疑问句—无疑问句”，但都没有关注“不是……吗?”问句的习得。胡德明、董行[3]研究表明：留学生“不

* 基金项目：国家社科基金项目“互动交际中‘什么’反问习语构式网络研究”（15BYY147）。
作者简介：胡德明（1963—），男，安徽芜湖人，浙江师范大学国际文化与教育学院教授，文学博士。

董行（1990—），女，浙江桐庐人，汉语国际教育硕士，浙江省杭州市学军小学教师。

是……吗?”反问句语用功能习得存在一个固定的顺序：提醒＞疑惑＞申辩、强调，文章还解释了这一顺序的成因，但对“不是……吗?”反问句习得偏误没有分析。本文结合调查问卷结果，统计留学生在初、中、高三个学习阶段使用不同语用功能类型的“不是……吗?”反问句出现的偏误，通过对这些偏误的识辨与评估，归纳这些偏误在数量上、不同学时段、不同语用类型中的分布规律，探究哪些偏误是可以克服的、哪些偏误会贯穿三个学习阶段，并试图解释产生偏误的原因。

研究方法、被试分布、施测及计分标准详见胡德明、董行的文章[3]。

一、调查结果

1.偏误的数量分布及其特点

表1和图1反映了留学生习得不同语用功能类型“不是……吗?”反问句出现的偏误总体分布情况。本次问卷调查中共收集答题数618例，其中偏误数299例，偏误总频率48.38%，说明留学生关于“不是……吗?”反问句的运用总体情况不佳。从图1可以看出，不同题目的偏误率悬殊，说明留学生对该反问句不同语用功能的掌握差别很大。

表1　留学生答题总数及偏误频率分布情况

	四1*	四2	四3	四4	五1	五2	五3	五4	总计
偏误数	33	35	49	22	31	46	34	49	299
答题数	78	77	76	74	82	78	78	75	618
偏误率	42.31%	45.45%	64.47%	29.73%	37.80%	58.97%	43.59%	65.33%	48.38%

（*四1：指问卷第四大题第1小题，余可类推，下同。）

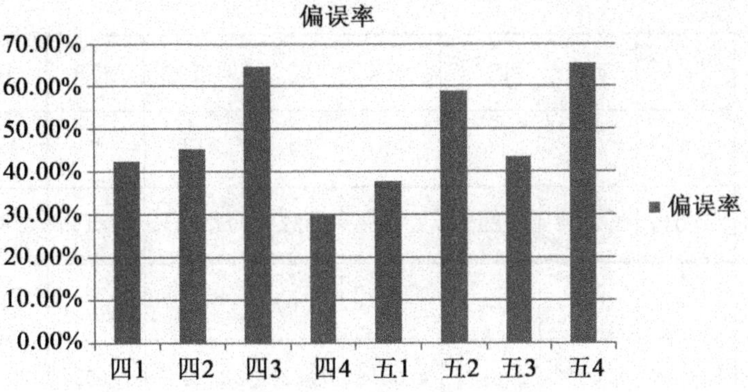

图 1 留学生答题偏误频率分布柱状图

对偏误出现的频次及频率情况进行统计,如表 2 所示。

表 2 偏误频次、频率分布情况

		四 1	四 2	四 3	四 4	五 1	五 2	五 3	五 4	总计
未用指定反问标记	频次	6	2	9	9	5	8	5	10	54
	频率	7.69%*	2.60%	11.84%	12.16%	6.10%	10.26%	6.41%	13.33%	8.74%
与其他句子混用	频次	0	2	3	0	1	2	2	4	14
	频率	0.00%	2.60%	3.95%	0.00%	1.22%	2.56%	2.56%	5.33%	2.27%
语义偏误	频次	3	2	0	0	1	1	1	1	9
	频率	3.85%	2.60%	0.00%	0.00%	1.22%	1.28%	1.28%	1.33%	1.46%
语用偏误	频次	12	11	18	1	11	5	8	14	80
	频率	15.38%	14.29%	23.68%	1.35%	13.41%	6.41%	10.26%	18.67%	12.94%
误加	频次	0	1	0	2	2	1	0	0	6
	频率	0.00%	1.30%	0.00%	2.70%	2.44%	1.28%	0.00%	0.00%	0.97%

（续表）

		四1	四2	四3	四4	五1	五2	五3	五4	总计
误代	频次	0	1	6	2	1	14	5	5	34
	频率	0.00%	1.30%	7.89%	2.70%	1.22%	17.95%	6.41%	6.67%	5.50%
错序	频次	4	7	5	3	6	2	6	11	44
	频率	5.13%	9.09%	6.58%	4.05%	7.32%	2.56%	7.69%	14.67%	7.12%
遗漏	频次	8	9	8	5	4	13	7	4	58
	频率	10.26%	11.69%	10.53%	6.76%	4.88%	16.67%	8.97%	5.33%	9.39%
总计	频次	33	35	49	22	31	46	34	49	299
	频率	42.31%	45.45%	64.47%	29.73%	37.80%	58.97%	43.59%	65.33%	48.38%

（频率是某小题某偏误类型的偏误频次与该小题答题数的比率，比如第四大题第1小题“未用指定反问标记”偏误频次是6，答题数是78，该小题该类型的偏误率为7.69%。又如“总计”栏中“未用指定反问标记”偏误总频次54，答题总数是618，所以，总频率为8.74%。）

由表2可知，偏误数量分布特点为：语用偏误、遗漏、未使用指定反问句标记这三项偏误频次最高，均在54频次以上，三项合计占偏误总频次的64.2%。误加、语义偏误频次最低，均在9频次以下，两项合计占偏误总频次的5.0%。偏误类型频率排序如下：

语用偏误＞遗漏＞未使用指定“不是……吗？”反问句标记＞错序、误代＞与其他句子混用＞语义偏误＞误加

2.偏误在不同学时段的分布及其特点

我们将这些偏误的出现频率按学时段归类，统计各偏误在不同学时段中的频率分布情况，以便了解不同学时段该反问句习得存在的主要问题及难点，如表3和图2所示：

表 3 不同水平留学生答题偏误率分布情况

	四 1*	四 2	四 3	四 4	五 1	五 2	五 3	五 4	总计
初级	58.06%	61.29%	65.52%	28.57%	45.16%	73.33%	53.33%	75.86%	57.74%
中级	41.67%	50.00%	65.38%	29.17%	44.44%	68.00%	52.00%	77.27%	53.33%
高级	21.74%	20.83%	61.90%	31.82%	20.83%	30.43%	21.74%	41.67%	30.98%
总计	42.31%	45.45%	64.47%	29.73%	37.80%	58.97%	43.59%	65.33%	48.38%

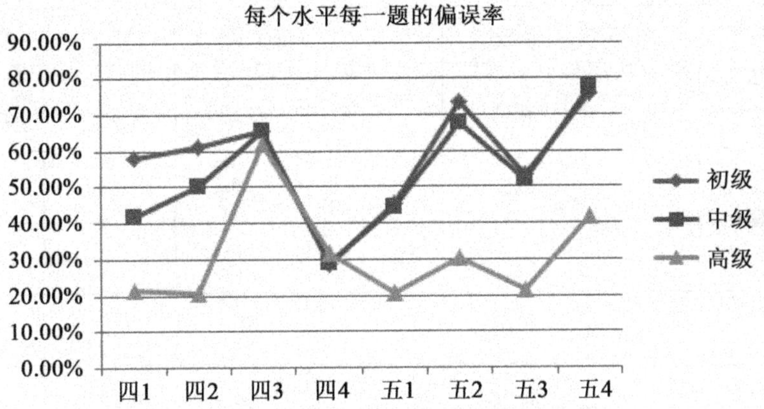

图 2 不同水平留学生答题偏误率情况折线图

从图 2 可知,初、中级水平留学生在答题中的偏误频率情况非常接近,高级水平留学生的偏误频率明显低于初、中级学生。留学生答题偏误频率随汉语水平的提高而降低,高级汉语水平留学生的运用能力比初、中级汉语水平的学生更强。

不同学时段中的主要偏误及其特点,如表 4 和图 3 所示:

初级阶段偏误频率较高的是:语用偏误、未使用指定反问句标记偏误、遗漏。

中级阶段偏误频率较高的是:语用偏误、未使用指定反问句标记偏误、错序。

高级阶段偏误频率较高的是:语用偏误、遗漏、误代。

表4　偏误在不同汉语水平的频次、频率分布情况

		初级	中级	高级	总计
未用指定反问标记	频次	29	22	3	54
	频率	12.13%	11.28%	1.63%	8.74%
与其他句子混用	频次	11	2	1	14
	频率	4.60%	1.03%	0.54%	2.27%
语义偏误	频次	7	1	1	9
	频率	2.93%	0.51%	0.54%	1.46%
语用偏误	频次	31	26	23	80
	频率	12.97%	13.33%	12.50%	12.94%
误加	频次	3	1	2	6
	频率	1.26%	0.51%	1.09%	0.97%
误代	频次	13	15	6	34
	频率	5.44%	7.69%	3.26%	5.50%
错序	频次	20	19	5	44
	频率	8.37%	9.74%	2.72%	7.12%
遗漏	频次	24	18	16	58
	频率	10.04%	9.23%	8.70%	9.39%
总计	频次	138	104	57	299
	频率	57.74%	53.33%	30.98%	48.38%

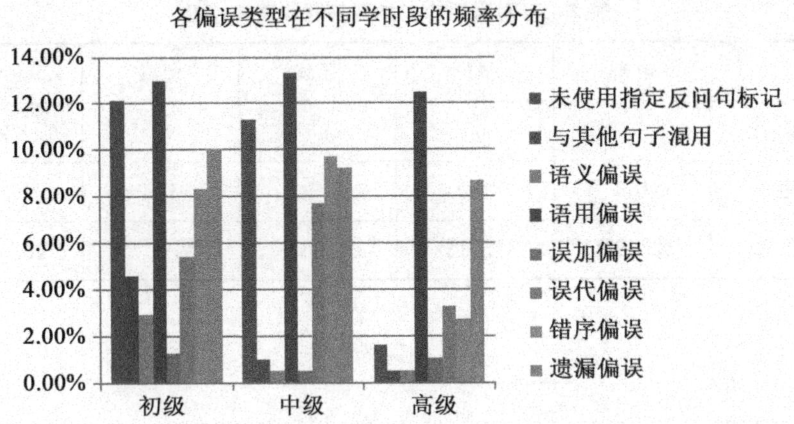

图 3　不同偏误类型在不同汉语水平的频率分布柱状图

由图表可知，语用偏误贯穿初、中、高三个学习阶段，是留学生在习得“不是……吗？”反问句时出现频率最高的偏误类型。由图 3 可知，在初、中、高级阶段，最突出的是语用偏误，但总体趋势随着学习程度的增高而逐渐下降，这说明高级汉语水平留学生对“不是……吗？”反问句语用功能掌握得更好。初、中阶段，误加、误代、错序、遗漏等语法偏误频率较高，高级阶段则较低，说明初、中水平留学生在“不是……吗？”问句的句法及词汇语义习得上还存在不少的问题。

总观八种偏误类型在不同汉语水平阶段中的具体分布情况，可以看出留学生在习得“不是……吗？”反问句过程中可能存在的难点，具体如下：

(1)语用偏误贯穿初、中、高三个学习阶段，留学生对“不是……吗？”反问句语用功能缺乏了解，无法在指定语境中正确运用该句式表达不同语用含义。

(2)未使用指定反问句标记偏误在初、中级阶段出现的频率非常高，如何避免这一偏误类型是初、中级阶段的习得难点。

(3)中级阶段语法偏误出现频率非常高，这可能是目的语语内负迁移造成目的语规则泛化的结果。

3. 偏误在不同语用功能类型的分布及其特点

我们对不同语用功能类型题目的偏误频率进行统计，计算在不同语用功能类型下的偏误频率，并分析各偏误在不同语用功能类型中的分布特点，如表 5 和图 4 所示。

表 5　不同语用功能类型答题偏误率情况

	申辩	提醒	强调	疑惑	总计
偏误数	67	66	95	71	299
答题数	156	159	154	149	618
偏误率	42.95%	41.51%	61.69%	47.65%	48.38%

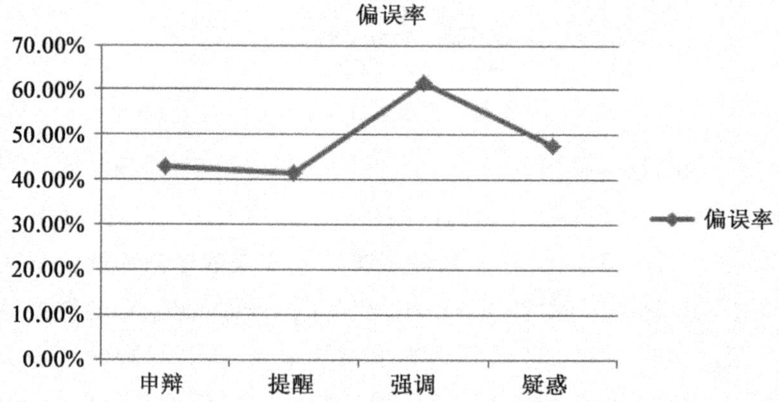

图 4　不同语用功能类型答题偏误率情况折线图

由表 5 和图 4 可知，在四类语用功能类型中，强调类题目的偏误率最高，为 61.69%，提醒类题目的偏误率最低，为 41.51%。可见学生在完成强调类题目中出现的偏误最多，在提醒类题目中出现的偏误最少。留学生提醒类句式运用得最好，强调类、疑惑类、申辩类句式运用情况较差。

不同语用功能类型中的主要偏误及其特点，如表 6 和图 5 所示：

申辩类句式中偏误频率较高的是：语用偏误、遗漏、未使用指定反问句标记偏误；

提醒类句式中偏误频率较高的是：语用偏误、错序、遗漏；

强调类句式中偏误频率较高的是：语用偏误、遗漏、误代；

疑惑类句式中偏误频率较高的是：未使用指定反问句标记、语用偏误、错序。

表 6 偏误在不同语用功能类型下的偏误频次、频率分布情况

		申辩	提醒	强调	疑惑	总计
未用指定反问标记	频次	11	7	17	19	54
	频率	7.05%	4.40%	11.04%	12.75%	8.74%
与其他句子混用	频次	2	3	5	4	14
	频率	1.28%	1.89%	3.25%	2.68%	2.27%
语义偏误	频次	4	3	1	1	9
	频率	2.56%	1.89%	0.65%	0.67%	1.46%
语用偏误	频次	20	22	23	15	80
	频率	12.82%	13.84%	14.94%	10.07%	12.94%
误加	频次	0	3	1	2	6
	频率	0.00%	1.89%	0.65%	1.34%	0.97%
误代	频次	5	2	20	7	34
	频率	3.21%	1.26%	12.99%	4.70%	5.50%
错序	频次	10	13	7	14	44
	频率	6.41%	8.18%	4.55%	9.40%	7.12%
遗漏	频次	15	13	21	9	58
	频率	9.62%	8.18%	13.64%	6.04%	9.39%
总计	频次	67	66	95	71	299
	频率	42.95%	41.51%	61.69%	47.65%	48.38%

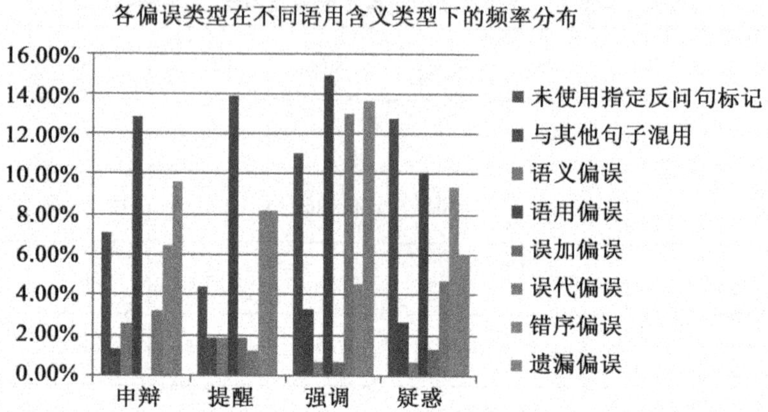

图5　不同偏误类型在不同语用功能类型下的偏误频率分布柱状图

从表6的横向看，在四类语用功能类型产生的偏误中，语用偏误频率最高，为12.94%。其中强调类句式中的语用偏误最多，疑惑类中语用偏误最少。从纵向看，强调类句式中偏误最多，提醒类句式中偏误最少。“不是……吗?”反问句中的提醒与疑惑是留学生日常交际过程中接触较为频繁的两种语用功能类型，掌握得较好。虽然对外汉语教材中大多把该句式解释为“强调”，但学生在运用强调类“不是……吗?”反问句时出现的问题最多，掌握最差。

4.小结

以上从问卷中偏误数量、偏误的学时分布和语用功能类型分布等方面考察留学生运用“不是……吗?”反问句的偏误特点，得到以下结果：

(1)语用偏误频率最高，依次为：语用偏误＞遗漏＞未使用指定“不是……吗?”反问句标记＞错序、误代＞与其他句子混用＞语义偏误＞误加；

(2)语用偏误贯穿初、中、高三个学习阶段；

(3)在“不是……吗?”反问句四种语用功能类型中，强调类偏误最多，提醒类偏误最少。在各种语用类型句式的偏误中，语用偏误频率也最高，其中强调类句式的语用偏误最多，疑惑类中语用偏误最少。

总之，语用偏误是留学生习得“不是……吗?”反问句出现频率最高、范围最广、持续时间最久的偏误类型。

二、语用偏误分析

语用偏误指不符合说话者和听话者的身份、关系、地位,或不符合交际场合的话题的偏误。[5]通常可分为口头语用偏误和书面语用偏误两种。口头语用偏误主要包括对话称呼语、应答、社交等方面的问题,书面语用偏误包括语篇的形式衔接、语义连贯、标点符号书写等。[6]这些偏误在句法上没有问题,但因为使用时不恰当、不符合习惯,影响正常交际。

A. 不符合话题语境。

(1) * 不是放在你的手提包里吗?(五 1)①

(2) * 你的手机不是新的吗?(五 1)

第五大题第 1 小题中所给语境提示朋友的手机在桌子上,例(1)例(2)表达的"放在你的手提包里""你的手机是新的"显然不符合语境,造成交际障碍。

B. 不符合中国人思维方式。

(3) * 你们不是很闲吗?(四 3)

(4) * 你不是说这位老师很热情吗?(五 3)

(5) * 我们不是下课了吗?(四 1)

(6) * 我们不是放假了吗?(四 1)

问卷第四大题第 3 小题给出上文"大家一起帮助这位老奶奶",需要学生用"不是……吗?"写出下文,可以是"这不是好事吗?""这不是助人为乐吗?"等等。例(3)中的"闲"指的是"空闲、无事",在句中有贬义。帮助老人并不是因为空闲、没事情做,而是因为老人需要帮助。用例(3)发问非常不礼貌,不符合中国的交际习惯。例(4)说话者的原意是想表达老师很宽容、和气,想宽慰听话者,让他不要着急,认为即便迟到了老师也不会为难他们。"热情"一词表示"具有强烈的感情、激情或非常热心",在这个语境下并不符合汉语交际的习惯。例(5)、例(6)作为单句单独看没有问题,但它们作为第四题第 1 小题的答案与下文无法衔接。其下文是"现在又要学一遍,真麻烦",说话者不愿意再学一遍。所以,建议的答案可以是"不是已经学过了吗?",才能与之很好地衔接。

“下课”“放假”在汉族社会看来并不意味着就不学习了，更不表示再学一遍就“真麻烦”。

C. 不符合交际称谓习惯。

(7) * 朋友的手机不是在桌子上吗？（五 1）

(8) * 你不是应该帮助她吗？（四 3）

第五大题第 1 小题是“朋友”与“我”之间的对话，例(7)说话者将听话者称呼为“朋友”，容易引起歧义以为在谈论其他朋友，不符合中国人说话的习惯，应改为“你”。例(8)的上文是“大家一起帮助这位老奶奶”，主语是“大家”，是说话人对大家说话，号召大家帮助老奶奶。而例(8)主语变成了“你”，与“大家”所指的范围不一致，衔接上也存在问题。

D. 断言与预设不符。

(9) * 你不是迟到了吗？（五 3）

第五大题第 3 小题语境信息是“还有十分钟就要上课了”，说明还没有上课；“我”说：“快点啊！马上就要迟到了。”也说明还没有迟到。而例(9)“你不是迟到了吗?”断言“你已经迟到了”，与预设不符。此外，“你不是迟到了吗?”与上文“不要急”不能连贯。说话者说出“不要急”，下文应该进一步对听话者进行宽慰，或者举出“不要急”的理由。但例(9)表达的含义是“你迟到了”，既没有解释、安慰的意思，也没有举出理由，不能与上文衔接，不属于申辩类语用功能，且不符合交际习惯。

E. 含义与断言矛盾。

(10) * 你不是觉得很奇怪吗？（五 4）

(11) * 不是少了一盒吗？（五 4）

(12) * 你们不是喝完了吗？（五 4）

第五大题第 4 小题语境信息是妈妈发现家里的牛奶少了一盒，觉得很奇怪，妈妈也直接说“真奇怪”，这是断言意义。但例(10)表达的含义是“你不应该觉得很奇怪”，两者矛盾。例(5)例(6)的字面含义是“少了一盒牛奶”“你们喝完了”，与上文衔接后隐含的会话意思是“应该少了一盒牛奶，怎么不少了?”“你们应该已经喝完了，怎么还有牛奶?”表达了对还有牛奶这件事的疑惑，这与语境中“因为牛奶少了而奇怪”完全相反。

三、语用偏误成因

从上面的调查与分析可以看出,“不是……吗?”反问句习得语用偏误是出现频率最高、范围最广、持续时间最久的偏误类型,语用偏误的表现多种多样。那么,为什么会产生如此多样的语用偏误呢?我们分析,主要有以下几个原因。

1.交际文化负迁移

我们收集的偏误来自不同汉语水平的留学生在问卷测试中的书面语料。这些留学生来自23个国家,母语背景及文化十分复杂。学习者对汉语文化了解得有限,不明白在有些语言项目上目的语与母语之间的文化差异,不知不觉地将母语中的文化知识直接使用在目的语中,按照母语中的文化意义来理解相应的目的语,这就很容易使语言运用不得体,影响交际的正常进行。例如问卷中第五大题第3小题“我”和“朋友”在去学校的路上因为快迟到而感到十分着急,“朋友”安慰“我”这一题中,有学生作答,“不要急!你不是说这位老师很热情吗?”在中国文化中,“热情”一词通常用于朋友、主客之间,有“好客、热心”的意思。西方文化往往推崇自由平等的理念,中国的师生关系则深受传统文化的影响。中国人崇尚“师严道尊”“尊师重道”的思想,老师是道义的化身,学生应当尊重老师。在中式课堂中,老师是绝对的权威,是教学的主导,学生往往以听从老师的传授为主;在西式课堂中,教师只是教学的协助者和引导者,给学生提供更多自由和机会,让学生自己去探索和发掘,西方学生通常喜欢质疑和挑战老师,师生关系与朋友关系相似。因此在中国,通常情况下学生不会将老师称为“热情”。再如第五大题第1小题,“朋友”的手机找不到了非常着急,有学生作答“朋友的手机不是在桌子上吗?”这显然不符合中国人的称呼习惯。互动交际中,当面称呼听话人,虽然听话人是自己的朋友,但不能直接称“朋友”,而要称呼“你”。[②]但在越南及其他一些国家的文化习惯中,学生当面称呼老师时只用“老师”而不用“你”或“您”,这种社会交际称呼语文化上的差别会带来语言运用中的问题。

2. 教学误导

教学误导主要是指教材编写、教师讲解、教学训练中的不当形成的偏误。我们对使用较为普遍的七本对外汉语教材中“不是……吗?”反问句语法项目进行考察,[③]发现大部分教材对“不是……吗?”语用功能解释不全面,课后练习与注释不匹配;教材中例句缺乏具体语境,学生无从得知其语用功能;教材例句中的语用功能类型分布不均,疑惑类句式最多,申辩类句式几乎没有。语用功能解释不全面导致留学生对“不是……吗?”反问句的不同语用功能理解不足,例句缺乏语境信息导致留学生无法掌握在实际交际过程中“不是……吗?”反问句的不同用法,例句语用功能类型分布不均导致留学生只能掌握部分语用功能,遇到其他类型时不知所措。

教师对“不是……吗?”反问句的讲解、训练不当也是造成留学生语用偏误的原因之一。吕文华、鲁健骥认为,“我们的教学还没有做到有意识地、有计划地、充分地反映汉语语用规则和文化,这片教学中的空白使学生的母语干扰成为可能。初级阶段的语言教学内容(语言所表达的意义和文化内涵)往往是非常简单的、粗线条的。但是,成年人要表达的思想却是复杂的、细微的。这两者之间形成了一对矛盾,是语用失误的一个根源。”[7]对外汉语教学主要是对汉语语音、词汇、语法、汉字等汉语本体的语言教学,但大多数留学生在运用汉语进行日常实际交际过程中,仍然存在不少汉语用法上的问题。这是因为我们的对外汉语教学重视汉语本体语言知识理论的讲授,却忽略了语言运用与实践的教学与操练,一堂对外汉语课往往因此变成汉语语法课。并且,大多数对外汉语教师缺乏相应的语用知识和文化教学意识,对于某个语法项目的讲解通常注重语言形式和语法的讲授,而没有详细讲解与操练其语用功能及文化,忽视了学生交际能力的培养。因为教材对“不是……吗?”反问句语用功能解释不全面,教师在参考教材进行教学的过程中就会出现教学误导。学生往往只知道“不是……吗?”是一种反问句式,知道表示强调肯定,能理解该句式的字面含义,却不知道什么时候该用、该怎么用,从而导致语用偏误。此外,教师对语法项目的操练过于机械单一,缺乏语境概念。单纯的句型变换练习并不能帮助留学生理解不同交际场合、不同上下文语境中的语用功能。尤其在对外汉语口语教学中,教师通常采用模仿以及对话练习的教学方式进行操练,没有将话语交际背景融入教学中。

教材与教师的误导在一定程度上也反映了对外汉语教学的实际状况,对外汉语教学中缺乏语用教学已是普遍现象,这对教材的编写、教师的教学方法提出了更高的要求。

3. 学习者个人因素的影响

在习得过程中,学生受到学习态度、简单推理、认知策略、类比和回避等方面的影响,也容易产生偏误。参与调查的留学生来自不同的国家,拥有不同的母语文化背景,思维方式差异明显。思维方式不同,认知角度也就不同,如果不了解目的语国家人们的思维方式,在日常交际的过程中也会出现交际障碍,造成语用偏误。

在问卷测试调查过程中,我们发现有的留学生在读题时出现漏读或跳读的现象,如把"他不是不喜欢吃苹果吗?"看成"他不是喜欢吃苹果吗?"。实际上这是学生运用的一种学习策略,对于不熟悉或者不理解的句子就忽略,造成理解上的偏误。问卷第一大题需要学生找出划线句子的含义,这一大题中有不少属于推断类题目,在题目中很难找到直接的依据,需要被试深入理解上下文语境,如:

(13)甲:昨天我看见小华了,他在买苹果。

乙:他不是不喜欢吃苹果吗?

A. 小华不喜欢吃苹果。　　B. 小华不喜欢吃苹果吗?

C. 小华喜欢吃苹果吗?　　D. 以上都不对。

被试在完成这道题时通常把甲的话理解为"小华在买苹果,所以他喜欢吃苹果",由此对乙的话非常不理解,这是因为被试没有深入语境去感知和推理。这种阅读能力对初级水平留学生来说是不小的挑战,因此该阶段学生在这道题上的偏误率非常高。

四、结语

本文通过问卷调查对留学生运用“不是……吗?”反问句出现的偏误进行了分析,结论如下:

(1)留学生使用“不是……吗?”反问句,语用偏误频率最高,并且贯穿初、中、高三个学习阶段,是频率最高、范围最广、持续时间最久的偏误类型。

(2)语用偏误表现出多种多样的类型,常见的有:不符合话题语境、不符合中国人思维方式、不符合交际称呼习惯、不符合语用预设、含义与断言矛盾。

(3)语用偏误是在交际文化负迁移、教学误导、学生个体因素三个方面的影响下形成的,这是习得过程中突出的问题。

注释

①本文旨在考察留学生关于“不是……吗?”反问句语用功能的习得情况,在设置问卷时均有上下文语境。为了更好地观察留学生的偏误情况,我们将所得语料联系语境揣摩学生产生偏误的原因,并以括号内注明所在题号的方式呈现,便于查询。下文中出现的方式相同,不再赘述。

②当面对陌生人可以称“朋友”,如问路:“朋友,到图书馆北门怎么走?”

③这七种教材是:《汉语教程》(北京语言大学出版社,2006,杨寄洲主编)、《新编汉语教程》(北京语言大学出版社,2007,黄政澄主编)、《博雅汉语》(北京大学出版社,2004,李晓琪主编)、《汉语初级教程》(北京大学出版社,1993,邓懿主编)、《新实用汉语课本》(北京语言大学出版社,2003,刘珣主编)、《跟我学汉语》(北京大学出版社,2008,王志刚主编)、《发展汉语》(北京语言大学出版社,2012,徐桂梅主编)。

参考文献

[1]赵果.初级阶段美国留学生“吗”字是非问的习得[J].世界汉语教学,2003(1):68—74.

[2]丁雪欢.初中级留学生是非问的分布特征与发展过程[J].世界汉语教

学，2006(3):103—112.

[3] 胡德明，董行. “不是……吗?”反问句语用功能习得顺序研究[J]. 汉语国际教育研究(第2辑)，2016:13—30.

[4]王佶旻. 语言测试概论[M]. 北京:北京语言大学出版社，2011:279.

[5]朱其智，周小兵. 语法偏误类别的考察[J]. 语言文字应用，2007(1):111—118.

[6]赵春利. 对外汉语偏误分析二十年研究回顾[J]. 云南师范大学学报(对外汉语教学与研究版)，2005(2):70—76.

[7]吕文华，鲁健骥. 外国人学汉语的语用失误[J]. 汉语学习，1993(1):41—44.

附录:调查问卷(部分)

四、用“不是……吗?”完成句子。(可以用拼音)

1. ________________________现在又要学一遍，真麻烦。

2. ____________________________你可以和他一起去。

3. 大家一起帮助这位老奶奶，________________________

4. 这怎么可能呢? ________________________

五、根据提示用“不是……吗?”完成对话。(可以用拼音)

1.(朋友的手机在桌子上。)

朋友:我的手机找不到了!

我:________________________________

2.(你帮助一个姐姐找到了她的小狗。)

姐姐:谢谢你!非常感谢你的帮助!

我:不用谢!帮助别人，________________________

3.(还有十分钟就要上课了，你和朋友还在去学校的路上。)

我:快点啊!马上就要迟到了!

朋友:不要急!________________________

4.(妈妈发现家里的牛奶少了一盒，觉得很奇怪。)

妈妈:真奇怪，________________________

An Investigation into Error Characteristics and its Causes of "*bushi*······*ma*?" Rhetorical Question

Hu Deming[1] Dong Xing[2]

(1. School of International Education, Zhejiang Normal University, Jinhua 321004, China; 2. Hangzhou Xuejun Primary School, Hangzhou 310012, China)

Abstract: This paper makes an in-depth investigation into the errors' characteristics and causes of the rhetorical question "bushi······ma?" in the process of second language acquisition. Based on a survey questionnaire, it is found that pragmatic errors, with high frequency and long duration, widely occur throughout the three stages of learning, namely the beginning, middle and high stage; consist of various different types, i. e., the contradiction between the meaning and assertion, the unfitness for the topics of context, for the thinking ways of Chinese people, for the habits of address, and for the pragmatic presupposition and so forth, which might be given rise to the negative transfer between culture communications, the misleading of teaching approach and the individual factors.

Key words: "bushi······ma?" rhetorical question; pragmatic function; error analysis

多元智能理论指导下的初级汉语综合课课堂活动设计

林　源　何　霞*

（浙江师范大学　国际文化与教育学院）

摘　要：语言教学在知识讲解之外，还需配备大量训练，课堂活动因此非常重要。多元智能理论指出八大智能可以相互激发促进，因此将音乐—节奏与身体—运动等智能运用于语音教学，将视觉—空间以及自然观察等智能运用于词汇教学，将人际交往、逻辑—数理等智能运用于语法教学，将视觉—空间与逻辑—数理等智能运用于汉字教学，可以活跃课堂气氛，提升教学效率。

关键词：课堂活动；多元智能理论；初级汉语综合课；语言要素；对外汉语教学

多元智能理论是美国心理发展学家霍华德·加德纳（Howard Gardner）于1983年提出的一种新的智力理论。多元智能理论认为每个人都至少存在八种智能，包括言语—语言智能（Verbal-linguistic intelligence）、音乐—节奏智能（Musical-rhythmic intelligence）、逻辑—数理智能（Logical-mathematical intelligence）、视觉—空间智能（Visual-spatial intelligence）、身体—运动智能（Bodily-kinesthetic intelligence）、自知—自省智能（Intrapersonal intelligence）、人际交往智能（Interpersonal intelligence）、自然观察智能（Naturalist intelligence）[1]。八种智能联系紧密，一种智能的运用往往会调动起其他智能，多元智能有机整合，合作发挥作用。如利用音乐节奏帮助语音学习，运用肢体

* 作者简介：林源（1970—），女，福建安溪人，浙江师范大学国际文化与教育学院教授。
何霞（1993—），女，浙江金华人，浙江师范大学国际文化与教育学院硕士研究生。

动作帮助记忆动词，借助一切能产生视觉冲击的事物让学生在学习过程中印象深刻，通过自然观察产生联想与想象协同记忆，调动逻辑思考发挥主观能动性，发现汉语学习的规律。再如运用人际交往智能激发言语一语言智能，在课堂上创设典型情境，让学生模拟交际。又如课后作业有意调动学生自知—自省智能，强化交际训练等。实践证明，多元智能理论指导下的课堂教学活动设计可有效活跃课堂，提升教学效率。

语言教学在展示讲解之外，需配备大量训练，课堂活动因此非常重要。以往的教学活动设计往往存在以下问题。①对活动重要性认识不足，讲解多活动少，课堂沉闷。②对活动功用认识不清。以为课堂活动就是做游戏，就是活跃气氛，结果课堂活动与教学内容关系不大，浪费了宝贵的课堂时间。③缺少理论指导，设计费时费力，效果却未必良好。④资料虽多，却并没有一个专供初级汉语综合课的课堂活动资料可以参考。因此我们尝试在多元智能理论指导下，整理设计有效有趣简便易行的课堂教学活动。整理设计标准为与学习内容的结合度、趣味性与可操作性，分为语音、词汇、语法、汉字四部分分别加以介绍。由于智能之间存在互相影响、互相联系的关系，有些教学活动往往不止体现一种智能，但各项智能在活动进行中都有一定的调动顺序，有的智能依次展开发挥作用，而有的智能则是同时发挥作用。所有的智能都最终为提升学生的言语—语言智能服务。这些教学活动能够在一定程度上激发出学生的内在潜能，转化成学习汉语的动力。

一、语音部分教学活动设计

最适宜于语音教学的是音乐一节奏智能。从第一个拼音字母开始，如同歌唱般的四声念诵，有助于学生感受四声，熟悉汉语语音。随着字母的累积，将学生熟悉的歌曲曲调配上字母，成为汉语拼音歌谣，有助记忆。如将英文 26 个字母歌改配拼音声母。此外，身体—运动智能可有效增强活跃度，使语音教学趣味大增。如利用手表达声调，学生根据所听，用肢体动作表示是第几声。以下是一些实用的语音课堂教学活动[2]。其中活动一字母歌可用于汉语声母的记忆，活动二至六适用于汉语声调的教学，活动七可以培养学生拼合声韵母与声调的准确性，活动八、九强调发音的正确度，活动十可以提升学生判断语音、辨别相似语音的能力。

(1)字母歌:利用学生熟悉的歌曲曲调编唱字母歌谣。如利用英文 26 个字母歌的旋律,帮助学生记住汉语拼音中的声母。

(2)听音拍手:学生根据教师的发音判断声调,如果为第一声则拍一下,第二声拍两下,以此类推。

(3)拍手说调:学生根据教师拍手的次数,结合学习过的韵母或者拼音进行声调发音。如韵母“u”,若教师拍手次数为三次,学生则要发第三声“ǔ”。

(4)起立坐下辨音辨调:为了让学生能够较好地区分相似的语音,分辨声调,可采用此活动。教师在黑板上写下语音并选择其中一个读出,如 bā—pā,学生选择前者时需要起立并读出,选择后者时保持不动并读出。

(5)身体做声调:学生判断出教师所说的声调并用肢体动作进行表示。

(6)声调画图:一开始学习声调时,为了让学生更好地记忆,先让学生观察声调的形状与走向,再根据教师所说的声调画出相似的图画进行记忆。

(7)找朋友:拼合声韵母与声调。由教师制作声母、韵母以及声调卡片,分发给学生,根据教师发出的语音找到持有相关卡片的同学,找到之后展示给其他学生并大声读出,其余学生要进行正误判断。

(8)发音比赛:教师制作几套语音卡片,请相应数量的学生进行比赛,根据教师的发音或者其他学生的发音举起相应的卡片并大声读出,其余学生进行正误判断。学生人数较少时,教师可以制作相应数量的卡片,让全体学生参与其中进行比赛。

(9)语音版“谁是卧底”:教师制作相似发音的语音卡片分发给学生,其中只有一名学生的语音不同,每位学生都要根据卡片读出,根据发音找出卡片不同的卧底。

(10)抢语音与贴语音:通过小比赛的形式进行,快速判断出听到的语音并选择或者粘贴相关的卡片到黑板上,同时大声说出该语音,正确率高且速度较快的学生获胜,其余学生做裁判。

综上,语音部分非常适合通过学生的言语—语言智能、音乐—节奏智能来提升学习兴趣,增强记忆力,在语音教学活动中应当最先使用。并且借助身体—运动智能增强活跃度,运用逻辑—数理智能建立逻辑思维体系,最终基于语言学习的目的再次回到言语—语言智能,综合发挥智能的作用来提高言语表达能力。

二、词汇部分教学活动设计

词汇教学活动中言语—语言智能、逻辑—数理智能、视觉—空间智能以及自然观察智能是运用最多的智能。学习词汇时，一般可以有效利用图片、实物等教学工具，图片的内容、形状、颜色等都需要学生用眼睛进行观察，因此应当同时发挥视觉—空间智能与自然观察智能的作用，这两种智能之间存在着密切的联系。与语音一样，在词汇学习中也需要学生积极主动地思考，逻辑—数理智能的使用能够帮助学生找到记忆生词的有效方式，产生进行总结和归纳的意识，从而更好更快地记住更多词汇。无论是“你来比划我来猜”“‘词语’蹲”“边画边猜”这种强调与肢体运动、人际交往相结合的活动，还是“看图说话”“连连看”“快速辨认词语”等以观察图片为主的活动，都基本以语言的表达为出发点和最终目的，结合视觉—空间与自然观察两种智能，贯穿逻辑—数理智能作为记忆的有效手段来提高词汇学习的效率。词汇部分课堂教学活动虽采用了不同的手段，但是最终都转化为语言输出，可以提高学生的开口率。其中活动一到五基本适用于各种主题性的词汇，例如主题“家庭成员”。可将这些词汇按照词性分为名词和动词，部分形容词也能够采用这些活动进行教学。活动六和七主要锻炼学生词语的匹配能力，可以通过联想等方式较好巩固词汇。活动八、九主要让学生产生记忆词汇的意识，小比赛的方式具有趣味性和挑战性，以此刺激学生加强记忆和辨认词语的效率。以下是实用的词汇课堂教学活动[3]。

(1)你来比划我来猜：通过身体动作传达意思猜测词语，进行复习巩固，可以是两人一组进行比赛，也可以让学生轮流比划其余学生一起猜词语。

(2)看图说话：通过图片或者动图等形式猜相关的词语。

(3)“词语”蹲：以“家人”词汇为例，教师给学生分发“妈妈”“爸爸”“姐姐”等和家庭成员有关的词语卡片，学生手持词汇卡片进行比赛。如一名学生拿到“妈妈”卡片，活动时需一边做蹲下动作一边说“妈妈蹲，妈妈蹲，妈妈蹲完，××蹲”，“××”为另外的学生持有的词汇。学生们需要靠自己的聪明才智让其他学生出现错误，使自己取得最终的胜利。该活动不仅要求学生记住本人的词语，还需要记住其他词语，考验反应能力、记忆力和应变能力。活动进行之前教师需要讲清规则。该活动可以供所有词语复习用,其中最适用于同一主题的词语,如家庭成员词、颜色词、时间词等。

(4)边画边猜:该活动可以是学生轮流根据词语画简图,其余学生猜测所画的词语,也可以是两人一组进行画图猜词比赛。

(5)看图学词:一些比较具体的名词或动词可以先展示图片或动图(做动作)再教读音,让学生有更深刻的印象。

(6)连连看:例如图片与词语进行搭配时,准备几组图片以及词语,进行连线,并说出词语意思。

(7)找朋友:将图片和词语或者拼音与词语进行匹配,教师准备好卡片分发给学生,在规定的时间内找到各自卡片对应的伙伴,到教师或者学生裁判员那里进行验证,并且大声说出词语的发音与意思。

(8)快速记忆:在黑板或 PPT 上展示所学过的一组词语,×秒后清除,学生根据记忆写出或说出呈现的词语,以小比赛的方式进行,看哪组学生或哪位学生记得比较多。

(9)快速辨认词语比赛:通过小比赛的形式进行,快速判断出听到的词语并进行选择,选择正确并且速度较快的学生获胜,其余学生做裁判。

总之,词汇是使汉语学习者能够最终做到表达自如的基础之一,学习词汇时如果能够将视觉—空间智能与自然观察智能相结合,让学生有主动观察的意识,再利用逻辑—数理智能促进思考,发现词汇之间的联系,找到记忆方式,记住数量众多的词汇就没有那么困难了。

三、语法部分教学活动设计

人际交往智能与逻辑—数理智能在语法教学中极具应用价值。人际交往智能有效刺激言语—语言智能,同时运用逻辑—数理智能,归纳总结语法点的结构特点,对比中外语言语序异同与表达手段异同,对比不同句式表达的异同,可在理解基础上进行记忆与使用。以下是一些实用的初级汉语语法课堂教学活动[4]。其中“唱反调”“传话接龙”“语法造句比赛”等活动方式简便,需要学生开口,帮助学生主动思考,发挥主观能动性,更好地进行交际。

(1)唱反调:在教语法点时,经常需要进行造句或举例说明,唱反调要求学生说出与教师相反的句子，例如语法“是”字句可以通过这个活动让学生掌握肯定与否定两种情况的句子，如“我是老师—我不是老师”。

(2)传话接龙：教师将相应语法点的句子轻声传达给第一名学生，该学生接收到后增加一个与语法点有关的句子传达给第二名学生，以此类推。注意：活动时每组学生的人数不宜过多，否则内容太多，学生容易混淆。

(3)卡片组句：教师制作好词汇卡片分发给各组学生，学生讨论之后将卡片上的内容排列成正确的句子。

(4)语法造句比赛：将学生分组，用相应的语法点进行造句比赛，学生展示造出的句子，另外小组的学生进行判断，造得多且正确率高的小组胜利。

(5)语法接龙：将学生分组，学生轮流用语法点造句，可一边造句一边表演，表演符合句子内容可以另外加分。

综前，语法部分通过调动逻辑—数理智能，可锻炼学生的独立思维能力，提高理解能力，较快掌握所学的语法点，同时运用人际交往智能，在典型场景中反复运用所学语法点模拟交际，多种智能协调运用，为语言的正确流畅表达创造了良好条件。

四、汉字部分教学活动设计

汉字部分在言语—语言智能之外使用最多的是视觉—空间、自然观察与逻辑—数理智能。汉字作为方块文字，有特定的书写方式与书写规律。汉字与拼音字母只有左右一个维度不同，具有上下、左右两个维度，同时汉字书写方向固定，主要是从上到下，从左往右，这些离不开视觉—空间智能。汉字常用部首的发现，汉字结构的整理归纳，汉字部首意义与汉字意义大类之间的关系，汉字声符与汉字读音的关系等，都离不开自然观察智能与逻辑—数理智能。这些智能在汉字教学的不同阶段，需有意识地加以调动，以激发言语—语言智能。以下是一些常用的汉字课堂教学活动设计[5]。在“手指比划”“背上写字”“汉字拼图”“找相同或找不同”等活动中这三种智能的有效运用可以让学生自己去发现汉字的结构特点以及书写汉字与记忆汉字的规律。活动一、二、三和汉字的笔画有关，重在让学生会写汉字，掌握汉字书写规律。活动四在于学生识字能力的培养。活动五、六能够让学生产生结构意识，对部件进行归纳。

(1)手指比划:学习笔画时,可用手指跟着教师写笔画,一边比划一边说笔画的名称。

(2)背上写字:例如在教复合笔画时,可以将几名学生分为一组,依次在背上写笔画,最后一名学生需要猜出笔画并写在黑板上,且大声说出笔画的名字,一定时间内答对数量多的小组获胜。

(3)汉字排序:将汉字的笔画数量按照多少进行排序。

(4)图文并茂:展示与汉字有关的图片,将图片与汉字进行对应,如"山""火""日"等。

(5)汉字拼图:将合体字分成几部分,学生进行汉字的拆分与拼合。如"妈"="女"+"马"。

(6)找相同或找不同:考验学生的观察能力,培养学生的归纳分析能力,教师展示一系列汉字,让学生找相同或找不同,然后进行归纳,便于学生理解与记忆。如"妈妈""她""奶奶""妹妹""姐姐"等都包含"女",意义与女性相关,且位置都在左边。

可见,通过调动视觉—空间智能、自然观察智能可帮助学生发现总结归纳汉字结构的规律,逻辑—数理智能有益于学生总结整理归纳汉字书写的规则,提高汉字学习效率。

实践证明,多元智能的运用是有层次地展开的,不同的教学内容所调动的多元智能侧重各有不同。无论哪一种语言要素的学习,在核心智能言语—语言智能之外,在语言学习的不同阶段,需选取合适的某种智能激发言语—语言智能,有时可能需要运用多种智能以提升教学效果。

参考文献

[1] 霍华德·加德纳著,沈致隆译.多元智能新视野[M].北京:中国人民大学出版社,2008:19-24.

[2] 王巍,[韩]孙淇.国际汉语教师课堂技巧教学手册[M].北京:高等教育出版社,2011:2-8.

[3] 张和生.汉语可以这样教——语言要素篇[M].北京:商务印书馆,2006:93-99.

[4] 姜丽萍,李俊芬.课堂活动设计指南[M].北京:北京语言大学出版社,

2014:176－182.

[5] 姜丽萍，李俊芬. 课堂活动设计指南[M]. 北京：北京语言大学出版社，2014:86－97.

The Design of Classroom Activities in the Elementary Chinese Comprehensive Courses under Multiple Intelligences Theory

Lin Yuan He Xia

(*College of International Education, Zhejiang Normal University*)

Abstract: Language teaching should be equipped with a large amount of training, so classroom activities are very important. Multiple intelligences theory points out eight kinds of intelligences can inspire and promote with each other. So, using musical-rhythmic intelligence and bodily-kinesthetic intelligence into phonetic teaching, visual-spatial intelligence and naturalist intelligence into vocabulary teaching, interpersonal intelligence and logical-mathematical intelligence into grammar teaching, visual-spatial intelligence and logical-mathematical intelligence into Chinese character teaching, can make classroom atmosphere active and improve the teaching efficiency.

Key words: Classroom activities; Multiple intelligences theory; The elementary Chinese comprehensive courses; the Chinese language elements; The teaching of Chinese as a foreign language

对外汉语综合课翻转课堂教学模式的实践探索

——以中级阶段汉语教学为例

张　瀛　胡珍莹*

（浙江师范大学　国际文化与教育学院；浙江师范大学　教师教育学院）

摘　要：翻转课堂教学模式使课堂教学时间得以释放，师生、生生互动形式更加灵活多样，学生的学习需求更好地得到满足，这些特点都与对外汉语综合课教学理念相契合。文章在明确翻转课堂教学模式运用于对外汉语综合课教学有哪些优势的前提下，以中级阶段教学为例，从教学准备、教学流程、学习成绩的考核与评价几个方面阐述了翻转课堂应用于对外汉语综合课的教学设计和实施，并采用课堂观察、问卷调查和访谈的研究方法，对翻转课堂的教学效果、遇到的问题和困难进行了分析。实践表明，翻转课堂教学模式适用于对外汉语综合课教学，解决了传统课堂上的一些教学问题，得到了学生的认可，值得推广和深入研究。

关键词：翻转课堂；对外汉语综合课；教学实践

随着学习理论从行为主义向认知主义和建构主义的发展，人们的教学理念也在发生着转变，从原来的“以教为主”转向“学教并重，先学后教”，教学过程中更加考虑学生的认知心理，倡导合作式、发现式、探究式学习，生本课堂不仅在

---

* 基金项目：浙江师范大学校级教学改革重点项目“基于‘翻转课堂’的对外汉语综合课教学范式改革”、浙江师范大学教学改革项目“‘翻转课堂’教学模式在学历留学生汉语教学中的实践应用”的阶段性研究成果。

作者简介：张瀛（1971—），女，黑龙江齐齐哈尔人，浙江师范大学国际文化与教育学院副教授，文学硕士。

胡珍莹（1992—），女，浙江师范大学教师，教育学院在读硕士研究生。

中小学，在高校中，特别是高校的专业课小班化教学中，运用已渐成常态。生本课堂的教学组织形式非常多元，翻转课堂就是其中一种。既往关于翻转课堂的研究与实践多集中于中国学生的教学中，而在对外汉语教学中的尝试还处于新生状态。鉴于此，笔者拟在对外汉语教学中级阶段的综合课中开展行动研究，以期探索这种教学组织形式的可行性。

一、翻转课堂应用于对外汉语综合课教学的优势

目前对外汉语综合课教学大都采用“课上语言知识讲练＋课下作业”的传统教学模式，翻转课堂的引入可以帮助我们解决教学中一直存在的一些问题。

1.缓解“讲”与“练”时间冲突问题

对外汉语综合课教学除了语言知识的传递外，更注重语言知识的操练与实际运用，教学原则是“精讲多练”。但是，由于课堂上教师的讲解占用了部分教学时间，留给语言练习和师生交流的时间相对减少，许多灵活多样的教学方法和教学技巧难以真正实施，有限的时间内也很难做到让每个学生都能得到充分的练习机会，如果增加练习时间，教学进度就会受到影响。由于练习不够充分，所学语言知识只是停留在笔记和书本上，没有转换成言语交际技能，很难使学生实现真正意义上的知识迁移，做到学以致用。而翻转课堂这一教学模式对课上时间的“松绑”为学生提供了更大的语言训练空间，使得很多灵活多样的学习活动得以实现，这有利于学生对知识的理解、强化、迁移和应用，最终实现知识向技能的转化。

2.顾及学生的个性需求问题

对外汉语教学大部分是不同国籍的学生混合授课。不同文化背景的留学生，语言学习的重难点也是不同的，而每个留学生语言基础、认知能力和语言学能等因素的不同也会带来对知识理解和接受程度的差异。传统的教学模式下，教师“统一讲”，学生“集体听”，学生只能跟着老师的思路和教学进度学习和练习。一些反应慢或理解能力较差的学生担心被笑话不敢提问，个别学生提出的疑问，教师会建议课下解决，但据笔者观察，有的同学因为忘记了当时的问

题或由于其他各种原因，课后主动来找老师解答课上问题的学生并不多。而翻转课堂模式将知识传授过程放在课下进行，学生在家借助老师提供的学习材料完成知识学习，学习节奏可以自己掌握，明白的地方可以快速跳过，不懂的地方可以反复学习，一些语言基础较差、课上反应较慢的同学有了更多的思考空间。学习过程中自己解决不了的问题还可以通过微信、QQ 等交流平台及时向老师或同学寻求帮助。这样，既解决了学习过程中出现的问题，满足了学生的个性化需求，又培养了学生的自主学习能力，而这一能力是学生终身学习的重要保证。

3. 学生对所学知识的吸收内化问题

在语言学习的过程中，“学”是语言知识的输入，而“习”则是对所学语言知识的内化吸收和应用，是把语言知识转化为言语交际技能的必要过程。传统教学模式下学生课上学习知识，课下复习。复习过程中出现的一些困难和疑问，学生通常不会主动向老师请教，久而久之，问题不断积累，会影响接下来的学习。而翻转课堂将“学”和“习”两个过程进行了翻转，知识内化过程从课下转移至课堂上，在教师的指导下完成，这有助于及时有效地解决难题，而师生之间、生生之间的互动交流，也可以帮助学生将所学知识消化巩固和融会贯通。

二、中级汉语综合课翻转教学的实施

1. 教学准备

鉴于翻转课堂应用于对外汉语综合课教学的优势，我们在中级阶段进行了一个学期的教改实践。使用的教材是《发展汉语》(中级综合 I)。学生人数为 18 人，来自喀麦隆、泰国、印尼、苏丹、也门等多个国家。这一阶段的教学目标是：扩大词汇量，提高语言表达能力、汉语交际和汉语学习能力，拓展和深化对当代中国社会及历史文化的了解，增强跨文化交际能力。为保障翻转教学的顺利进行，我们进行了充分的准备工作。

(1)翻转课堂学习交流平台的搭建。由于目前没有专门适用于留学生的在线学习平台，所以本次教改实践选择利用学校已有的Moodle平台实施翻转教学。教师在课前将学习内容发布于Moodle平台上，学生可以使用自己的账号登录学习，有问题可以在微信群中询问或者带到课堂上向教师提出。微信是一款被留学生所熟悉的社交软件，因此我们在全班建立了微信群，作为Moodle平台的辅助工具。通过Moodle平台加微信交流的方式，学生不仅可以获取学习资源、观看教学视频，还能保持师生、生生间的联系，从而将汉语学习深化于生活之中。

(2)学生培训。考虑到学生的适应性问题，没有在学期一开始就进行翻转教学，而是在班级团结向上的学风已基本形成、学生对课本以及教师的教学方法已基本适应的条件下开展的。教改实践开始前，我们发放了《翻转学习手册》，并集中进行了培训讲解。手册中向学生介绍了什么是翻转课堂，这种教学形式给语言学习带来的好处，翻转课堂的学习方法，学习交流平台在翻转学习中的使用。手册中特别提醒学生注意学习方式的改变，并告知学生成绩考核方式，强调每一个阶段的学习行为都会列入成绩考核中，以引起学生的重视。

(3)课前学习材料的制作。在翻转教学中，知识的传授是通过学生在家观看教师录制的教学微视频、有声PPT课件或阅读其他形式的学习材料来完成的。本次教改实践使用的是有声PPT，课件是提前制作完成的，在教学过程中根据学生实际情况略做一些修改。

①有声PPT课件的形式。PPT课件的时长控制在15～20分钟。在PPT首页，教师对此次学习做简要介绍，包括学习实际时长、讲解的主要内容、学习目标等，便于学生对此次学习有一个总体了解，做好学习的心理准备，同时也便于学生以后复习查找。教师的介绍伴有欢快的中国风格的音乐，可以营造轻松的学习氛围。PPT的播放过程可控，可以暂停播放，以便学生思考和做笔记。教师的语言表述亲切、自然，让听者感觉教师就是直接在与自己对话。尽管不是面对面的教学，但在讲解过程中教师仍然保持着与学生较好的互动，启发学生按照教师的教学思路去思考。

②有声PPT课件内容的编排与呈现。有声PPT的制作目的是使学生顺利完成语言知识的理解、记忆和初步运用，培养学生积极探索和自主学习的良好习惯。为了不增加学生的学习负担，在教学内容的选择上我们注意了重点、难点突出，不贪大求全、面面俱到。由于PPT的观看是学生在家进行的，缺少

必要的约束，为了保证学习效果，学习材料要足以能够激发学生的求知欲，而激发求知欲的最好办法之一是使学习情境具有吸引力。美国著名心理学家和教育学家布鲁纳(J. S. Bruner)提倡使用"发现法"进行教学，在教学过程中，学生不是被动接受知识，而是主动获取知识。我们在教学实践中体会到，发现式教学与直接讲授相比，更能激发学生的学习兴趣，提高学生的认知能力。因此，在制作学习材料时，我们不是一开始就讲授语言点的结构、语义和语用知识，而是利用各种教学手段创设一个情境，然后老师一步一步地引导学生去思考和探究，这样获得的知识印象也是最深刻的。在学习过程中，老师也可以提出问题，鼓励学生自己去搜寻资料，进行加工和处理，用于课上展示和交流。

2. 翻转教学的流程

随机进入教学(Random Access lnstruction)是由美国学者斯皮罗(R. J. Spiro)等人提出的旨在提高学习者理解能力和知识迁移能力的教学策略。在教学中"对同一教学内容，要在不同的时间、不同的情境下，为不同的教学目的、用不同的方式加以呈现。换句话说，学习者可以随意通过不同途径、不同方式进入同样教学内容的学习，从而获得对同一事物或同一问题的多方面的认识与理解，这就是所谓'随机进入教学'。"[1] 此次教改实践正是结合这一理论，将教学流程分为课前、课中、课后三个阶段，通过课前知识浅层学习、课中知识深化操练、课后知识拓展应用等层层深入，多次、多角度地教学帮助学生完成语言知识的建构。

(1)课前知识浅层学习阶段。在课前阶段，通过 Moodle 平台将制作的有声 PPT 课件(包括自测题)及时提供给学生；学生自主学习，初步完成对语言知识的理解与记忆，完成自测练习，并将练习情况反馈给教师；教师通过自测练习反馈和微信交流平台了解学生的学习情况，帮助学生解决在自学中存在的问题，并对学生的典型问题进行详细记录，以便在课堂中有针对性地进行讲解或组织开展讨论。在这个过程中需要非常注意对学习自主性较差或学习基础较差学生的督促和帮助，鼓励他们大胆提问，并给予他们及时的反馈，让这些学生感受到老师对他们的期望以及这种学习方式带给他们的学习支撑，以增强他们参与学习的积极性。

(2)课中知识深化操练阶段。美国学者爱德加·戴尔(Edgar Dale)提出的"学习金字塔"(Cone of Learning)理论认为，"小组讨论""做中学""实际演练"

“教别人”“马上应用”是比较高效的学习方法。翻转课堂教学模式的实施带来了课堂语言点操练时间的增加，使得这些灵活高效的学习方法得以应用，但同时也给课堂教学活动的组织实施带来挑战。我们在进行翻转课堂的教学设计时注意遵循学生的认知规律，根据学生的实际水平循序渐进地展开教学活动，努力做到活而不乱。此次翻转模式的课堂教学分为三个步骤：检测答疑；语言点操练；课堂总结。

①检测答疑阶段。这一环节的目的一是检测学生课前学习情况；二是查缺补漏，发现学生自学过程中没有理解或理解偏差的地方，对一些有探讨价值的问题进行讨论，加深学生对知识的理解和记忆，培养学生发现问题、提出问题、解决问题的能力以及合作探究的能力。在答疑解惑的过程中，老师非常注意调动学生的主动性。首先，学生对重要的知识点进行“转讲”。为降低难度，老师可以用问题的方式引导学生用自己的语言对知识点的用法进行归纳总结，这样既加深了对知识的理解和记忆，又提高了学生汉语表达的能力，还能够发现学生自学时理解错误或偏差的地方，一举多得。对于学生理解错误或理解偏差的地方也鼓励由学生互相纠正。对学生提出的有探讨价值的问题，引导学生小组讨论，老师在巡视指导过程中注意对学习基础较差的学生进行个别辅导，使他们感受到老师对他们的关注。讨论结束后先由学生解答，最后教师补充和总结。

②语言点操练阶段。在传统的对外汉语综合课课堂上，也重视知识点的操练，翻转课堂的操练有哪些不同呢？笔者认为，首先是操练深度的不同。传统课堂的操练关注的是语言知识的理解、记忆和巩固，而翻转课堂模式下，借助于现代教育技术，语言知识的理解、记忆和初步运用这种浅层学习已经在课前完成了，课堂操练更侧重于知识吸收、深化和综合运用；其次，传统课堂受教学时间的限制，操练开展得并不充分，多是知识点的控制性、半控制性练习，“角色扮演、讨论、辩论、完成真实生活中的任务”等促进知识综合运用的自由练习不够充分。在翻转课堂上，教学时间的释放使得很多过去传统课堂上教师想用又碍于时间限制无法使用的练习方法得以施展。但在这一环节中要把握好翻转课堂模式的实质，要避免形式主义，不要娱乐过度，偏离教学目标，造成课堂活动的混乱。

③课堂总结阶段。由于翻转模式下课堂活动更加丰富多样，因此，教学结束前的总结环节也很重要。总结最好在教师的引导下由学生完成，总结的目的

是避免所学内容的碎片化，使教学内容系统完整，加深学生的印象，也利于学生的课后回想。

(3)课后知识应用和拓展阶段。将所学知识迁移到真实的交际情境中加以运用，是最终实现语言知识向言语交际能力转化不可缺少的一环。教改实践期间，我们结合教学内容，积极为学生提供各种知识应用的机会。考虑每位学生的个体差异，知识应用的任务设置成基础任务、中级任务和高级任务，要求所有学生完成基础任务，鼓励有余力的学生挑战中级任务和高级任务。成果形成电子稿(文字或 PPT)，通过微信反馈给老师，老师组织学生互评，从中选出1～2个优秀作业，课上示范展示。此外，还常常根据学生的兴趣，通过微信平台给学生提供一些语言、文化、国情方面的拓展知识，满足语言水平较高学生的学习需求。

3.翻转模式下学习成绩的考核与评价

翻转课堂能否成功实施很大程度上取决于学生的学习主动性和积极性。因此，翻转模式下的学习评价，“应该贯穿于整个教学过程，当学生意识到学习过程与教学评估结果有联系时，学生学习的积极性就会增强，从而使学生在整个学习过程中保持高度的热情。”[2]此次教改实践中采用的成绩考核方案，如表1所示。评价结果会定期反馈给学生，以利于学生调整自己的学习行为。对学生的评价多采用学生自评、同学互评和教师总评相结合的方式，使学生获得积极的情感体验。另外，对学生平台交流、课堂表现、拓展练习完成情况的评价充分考虑到学生的个体差异，根据学生的学习基础、努力程度、进步幅度等对学生进行考查，对他们的每一点进步做出及时的反馈，让每个学生都能体会到学习进步带来的成就感，从而促使他们通过自己的努力去获得相应的发展。“正如加德纳所说的：‘当课堂评价与教学过程相结合起来同时进行时，评价与教学的界限开始模糊，甚至消失，评价将成为一种促进学生在教学过程中保持主动学习的强有力的工具’”[2]。

表 1 《中级汉语综合》翻转课堂成绩考核方案

评价阶段	评价指标	评价具体内容	评价方式	百分比/%	
课前评价	课前视频观看	是否完整观看、观看时间	教师根据 Moodle 平台统计情况打分	5	15
	课前自测	知识理解、掌握程度	教师评价	5	
	平台交流	交流次数、提问和解答情况	学生自评、互评、教师总评	5	
课中评价	课堂表现	出勤情况	教师评价	5	30
		课堂活动参与的态度	学生自评、互评、教师总评	10	
		活动贡献情况	学生自评、互评、教师总评	15	
课后评价	实践作业	参与语言实践的态度、作业完成情况	学生自评、互评、教师总评	10	10
期末评价	期末测试	对一学期所学知识和技能的总体考核	教师评价（笔试、口试）	45	45

三、对外汉语综合课翻转教学的反思

我们通过课堂观察发现，翻转教学提高了教学效率，实现了知识精讲和充分的练习，保证了语言学习的质与量。此外，微信平台交流、课堂上个别辅导、答疑解惑、课后知识拓展这些教学环节使得学生的个性需求得到了满足，在一定程度上实现了差别化教学，让汉语水平较好的学生有了更高的目标，让基础较差、水平较低的学生树立了信心。课堂操练环节组内、组际互动的增加调动了学生汉语表达的积极性。自评、互评使学生学习责任感增强了，师生之间、生生之间的关系更加融洽。

从单元测试的答卷情况分析，与教学实践开始前的测试相比较，优等和中等学生进步较大，知识的准确性、运用知识的灵活性以及语言能力较之前有较明显提高。基础较差或原来学习动机和学习主动性较弱的学生知识的准确性有较明显提高，灵活运用知识的能力以及语言能力有进步，但是短时间内进步不明显。

为了了解学生对翻转课堂教学模式的感受，我们在教改实践结束后，向全体学生发放了调查问卷，并且对部分学生进行了访谈。调查结果显示，这一教学模式得到了大部分学生的认可。学生对这一模式的肯定可以归纳为四个方面：

(1)课前学习材料提供了有效的学习支撑。所有学生对课前教师提供有声 PPT 这一做法感到满意，因为在观看过程中，遇到难懂的地方可以回看，学习的挫败感减少了。考试前可以利用学习资料来复习，在很大程度上缓解了学习的焦虑情绪。另外，有的学生将学习资料下载到手机中，随时随地都可以学习，充分利用了碎片化的时间，非常方便。

(2)语言知识掌握得更加准确、深入。18 名学生都认为，经过课前反复学习、课中大量操练、课后实践应用，对所学语言知识掌握更加扎实了，知识的迁移能力更强了，语言交际能力也提高了。

(3)学习态度更加积极主动，课堂参与度提高了。问卷结果显示，16 名学生表示喜欢课上的活动，并对自己在活动中的表现感到满意。在接下来的访谈中，一些学生表示，过去课堂上由于老师刚刚讲完知识点，自己还没有完全理解和消化，在接下来的操练环节就会非常紧张，一时想不出来怎么回答老师的问题。在翻转教学模式下，因为课前已经对知识点有了初步的理解和消化，课堂上变得更加自信，参与课堂活动的积极性也提高了。

(4)学习需求得到了满足。在回答“这个学期的汉语学习是否满足学习需求”这一问题时，13 名学生表示“很好地满足了学习需求”，5 名学生认为“比较好地满足了学习需求”。

一个学期的教改实践证明，翻转课堂应用于对外汉语综合课教学是可行、有效的。但笔者也发现了翻转教学模式实施中出现的一些问题和困难：

(1)教师的适应性问题。翻转课堂教学会大大增加教师的工作量。当前我国高校教师普遍面临较大的教学和科研工作压力，为开展翻转课堂教学，教师要制作和上传课前学习材料，开展网络交流和指导，设计课堂教学活动，记录和评价学生的表现，这势必会进一步加重教学负担。为促进高校翻转课堂教学模式的改革实践，需要教学管理部门给予一定的政策支持，比如对教师实施翻转课堂教学的工作量给予认定，采取一些激励措施等。

(2)学生的适应性问题。由于学生个体情况不同，因此，对翻转课堂接受程度也有所不同。在调查和访谈中，有两名学生提出，学习活动的多样性会带来一定的压力。此外，教学中有时会出现个别学生由于一些原因没有观看课前学习资料，或者看得不够认真，导致无法参与课堂学习的情况。还有个别学生认为课前有声 PPT 的观看就已经完成了学习，课堂教学不参加也可以，因而出现旷课现象。教师在教学中要注意对这些学生进行适应性的引导，为他们提供更多的学习支持和及时的监督提醒，从而提升翻转教学的质量。

(3)还有诸如课前学习材料与课堂教学内容如何更好地衔接、课堂活动如何设计更加有趣高效、翻转模式下如何进行语言测试、初级阶段翻转教学如何实施等问题，需要在今后的教学实践中进一步探索和解决。

四、结语

翻转课堂教学模式充分利用现代教育技术，实现了对外汉语综合课课堂空间的释放，学生通过教师的引导，逐步实现语言知识的课前浅层学习、课中深化训练及课后拓展应用，进一步促进了语言知识向言语交际技能的转化。但是，任何一种教学形式都有其弊端，加之翻转课堂应用于对外汉语综合课教学还只是处在尝试阶段，需要经过“实践—探讨—改进—再实践”循环往复的过程，才能扬长避短，更好地发挥它的作用。

参考文献

[1] 何克抗.建构主义的教学模式、教学方法与教学设计[J].北京师范大学学报(社会科学版)，1997(5)：77.

[2] 苏仰娜.基于多元智能理论与 Moodle 平台活动记录的翻转课堂学习评价研究——以“多媒体课件设计与开发”课程实践为例[J].电化教育研究，2016(4)：78，81.

Practice and Exploration on the Teaching Mode of "Flipped Classroom" in the Course of Teaching Chinese as a Foreign Language

—a Case Study of the Chinese Teaching in Intermediate Stage

Zhang Ying　Hu Zhenying

(*International College of culture and education, Zhejiang Normal University; College of Teacher Education, Zhejiang Normal University*)

Abstract: The "Flipped classroom" teaching mode helps to release the time in the class teaching and makes the interactions more flexible between students and students as well as teachers and students. It better satisfies the learning needs of students. All these characteristics are consistent with the teaching idea of comprehensive course of TCSL. Based on the advantages of the "Flipped classroom" teaching mode, the paper illustrates the teaching design and implementation of flipped classroom teaching in teaching preparation, teaching process, assessment and evaluation of the learning results. The paper also analyzes the teaching effect, problems and difficulties of flipped classroom teaching using methods such as classroom observation, questionnaire and interviews. It has been proved that the "flipped classroom" teaching mode is suitable for comprehensive course of TCSL, which has solved some problems in the traditional classroom teaching. The teaching mode has been recognized by the students, and is worthy of popularization and in-depth study.

Key words: flipped classroom; comprehensive course of TCSL; teaching practice

论留学生高级汉语综合课的背景知识引入

王美华*

（浙江师范大学　国际文化与教育学院）

摘　要：背景知识在留学生中高级汉语综合课教学中具有重要的教学作用。背景知识的引入可以有多种方式，包括观看电影、采访调查、介绍自己、教师介绍和学生讨论等。背景知识引入能起到促进留学生的汉语知识积淀、激发学习兴趣和释疑相关课文内容等方面的学习成效。背景知识引入应注意分清内容主次，正确看待民族文化差异，客观辩证看待历史事件，选择恰当知识切入点，以收到良好的教学效果。

关键词：高级汉语综合课；背景知识；引入

汉语综合课承担着语言知识教学和语言技能训练的任务，其基本特点是综合传授语言知识和综合训练听说读写等语言技能。

中高级阶段的综合课有不同于初级综合的地方，主要表现在中高级综合课的授课文本主要是以文学作品为主体，课文广泛涉及各种文化问题，教师需要有一定的文化意识，引导学生了解或掌握相关的文化知识。李泉、高增霞(2010)[1]指出，强调教师的跨文化教学意识，是说在语言课堂教学中教师要有揭示和引入与语言及交际密切相关的文化因素的意识，教学中如何介绍文化因素，介绍到什么程度，都还需要教师在教学实践中进行探索，但教师要树立和强化跨文化教学的意识，这应该是明确的。

同时，综合课也要进行一定文化知识的学习。陈灼(1991)[2]指出，中级汉

* 作者简介：王美华(1971—)，女，江西吉安人，浙江师范大学国际文化与教育学院讲师，硕士。

语课是二年级的一门主干课，要进行相应的语言内容（词汇、语法等）和有关的文化知识的教学。李泉（2010）[3]有如下一些引述：中级汉语课（综合课）的课程性质是：它是汉语言专业的综合课、必修课。以语言技能训练为主，并辅之以必要的语言知识、文化背景知识的讲授。由此可知，文化知识的引入和介绍是《高级汉语综合课》不可或缺的教学内容和手段。

本文主要是从背景知识引入和介绍的角度来探讨留学生如何在《高级汉语综合课》中了解和掌握目的语国家的文化知识，以及这种背景知识对于相关课文学习的作用。本研究以《发展汉语·高级综合(I)》[4]和《发展汉语·高级综合(II)》[5]为文本。

一、背景知识引入的多种方式

在语文教学中，背景知识介绍是一个常见的环节。背景知识是指课文产生的特定时代、历史背景、作者生平、文化语境及其他相关资料（朱丽萍 2015）[6]。高级综合课文的背景知识主要是介绍课文的历史文化背景和涉及有关的资料，其目的在于帮助学生理解课文。这就要求教师在备课过程中要全面细致地分析课文，在熟知课文所涉及的文化知识基础上，精心选择要讲授的文化知识，通过设计相应的技巧，恰到好处地引入背景知识，促进学生对课文内容的理解。

《发展汉语·高级综合Ⅰ、Ⅱ》所选课文题材广泛，内容涉及不同时代、不同地域、不同民族等众多因素，留学生对相关课文的理解存在程度不同的文化障碍，因此汉语教师引导学生预习课文文本内容的同时，又要根据课文内容的不同让学生了解和掌握诸如历史、社会、时代、人文及作者创作情况等方面的背景知识。对背景知识的了解如采取单一的教师讲述方式，不仅显得单调，而且调动不了学生主动学习的兴趣，因此教师应根据背景知识的不同采取多样的引入方式，尽量让学生参与进来。

（1）观看电影。课文《康熙皇帝》反映较久远的社会现实，文中选取“勤奋学习”“智擒鳌拜”“平定三藩”三个关于康熙皇帝最有名的故事，涉及真实的历史背景和较多的文化知识。可以让留学生在学习课文之前观看大型历史电视连续剧《康熙王朝》中的前 23 集，注意与课文内容相关的第 1 集、第 12 集和第 23 集，从第 1 集中了解康熙皇帝勤奋读书和聪明睿智，第 12 集前后可以了解康熙擒获鳌拜的过程，第 23 集南平三藩，说明康熙经过多年的奋战，终于平定三藩。虽然与课文有不一致的地方，但对帮助深入理解课文还是作用甚大。而《尊重知识 尊重人才》一文则可以在讲解完后，让学生观看电影《高考 1977》，该电影讲述了一个通过考大学改变命运的故事。生活在东北某农场的一群知青，在 1977 年夏天获悉了即将恢复高考招生的消息后，发奋苦读，最后成功实现了自己的目标。影片中“恢复高考比高考本身更重要”这句话发人深思，恢复高考是“尊重知识、尊重人才”的一个侧面体现，这种背景知识的补充也进一步说明了邓小平提出的“尊重知识、尊重人才”的思想改变了中国的命运。

(2)采访调查。如《中国婚姻 60 年之嬗变》介绍自 1949 年以来四个阶段中国人婚姻观念的变化，年轻人主要的择偶对象从战场上的英雄、职场上的模范、天生的革命者到“万元户”再到“门当户对或相似的家庭背景和生活环境的人”。这篇课文的背景知识可以让留学生进行分组调查，向中国朋友了解他们的爷爷奶奶、父母、叔叔阿姨、哥哥姐姐等不同代际的婚恋观念，整理归纳这些不同辈分或不同年龄段的人的择偶标准及产生这个标准的原因，并进行纵向的比较，形成调查报告。此后小组间相互交流，互通有无。调查过后教师讲解课文，学生理解就容易多了。又如《享受旅行》写了作者的一些旅行经历，作者在享受旅行的同时也面临了许多的问题，解决问题之后文中提出了感悟出的道理。为了更好地理解课文，可以调查同学，询问他们在某一次旅行中遇到的问题，最后是怎么解决的？答案可能各种各样，这些都可以作为学习本课的一个相关背景，学生在学习课文过程中自然能理解作者遇到的问题，对本文针对旅行中遇到的障碍、难关提出的观点感同身受。这样既联系了实际，又拓展了学生的视野，增长了间接经验。

(3)介绍自己的认识。《红牌轶事》是有关足球题材的课文。留学生对足球很熟悉，有的留学生足球踢得很好，可以让这些学生给班上同学讲解足球比赛的一些知识。通过这种方式，班上同学知道了足球场地、主裁、边裁、教练、主队、客队、红牌、黄牌、进球、比分、观众及足球联赛等一系列与足球有关的体育术语，再进一步让学生介绍足球比赛中的红牌、黄牌的判罚情况。有了这些前提知识，教师顺势向学生说明，课文中的红牌派发情况跟我们平时所见的完全不同，因为这些都是没有正规记载、很少被人知道的事。这样，在已了解相关知识的基础上抛出新的问题，激发学生学习课文的欲望。课文《起名字》，可以让几名留学生谈谈自己的名字是谁取的，有什么含义，自己觉得好不好，有重名的吗;再让留学生说出几个中国朋友的名字,并说明自己的理解,最后比较一下不同民族的名字反映出的社会风俗、心理、宗教色彩等因素。学生会注意到不同民族取名相同的地方,如男女名各有相应的用字,名字都寄寓了长辈的期望。从中国人的名字中,留学生也了解到,中国人口十几亿,汉语同音字众多,重名或名字谐音会引起误会或笑话。有了这些认识,理解课文中重名造成的麻烦就不成问题了。

(4)教师介绍。对于稍微复杂的历史背景,主要通过教师的口头讲解并结合多媒体展示相关的背景知识。课文《琴弦上的"蝴蝶"》产生于特殊年代——中国思想极左的20世纪50年代,当时正在开展全民大炼钢铁运动,实际结果是,全民大炼钢铁运动造成人力、物力、财力的极大浪费,严重削弱了农业,冲击了轻工业和其他事业,造成国民经济比例失调,严重影响了人民生活,挫伤了群众的积极性。恋爱在当时被认为是小资产阶级情调,以恋爱为主题的作品自然不受欢迎,但是由于当时决策者懂艺术规律,定下了在越剧《梁山伯与祝英台》曲调基础上创作"梁祝"这个选题,艺术家创造性地把中国民族风格的乐曲和演奏技巧用到小提琴上,使《梁祝》具有了鲜明的中国特色,完成了交响音乐民族化的创世纪,得到世界公认。具体的创作过程怎样,激发学生求知欲望后就可进入课文的学习。《琴弦上的"蝴蝶"》演奏了一个爱情悲剧故事,书上简要介绍了这个爱情故事,对这个故事的深入了解可以结合"观看电影"法,由学生自己课前观看电影《梁山伯与祝英台》,这对小提琴协奏曲《梁山伯与祝英台》"结拜""抗婚""化蝶"乐曲的曲调可以体会得更深,从而更好地体验音乐的美。

(5)学生讨论。有的课文内容学生或有一定的经历且有自己的看法,就可以抛出问题让学生进行讨论。课文《网络时代的爱情》,教师可以向学生提出以下问题:互联网对世界、对人类的生活有哪些改变?怎么看待网络恋爱呢?找到网络爱情的人是不是以寻找爱情为目的而上网的?网上恋情怎么开始、发展的?实际上,网络爱情的成功率怎么样?网络爱情有什么特点?自由讨论过后,学生可能就会归结出"隐蔽性""公平性""神秘性"等网络爱情的特点,接着可与课文实际内容进行比较,激发学生细致地去了解各个特点的表现。同样,对网络爱情也就有自己的看法,如此便能理解文中网友所说的"网络爱情就像肥皂泡,只能欣赏,不能真正拥有,虚幻的爱情只存在于假设之中,即使是这样,我内心还是想寻找那种浪漫的感觉,寻找更为丰富多彩的生活"这句话。又如《一辆自行车》讲述一个谈了多次恋爱的男生"捡"了一辆自行车,之后巧遇自行车的主人——一位宽容、和善的女孩儿，并且喜欢上了这个女孩。针对这些内容，课前可以抛出相关的问题：爱情有巧合吗？爱情一般怎么能发展下去呢？这些问题对学生了解课文中男女主人公的巧遇有帮助，同时，学生迫切想知道他们的感情怎么发展，也乐于去猜测之后他们会怎么样。

总之，背景知识的引入方式是多种多样的，可以是影像观看，也可以是实地考察；可以是个人认知，也可以是群体讨论；可以是教师讲解，也可以是学生积极参与。

二、背景知识引入的教学作用

多样的背景知识引入，其目的是帮助留学生理解相关课文，有重要的教学作用。具体来说，背景知识的教学作用主要表现在以下三方面：

(1)让学生有一定的知识积淀，更快融入课文。课文的背景知识或有关时代变化，或有关地域差异。牵涉到这些内容，教师一定要事先搜集相关的背景知识，让学生在这方面有一定的知识积累，学习课文就轻松多了。如《气候变化——人类面临的挑战》，教师可以展示网上找来的“近百年来气温与大气中二氧化碳浓度变化”图，仔细观察可以发现：气温虽然出现波动，但总体是上升的，近期达到最高值，与最低的气温相差近 1 摄氏度；而二氧化碳的浓度一直是上升的，1960 年后上升幅度增大，1990 年后近乎直线。接下来通过人类工业的发展、人们汽车数量的增多等方面的变化情况，介绍人类温室气体的排放。再加上人类过度地开发与利用自然资源，环境遭到破坏。这些都导致地球气候变暖了，带来的后果是改变了地球的生态环境，其中大家清楚的是海平面上升，这也可以用图说话。有了这些知识基础，文章中“气候真的变暖了吗”与“气候变暖已经和正在改变我们的地球”这两部分内容讲解起来就容易多了，至于课文最后部分“我们怎么办”提出的一些措施，学生就乐于接受了。同理，课文《北京人与上海人》，一北一南，环境不同，人们的性情也有差异。可以介绍中国南北方的气候、水土及人文情况，有了大的地域背景，文中北京人与上海人的各种差异就不奇怪了。

(2)激发学生的兴趣。对于电子邮件，大家最为熟悉，它的好处有目共睹：使人们交流更快捷；实现无纸化，节约纸张，达到环保的目的；可以分发给一个甚至上千个人；接受方不在的时候也可以接收邮件，在方便的时候再阅读。但是它也有一定的坏处，如发出去就收不回，有时不小心点错就发错对象了等等。《看不见的“邮”戏规则》讲述了一些常人不大注意的“邮”戏规则。在学习这篇课文之前，可以让几名学生谈谈自己因不当使用电子邮件发生的尴尬之事，引发其他同学的好奇，随后教师指出，随意或不当的使用电子邮箱或电子邮件会遭到上司的批评甚至失去工作。这样，就引发了学生的兴趣。

(3)通过背景知识，解释疑难之处。背景知识，虽然处于次要地位，却是认识课文内容的必要途径。有些课文内容，本身很难，了解背景，便可理解课文内容。《尊重知识尊重人才》一文的难点是历史背景的介绍。对于文中的每一个文化点，诸如“邓小平”“资产阶级知识分子”“阶级斗争”“反右派斗争扩大化”“国民经济全面调整”“八届十中全会”“文化大革命”“四人帮”“拨乱反正”等，都要解释清楚背景及含义，可以先请同学说说自己的认识，教师在其基础上进行补充。当然，对于这些背景知识的介绍，也必须以课文的内容为中心，与课文无关的内容不要过多涉及。例如，对“资产阶级知识分子”可简要解释为：新中国是社会主义国家，对旧社会的知识分子要进行改造，使其成为工人阶级一部分，未完成改造之前称其为“资产阶级知识分子”指的是他们进过资产阶级学校，受过资产阶级社会的影响。这样，当学习到相应的文化点的时候，学生理解课文的绊脚石就不存在了。

三、背景知识引入应注意的相关问题

背景知识固然重要，在引入时，我们还是应注意一些问题，毕竟背景知识是为课文内容服务的，起铺垫、陪衬的辅助作用。

(1)要分清主次。背景知识是为解读课文服务的，处于次要地位，在介绍时，只要能说明清楚课文内容，就适可而止，不能大讲特讲。《高薪养廉与缘木求鱼》课文最后亮出作者的观点，“高薪养廉”是“缘木求鱼”，可以依靠的只能是法律和制度。据此，教师课前处理背景的方法是让学生去讨论贪污受贿现象产生的背景，比如监督不力、制度漏洞等。教师可以适时点明：当前，中国正处在体制转型的关键时期，某些人借助职务之便，利用体制漏洞，通过各种手段占有国家、集体甚至他人的财富，贪污腐败现象确实存在。只要漏洞存在，再高的工资也无用，总有人会钻空子。那么，背景的作用就达到了。教师不可趁此机会大谈特谈社会上的腐败现象，引出“老虎”“苍蝇”这些词，这样就喧宾夺主了，既背离课文主旨，又增加了理解的难度，不能实现我们的教学目标。

（2）正确看待文化差异。全球经济一体化背景下，各国之间在经济上越来越多地相互依存。商品、服务、资本和技术越过边界的数量越来越大。《广告亦当入乡随俗》说明国际广告要重视异国的文化心理、风俗习惯和宗教禁忌等，做到入乡随俗，适应异国文化。所以，国际广告想获得成功，必须对受众国进行深入的文化分析，了解两国文化的差异，用受众国接受、感兴趣的方式进行新的创意构思，以适应新市场的文化。那么，教师在介绍背景时，就要有意识地引入文化差异的实例，让学生知道文化差异不可忽视。当然，举的例子不一定是广告，只要能体现文化差异就行。如一位外国人与中国人初次见面时闹的笑话，他夸奖某夫人漂亮，得到的回答是“哪里哪里”，这个外国人不知道这是一种谦虚的表达方式，回答说“哪里都漂亮”。交往中要清楚文化差异，作为国际营销和促销手段的国际广告更要注意文化差异，我们要正确对待不同国家的文化差异，这样，人员交往、经济交流、政治外交等都会成功。当今时代，跨国婚姻屡见不鲜，学习《沙漠中的饭店》也需要树立正确的文化差异观，才能理解该课文。

（3）围绕教学目的，客观辩证看待历史。《司徒雷登》是一则人物传记，涉及中国现当代历史，自然要处理好历史背景、文化背景的讲解。文中第三部分“失败的驻华大使”中提到了毛泽东发表的《别了，司徒雷登》一文，此文为中国人熟知，教师可将此文复印出来让学生课外阅读。这篇文章抨击美国的“白皮书”和美国政府支持国民党发动内战的政策，从该文看司徒雷登是声名狼藉和失败的代名词，在中国人的心目中是一个负面形象。但《司徒雷登》的目的是还原司徒雷登不为中国人了解的一面，给他客观、全面的评价。所以，教师应该向学生说明，我们应该辩证地看待历史人物。作为外交使节，司徒雷登是失败的，但是他为中国的教育做出了贡献。如果受《别了，司徒雷登》的影响，心存偏见，就不能正确对待司徒雷登建立和发展燕京大学所做出的努力，不能体会他企慕全世界博爱和平的愿望，也无从领会作者写《司徒雷登》这篇文章的深刻思想和真挚感情。

（4）选择与难点相切合的背景引入。《白鹤梁古水文题刻》是一篇说明旅游景点的文章，介绍了白鹤梁独特的水文题刻，它是枯水题刻，不仅具有艺术价值，还具有科学性和应用价值，世界闻名。文中语言比较书面化，有几处内容难以理解，教师应找出相关的背景突破这些难点。如“石鱼水标”，为什么要在白鹤梁刻“鱼”，而且还刻有令人称奇的首尾相连的线刻鲤鱼。鱼在中国文化中是一种美好的文化象征，鱼与“余”谐音，中国年画常见的就是莲(连)年有鱼(余)，寄寓人们的愿望，希望年年吃的、用的都有余。鲤鱼之“鲤”与“利”音近，义为“利润”，希望发财。又如诗句“鱼出不节用，年丰难为丰”，它的意思是“石鱼露出水面(农业丰收了)，如果不节约用度，年成丰收也难算是丰收”，这句话反映了中国人的勤俭传统美德，先人即使丰收了仍不忘节俭，他们不仅身体力行，而且不忘告诫后人，可谓考虑深远。

四、结语

高级综合课文具有深厚的文化背景，在教学中适当补充背景资料，可以给学生展示更广阔的世界，拓展学生的知识面。引入背景知识应当充分考虑学生的主体地位，根据课文的内容采用多种不同的形式。事实上，任何教学形式都是为理解课文服务的，背景知识要发挥自己的优势，达到一定的作用，或激发兴趣，或解释疑难等。当然，在介绍背景时，应该注意背景知识只是课文的支撑材料，不能本末倒置。

本文是个人教学实践的经验总结和理论归纳，其出发点在于有效促进留学生的汉语学习，也尝试为对外汉语教学提供一种参考模式。

参考文献

[1] 李泉，高增霞. 汉语综合课教学原则和教学意识[J]. 海外华文教育，2010(4):19.

[2] 陈灼. 试论中级汉语课的设计[J]. 世界汉语教学，1991(4):244.

[3] 李泉. 汉语综合课的性质和特点探讨[J]. 海外华文教育，2010(3):9.

[4] 岑玉珍. 高级综合(I)[M]. 北京:北京语言大学出版社，2011.

[5] 高增霞，游舒. 高级综合(II)[M]. 北京:北京语言大学出版社，2011.

[6] 朱丽萍. 多角度引入语文课堂背景知识的探究[J]. 基础教育研究，2015(23):40.

On the Introduction of Background Knowledge of Advanced Comprehensive Course for Foreign Students

Wang Meihua

(*College of International Education, Zhejiang Normal University*)

Abstract: Background knowledge plays an important role in the teaching of advanced comprehensive course for foreign students. Background knowledge can be introduced in many ways, including watching movies, interviews and surveys, personal presentation, teacher presentations and student discussions. The introduction of background knowledge can promote students to accumulate Chinese knowledge, stimulate interest in learning and explanation related text content. Background knowledge should be taken into consideration to distinguish between primary and secondary content, and correctly treat ethnic cultural differences, objectively dialectical view of historical events, select the appropriate knowledge entry point, to receive good teaching results.

Key words: Advanced Comprehensive Course; background knowledge; introducing

海外华文教育视野中的毛泽东诗词教学研究

杨理沛*

（华中师范大学　国际文化交流学院）

摘　要：毛泽东诗词蕴含生动的语言、优秀的传统文化和博大深厚的人文关怀，面向海外华人华裔的毛泽东诗词教学，理应以语言教学为载体，以文化教学为底色，同时重视人文精神教学的重要穿引作用，从而有效地强化海外华人华裔对中华优秀文化的传承和与祖国的情感联系，也将进一步拓展海外华文教育的研究视野。

关键词：海外华文教育；毛泽东诗词；教学研究；语言文化；人文精神

在全球"汉语热"持续升温的环境下，华文教育已然成为汉语国际教育与传播中的重要分支。它以汉语为媒介，担负着海外华人华侨"寻根"和承续中华优秀传统文化的重任，将有效地推进世界文化的互补与互鉴。华文教育的受众与我们同根同源，有着相同或相似的文化背景和审美趋向，对品读中华优秀诗词都怀有深厚的热情。毛泽东诗词在艺术上继承了中国古典诗词的优秀传统，将人生历程与自然感悟融入其中，弘扬了民族文化，理应成为华文教育的经典素材。

1936年，毛泽东将《七律·长征》抄赠给当时在陕北革命根据地进行采访的美国著名记者埃德加·斯诺，斯诺后来将此诗收录在《西行漫记》（又名《红星照耀中国》，1937年10月由英国伦敦戈兰茨公司出版）中。这是传播到西方的

---

* 基金项目：湖北省社科基金项目（2016166）、中央高校基本科研业务费专项资金（人文社科类）资助项目（CCNU17A06016）、中央高校基本科研业务费专项资金（留学生教育研究类）资助项目"区域品牌视野下国际学生跨文化交际研究"。

作者简介：杨理沛，男，湖北武汉人，华中师范大学国际文化交流学院教师，文学博士。

第一首毛泽东诗词，把一个“既能领导长征又能写诗”的毛泽东带到了西方读者面前，自此拉开了毛泽东诗词译介的序幕。在80年的传播过程中，毛泽东诗词的翻译语种有英语、俄语、法语、德语、意大利语、荷兰语、西班牙语、葡萄牙语、希腊语、阿拉伯语、朝鲜语、越南语、泰语、日语、印尼语、马来语等近40种[1]。按照馆藏量统计，其中影响最大的是英译本。毛泽东诗词英译本从1937年至今已有数十个，译者众多，出版地遍及世界各地，出版时间跨度大。这些译本为英语世界的读者近距离了解毛泽东诗词、全面认识毛泽东，以及正确解读中国社会提供了范例。

与蓬勃发展的毛泽东诗词外译相比，海外华文教育视野下的毛泽东诗词研究则显得相对薄弱。从影响较大的近二十个英译本中，我们仅能找到五个汉英对照本，分别是：赵甄陶《汉英对照：毛泽东诗词》（湖南师范大学出版社，1992年版）、赵恒元《毛泽东诗词（汉英对照）》（天津人民出版社，1993年版）、辜正坤《毛泽东诗词：英汉对照韵译》（北京大学出版社，1993年版）、许渊冲《毛泽东诗词选（汉英对照）》（中国对外翻译出版公司，1993年版）、张纯厚《世界视野：毛泽东诗词英汉对照一百首》（香港文汇出版社，2007年版）。这五个汉英对照本成为现今以汉语为媒介向世界传播毛泽东诗词的有限推力，而这个推力仍是依托英语才得以实现。一个问题便很自然地摆在了我们面前，为什么同属于对外文化传播，毛泽东诗词的海外华文教育却与外译有着如此大的现实差异？可见，从海外华文教育的角度出发，研究毛泽东诗词教学必要并且可行，这也将拓宽海外华文教育的研究视野。

一、海外华文教育视野中的毛泽东诗词语言教学

毛泽东诗词最大的语言特点就是采用了中国古典诗词的传统形式，以词和近体格律诗的形式来抒写中国革命和建设的伟大历程以及人生感悟，在20世纪中国文坛呈现出典型的中国民族风格。在海外华文教育中，通过毛泽东诗词语言教学“加强海内外华人社区的语言协调，并以文化为基底与汉字文化圈结成语言同盟，再尽力向辐射圈辐射”[2]。

在公开发表的67首毛泽东诗词中，其体裁形式全部为我国传统的古典诗词形式，其中诗的形式有七种之多：近体格律诗中的七律、七绝、五律和古体诗

中的五古、七古、六言诗和杂言诗(毛泽东的杂言诗以三言为主,近于白话诗),其中七律居多,很多名篇佳作均采用了七律的形式。词的形式占毛泽东诗词的主体,他用到的词牌有二十种之多,其中用过两次以上的有贺新郎、沁园春、菩萨蛮、西江月、蝶恋花、渔家傲、浣溪沙、水调歌头等八种,用过三次以上的有清平乐和念奴娇两种。毛泽东诗词作为优秀的汉语语言教学素材,其海外华文教育功能主要体现在以下四个方面。

(1)通过诗词语音的和谐美,引导海外华人从语音入手学好汉语。毛泽东在诗词创作中选取绝对优势的乐音、有差别的声调,将声调起伏小的平声与声调起伏大的仄音巧妙组合,使诗的韵律有起有伏,时而舒缓从容(平声),时而又急促曲折(仄声),两者的有机搭配,构成和谐而又有变化的音乐美。其诗作《七律·长征》《忆秦娥·娄山关》《水调歌头·游泳》《沁园春·长沙》《采桑子·重阳》等,不仅意境隽永,而且吟诵起来朗朗上口,富有古典雅致的音韵,突出体现了毛泽东诗词创作的和谐之美。在教学实践中,笔者将诗词创作背景等"知识传递移到课堂外"[3]让华人华裔学生自主学习,使他们在理解的基础上更好地掌握音韵和朗读技巧。师生通过自读自评、互读互评,以课堂示范、沙龙朗读、户外活动等多种形式体验朗读之"美",海外华人华裔在声情并茂的朗读中"形成并强化热爱汉语及中国文化的持久心态"[4],并从中汲取了扎根华文教育事业的精神源泉。

(2)通过学习诗词中的双音节词语,强化汉语的组合功能。如"苍茫""妖娆""葱茏""烂漫""翻覆"等,双声叠韵的运用,并与诗词中平仄起伏的音韵相应和,增强了诗的审美表现力度,形成了良好的视听交错效果。毛泽东诗词创作自觉继承和运用古典诗律词韵,注重展现汉语语音和谐特性的审美价值,使古典诗词的艺术特性在现代得以升华。通过对毛泽东诗词中音韵和音节的学习,海外华人为自己民族的语言而骄傲,并深深地热爱它,以诗朗诵的方式表达了内心的激动。比如,在2017年7月第四届华文教育论坛(武汉)上,由来自马来西亚、印尼、泰国、越南、哈萨克斯坦、乌兹别克斯坦等国的华文教师共同朗诵的《沁园春·雪》,就赢得了近百名与会代表的阵阵喝彩。

(3)学习诗词中词语的巧用,培养海外华人的语言运用能力。在2015年12月由国侨办主办的华文教师培训班上,笔者以《沁园春·长沙》上阕的"鹰击长空,鱼翔浅底"为例,讲授了汉语词语巧用的精妙。其中"击""翔"两个动词用得精练传神,极具表现力。用"击"而不用"飞",准确地表现了雄鹰展翅的英姿;

用“翔”而不用“游”，恰当地描绘出鱼在水中轻快自如、自由游弋的神态。“翔”字本指鸟儿翅膀平直不动盘旋地飞，诗人在这里却用来形容鱼的游动，字面上不合常规，实质却蕴含深意，有力地展现了“万类霜天竞自由”的开阔境界。以不寻常的词语巧妙搭配，生发出让人耳目一新的审美效果。

（4）挖掘诗词中的典故，领略汉语的艺术魅力。在第三期华中师范大学国际文化交流学院的“海外华文素质课堂”上，笔者曾以“指点江山，激扬文字”作为讲座的标题，并由此拓展讲解了毛泽东诗词中的用典手法。这两句诗原是杜甫《咏怀古迹》和《后汉书·藏洪传》中的诗句，起初并不出名，却随着《沁园春·长沙》的广泛流传而变得家喻户晓。“一唱雄鸡天下白”（《浣溪沙·和柳亚子先生》）化用了李贺《致酒行》中的“雄鸡一声天下白”。“我欲因之梦寥廓”（《七律·答友人》）则由李白《梦游天姥吟留别》中的“我欲因之梦吴越”改写而来。诗人在《七律·答友人》中还用到湘妃泪、斑竹等多个典故，取材于古代湘妃滴泪成斑竹的历史传说，展示了湘妃和斑竹的形象，并借此寄寓对已故妻子杨开慧的思念之情。海外华人读者也因此了解到湖南特有的竹子品类和湘妃的传说。同时，毛泽东诗词还不断吸纳一些寓言、神话和民间传说，如吴刚、嫦娥、神女、帝子、牛郎、织女、鲲鹏、蓬间雀等，借此展开丰富的想象，也让海外华人领略到毛泽东诗词中的浪漫主义色彩。

二、海外华文教育视野中的毛泽东诗词文化教学

早在唐代，旧体诗词就由外国遣唐使、留学人员带到了国外，如日本、朝鲜、越南等周边国家，历代都有会写汉字、会作汉诗的外国人。后来随着华人不断外出，又将诗词带到世界各地，并影响了一代又一代华人华裔。从某种意义上讲，旧体诗词成为维系一代又一代海外华人华裔与祖国情感的重要纽带。

毛泽东诗词蕴含了丰富的中华优秀传统文化，充满了辩证思想，并且内容积极向上，表达出乐观主义精神。可以说，中华优秀传统文化成为进入毛泽东诗词深层特质的路标。其中较为突出的是地域文化，地域文化以“文化图式”[5]为知识结构，充任了毛泽东诗词语言的文化背景，从而契合了海外华文教育传播民族文化的旨归。在毛泽东诗词中，与地名相关的就有19首，占到总数的近三分之一，它们是：《蝶恋花·从汀州向长沙》《减字木兰花·广昌路上》《浪淘

沙·北戴河》《念奴娇·昆仑》《菩萨蛮·大柏地》《菩萨蛮·黄鹤楼》《七律·到韶山》《七律·登庐山》《沁园春·长沙》《清平乐·会昌》《清平乐·六盘山》《水调歌头·重上井冈山》《西江月·重上井冈山》《忆秦娥·娄山关》《七绝·莫干山》《七绝·为李进同志题所摄庐山仙人洞照》《七律·洪都》《七绝·五云山》《念奴娇·井冈山》。这些诗词也构成了在海外华文教育视野中研究与学习毛泽东诗词的文化地理版图,实现了海外华人华裔从了解祖国大好河山向眷恋祖国文化的情感迁移,有效地深化了海外华文教育的内涵。

毛泽东还吸收了中国传统文化中的浪漫主义创作手法,描绘了"极目万里"的楚天、"千里冰封"的雪原、"逶迤绵延"的五岭和"绵亘逶迤"的长城……显现出了雄伟壮阔的气势和大而美的艺术形象。他的不少佳作都与自然山川有关,在登临山川时,诗人将自然、历史、文化与人类融为一体,如"风卷红旗如画"的武夷山、"森严壁垒"的井冈山、"红旗漫卷西风"的六盘山、"离天三尺三"的骷髅山、"横空出世"的昆仑山、"磅礴走泥丸"的乌蒙山、"回首峰峦入莽苍"的莫干山、"白云飞"的九嶷山,都让人感受到大象无形、大美大言的崇高感。

毛泽东对故乡怀有深厚的感情,在诗词中多次涉及湖湘之地,尽情描述了故乡山水。我们不难发现,湖湘之地以其独特而秀美的自然环境和深邃博大的人文传统,使毛泽东较早地受到了中国传统文化的陶冶,这也成为毛泽东迈向诗词创作之路关键性的一步。漫漫 70 余年的诗词创作历程,都可以从钟灵毓秀的故土找到渊源。这种湖湘情结是毛泽东诗词最为突出的一大特色,湖湘文化的优秀传统也通过华文教育的海外传播路径为世人所熟知。岳麓山、湘水、韶山等都在毛泽东诗词中熠熠生辉,洋溢着极具湖湘特色的爱国忧患意识、生生不息的奋斗精神和深沉的怀乡之情,如:"独立寒秋,湘江北去,橘子洲头"(《沁园春·长沙》)给世人描绘了一幅充满忧患意识的秀美画卷;"才饮长沙水,又食武昌鱼"(《水调歌头·游泳》)流露出了对故土乡亲的深切思念;"故国 32 年前,别梦依稀咒逝川"(《七律·到韶山》)饱含着对光阴流逝的感慨和对革命胜利的追忆。又如,"山,快马加鞭未下鞍。惊回首,离天三尺三。"(《十六字令三首》)则来自颇具常德地方特色的民谣。毛泽东诗词巧妙自然地将中国古代经典优秀的传统文化融合进去,经由海外华文教育向世界传播,显现出鲜明的中华文化底蕴色彩。毛泽东不仅在诗词创作中流露出深厚的怀乡之情,而且在古诗词评点中也着意关注眷恋故土的诗篇。比如,评王粲的《登楼赋》时,就批注"含有故土之思",并说写《七律·到韶山》(1959)的时候,就深切地想起了 32

年前的许多往事，对故乡是十分怀念的。

毛泽东诗词除了对故土山水的描绘，更颂扬了湖南优秀的人才及人文精神，如《七绝·屈原》《七绝·贾谊》和《七律·咏贾谊》。笔者在2014—2016年连续三届的海外华人“寻根之旅”活动中，都开设了“中国地域文化专题讲座”，以毛泽东诗词为主线讲授湖湘文化及荆楚文化，并带领海外华人华裔学生实地考察湖湘文化与荆楚文化名胜，探寻传统文化演变的脉络，如橘子洲、岳阳楼、岳麓书院、毛主席故居、凤凰古城、炎帝陵、神农谷，以及长江三峡、古荆州城、古襄阳城、武当山、黄鹤楼、晴川阁、古琴台、东湖等，由此推衍到探究祖国丰富的地域文化，有效地强化了海外华人“对中华文化的熏染、传承和与祖（籍）国的情感联系”[6]，这显然是海外华文教育的课题中应有之义。

三、海外华文教育视野中的毛泽东诗词人文精神教学

毛泽东诗词蕴含生动的语言、优秀的传统文化和博大深厚的人文关怀，面向海外华人华裔的毛泽东诗词教学，理应以语言教学为载体，以文化教学为底色，同时重视人文精神教学的重要穿引作用。即，通过探究文本语言，发掘诗词潜藏的优秀传统文化，体悟诗人独特的生命体验，展开海外华人华裔与诗人之间的心灵对话。主要可从下列三个维度来实践人文精神教学。

(1)依托贯穿始终的爱国主义情怀唤醒海外华人华裔的祖（籍）国记忆。笔者通过调查发现，海外华人华裔经过一个时期适应了居留国生活习俗及求学、工作程式后，会逐渐淡忘祖（籍）国，甚至疏离祖（籍）国的传统文化。针对这一现状，笔者在海外华文教育中借助毛泽东诗词里深厚的爱国主义情怀，唤醒海外华人华裔的祖（籍）国印象，增强他们“对自己族群历史的集体记忆与认同感”[7]。

在毛泽东眼中，祖国处处好风光，山河锦绣，美不胜收。这种情感既来自眼前的现实美景，更源于诗人内心深处炽热的爱国主义情怀。1929年毛泽东就在《采桑子·重阳》里用“一年一度秋风劲，不似春光。胜似春光，寥廓江天万里霜”来赞美闽西上杭一带美丽的秋色。到了1936年2月，毛泽东初到陕北，亲眼看见了白雪皑皑的景色后，在《沁园春·雪》中用“千里冰封”和“万里雪飘”描绘出北国冬日景色的壮观与气势恢宏，表现出一种心驰神往之情。新中国成立

后，毛泽东又多次在诗词中赞美祖国河山的巨大变化和崭新面貌。1956 年，毛泽东在《水调歌头·游泳》中以“才饮长沙水，又食武昌鱼”开篇，通过游泳的感受，联想到“一桥飞架南北，天堑变通途”，以及“更立西江石壁，截断巫山云雨，高峡出平湖”，歌颂了祖国社会主义建设取得的伟大成就，写出了建造武汉长江大桥与三峡水利工程的构想，同时憧憬更加美好的未来。他在《水调歌头·重上井冈山》(1965)中用“到处莺歌燕舞，更有潺潺流水，高路入云端”来描绘社会主义建设时期井冈山的春天美景。

在海外华文教育中，华人华裔们通过学习上述几首诗词，可以清晰地了解不同时期贯穿诗人创作的精神主线——爱国主义。这种情怀并不是以政治口号或说教宣讲的形式出现，而是在诗人人生历程的不同时期中自然地流露。华人华裔学生在品诗读诗中可以真切地感悟到诗人的这种博大而质朴的情怀，也因此被这种情感打动，明确了海外华文教育的发展方向。

(2)凭借自强有为的精神激励海外华人华裔不断发展华文教育事业。积极进取、自强有为的人生态度始终是毛泽东战胜重重险阻的动力源泉，执著与坚持是他实现人生理想的可贵品质。譬如，“雄关漫道真如铁，而今迈步从头越”(《忆秦娥·娄山关》)、“世上无难事，只要肯登攀”(《水调歌头·重上井冈山》)、“天生一个仙人洞，无限风光在险峰”(《七绝·为李进同志题所摄庐山仙人洞照》)等，这些诗句倡导的都是一种勇往直前、自强不息、积极向上的人生观、价值观，这是发展海外华文教育事业同样需要的宝贵品质。从这个角度来看，该类诗篇为海外华人华裔、华文教育提供了精神支撑与民族自信。

在东南亚各国中，马来西亚、新加坡、印尼、菲律宾、越南、泰国、老挝、柬埔寨等都是华人较多的国家，华文教育贯穿华人生存的始终。在其发展的漫长岁月中，华裔先辈们自力更生、艰苦奋斗，有的甚至付出了宝贵的生命。例如，马来西亚华人约占全国总人数的 25%，一代又一代的海外华人华侨在这块土地上为华文教育播种、耕耘至今已有 193 年的历史，已建立起一个从小学、中学到大专院校的华文教育体系，堪称东南亚华文教育的典范。在 2013 年“海外华文教育夏令营”教学实践中，笔者结合海外华文教育事业的成长历程讲授毛泽东诗词中的自强精神。在课堂上，华人华裔学员们通过回顾先辈开创、发展海外华文教育的历史，与毛泽东诗词中的自强有为精神产生了心灵共鸣，进一步实现了华文教育的“内涵扩大化”[8]。

(3)透过宏大结构关注引导读者从时代主题出发思考海外华文教育的发展

未来。部分毛泽东诗词具有史诗性的宏大结构，《沁园春·雪》和《念奴娇·昆仑》可称为这种结构的代表之作。一方面诗人的创作笔法兼顾巨大的时空交融和时空超越。《沁园春·雪》将壮丽的北国风光和两千多年的封建社会历史交融在一起；《念奴娇·昆仑》则是通过"阅尽人间春色"的莽昆仑及其被改造的幻境的奇妙组合，打通了过去、现在和未来。这种跨越时空的艺术手法，构筑了一个具有强烈纵深感的诗篇，也为读者的联想提供了纵横驰骋的广阔天地。笔者在2014年"海外华裔中华文化浸濡班"上，通过这两首诗将海外华文教育曲折艰辛的成长历程与毛泽东起伏的人生境遇做比较，拉近了与海外华人之间的心理距离，发现两者有很多相似之处。最主要的一点就是，都不是一帆风顺，而是经历了无数的艰难险阻。因此，海外华文教育工作者要具有同诗人一样的心怀天下的胸襟，不忘华文教育从哪里出发，立足当下不断奋发，满怀信心地展望未来。

另一方面诗词凸显宏伟的时代主题。多娇的江山和漫长的现实疮痍形成鲜明的对比，激发了诗人彻底改革中国的宏愿，发出"俱往矣，数风流人物，还看今朝。"的感慨。对莽昆仑"千秋功罪，谁人曾与评说?"的深长疑问，昭示了立志改造的时代主题，指出"太平世界，环球同此凉热。"的真谛。诗词直接描写人与自然的矛盾，实则直指时代和社会。笔者在课堂上，将诗词的评讲与海外华文教育的发展结合起来，让学生们明确在当代社会，尤其是在"一带一路"倡议背景下，海外华文教育既迎来了难得的发展机遇，又面临着前所未有的风险与挑战。我们只有从宏观的时代主题出发，关注中国、世界，乃至全人类的发展，才能更加理性地思考与谋划海外华文教育的未来。

面向海外华人华裔开展毛泽东诗词教学，将进一步拓展海外华文教育的研究视野，同时可以凝聚海内外华人的爱国之心，传颂根源相连的中华之情。对于弘扬优秀的民族传统文化，提升我国的文化软实力，也具有十分重要的现实意义。

参考文献

[1] 何明星.毛泽东诗词在世界的传播与影响[J].中华诗词，2016(10)：66－68.

[2] 李宇明.强国的语言与语言强国[N].光明日报，2004－7－28(6).

[3] 张萍.翻转课堂的理念、演变与有效性研究[J].教育学报，2017(1)：46－55.

[4] 侯亚光.朗读教学——对外汉语教学中的一个缺失环节[J].语言文字应用,2005(9):60－62.

[5] 刘明东.图式翻译漫谈[J].外语教学,2004(4):50－52.

[6] 周聿峨.论海外华文教育与中国汉语推广[J].贵州社会科学,2008(6):119－124.

[7] 李明欢.海外华人族群文化与海外华文教育[J].福建论坛(人文社会科学版),2009(11):108－113.

[8] 耿红卫.海外华文教育的现状、特点及发展趋势[J].东南亚纵横,2008(6):63－66.

Research on Mao Zedong's Poetry Teaching from the Perspective of Overseas Chinese Education

Yang Lipei

(*College of International Cultural Exchange, Central China Normal University*)

Abstract: Mao Zedong's poetry contains vivid language, excellent traditional culture and profound humanistic care. Mao Zedong's poetry teaching for overseas Chinese, should be based on the language teaching as a carrier, culture teaching as the background, and pay close attention to the important guidance of humanistic spirit teaching, so as to effectively strengthen the inheritance of Chinese excellent culture and emotional connection with the motherland of overseas chinese, and will further expand the research field of overseas Chinese education.

Key words: overseas Chinese education; Mao Zedong's poetry; teaching research; language and culture; humanistic spirit

关于海外汉语课堂有效教学行为的调查分析

——以波多黎各大学初级汉语实验课为例

唐永宝　张思思*

（浙江师范大学　国际文化与教育学院）

摘　要：本文以美国波多黎各大学汉语初级阶段实验课的学生和部分海外汉语教师及国内汉语教师为调查对象，采用问卷调查和访谈以及课堂观察等方式，对教师在课堂上的教学行为有效性进行了调查和分析，通过从教师和学生的双向视角切入，分析对比师生之间的意见分歧，并对教师如何提高教学行为有效性提出了相关建议。

关键词：汉语实验课；有效教学行为；对比分析

国外教育理论界对教学有效性问题的关注由来已久，20 世纪 30 年代至 60 年代人们关注的是教师的品质，70 年代则强调教学行为，80 年代关注教学活动，90 年代至今，有效教学的研究趋向综合化，人们开始强调教与学的相互作用，研究者们更加关注如何通过有效的教学促进学生的学习和发展。[1] 20 世纪 90 年代有效教学的问题受到我国众多研究者的关注。陈厚德（2000）《有效教学》是国内第一本关于有效教学的专著，提出有效教学的基本观念是以“学习中心论”为核心和基础的。[2] 高慎英、刘良华（2004）《有效教学论》则首次提出了有效教学的新方向为：隐性学习、体验学习和研究性学习。[3] 关于“课堂有效教学”，姚利民（2004）[4] 认为“是教师通过教学过程的有效性，成功引起、维持和促进了学生的学习，相对有效地达到了预期教学效果的教学”。杨惠元（2007）[5]

* 作者简介：唐永宝（1970—），男，安徽合肥人，浙江师范大学国际学院副教授，文学硕士。张思思（1990—），女，湖北荆州人，浙江师范大学国际学院 2015 级硕士研究生。

提出“课堂教学行为主要是指教师在课堂上的活动方式和具体的操作方法，教师的课堂教学行为是一定教学意识的反映”。我们认为“课堂有效教学”是指教师在遵循客观教学规律的条件下，灵活运用教学智慧及策略，以尽可能少的时间、精力和物力投入，取得尽可能多的教学效果，并促使学生呈现理想表现的行为。

本文以笔者在美国波多黎各大学任教时的汉语初级阶段实验课的学生为调查对象，采用问卷调查和访谈以及课堂观察等方式，对教师在课堂上的教学行为有效性进行了调查和分析。在调查学生的同时，笔者对部分海外汉语教师及国内教师也做了同步的问卷调查，收集了关于师生对于初级汉语实验课堂教学有效性的有关意见和反馈，通过从教师和学生的双向视角切入，了解师生对于有效教学行为的看法。发现存在的师生共识和分歧的教学行为项目，更好地了解两者看法产生差异的背后原因以及汉语实验课有效教学需要注意的因素，从而指导他们进行更加有效的教学行为，提高教学质量。

一、研究方法

1.设计问卷

本文的调查问卷是参考国际经济合作与发展组织 OECD(Organisation for Economic Co-opemtionand Development)关于对教师教学有效性考察的五方面因素[6]并结合波多黎各大学初级阶段实验课的学生实际课堂情况而设计，问卷分为教师和学生两个版本，从教师课堂媒介语使用、教师课堂提问及反馈、课堂活动组织和课堂管理等四个方面进行了重点调查。

2.调查对象

调查对象主要由学生和教师两部分组成。学生部分是以西班牙为母语的波多黎各大学汉语实验课初级阶段的大学生，分别为 2017 年上学期的汉语一班的 24 名学生和汉语二班的 17 名学生，汉语一班是零基础班，汉语二班是已经学了一个学期汉语。一共收到问卷反馈 39 份，无效问卷 2 份。教师部分是 31 位汉语教师，其中包括 4 位浙江师范大学汉语国际学院一线教师和 27 位赴海外志愿者教师(非洲、泰国、英国、美国等)，共收到问卷反馈 31 份。

3.调查方法

（1）问卷调查法：结合有效教学行为相关的理论以及波多黎各大学汉语实验班的学生实际情况设计出调查问卷，并同步对汉语教师展开相应的调查。

（2）访谈法：通过和授课教师以及实验课部分学生的交谈，可以对问卷问题得到更多的补充信息。

（3）观察法：笔者通过课堂观察以及日常记录，对问卷上师生观点对比能够有更直观的分析，并且从中找到相关案例。

二、结果与分析

1.课堂教学媒介语使用分析

Krashen“输入假说”(Input Hypothesis)的理论认为第二语言习得的实现，主要决定于两个方面：一是习得者必须接受大量的可理解性输入，二是习得者在情感上必须对输入采取开放、接受的态度。由于本人的教学对象都为零起点或初级水平的学生，因此，教学时媒介语的使用不可避免，教师课堂教学语言输入方面我们重点调查了教师在教学中媒介语的使用选择问题，如表1所示。

表1　课堂教学媒介语使用统计表

课堂上什么情况可以使用英文？（多选）	教师讲解新知识点，但很难用中文解说时	学生不能找到合适的词语或句子来表达观点或回答问题时	小组活动来讨论某话题时	只要需要的时候都可以使用	教师介绍课堂活动的规则和要求时	只能讲中文
学生选择人数所占百分比	35 89.7%	25 64.1%	3 7.7%	3 7.7%	5 12.8%	3 7.7%
教师选择人数所占百分比	26 84%	16 51.6%	6 19.4%	9 29%	22 71%	0 0

从表1我们可以发现，在汉语实验课媒介语使用的问题上，教师们的意见与学生们的大部分是一致的，只是在教师介绍课堂活动的规则要求这个问题上有较大分歧。另外，在只能讲中文这个问题中，教师没有人选，而有7.7%学生

选了。在和学生们的谈话中我们了解到，他们认为在汉语课堂上，教师应该控制使用媒介语（英语）翻译，要采用各种间接的方式去传达他们的意思，这样有助于他们培养使用汉语的习惯，在头脑中构建目的语词汇的网络。教师们则认为由于实验课教学时间有限、学生的实际语言水平的限制及其不同教学活动的需要，适当使用媒介语不仅是必要的，而且是有益的，尤其是在初级汉语课堂上，完全避免使用媒介语是不实际的也是不可行的。相反，由于学生有同样的母语背景，如果教师的外语使用得当，还可以在一定程度上提高课堂效率。

2.课堂提问及反馈行为分析

教师纠错性反馈和提问行为从本质上是师生互动行为，它在语言习得中发挥着重要作用。我们在研究中发现受学习者个体因素的差异影响，教师采用不同的纠错和提问行为会产生不同的效果。这部分调查主要针对教师对学生答题错误、答题困难和语音偏误的纠正方式和态度等方面进行调查分析，同时涉及教师对落后生的提问方式，这些都是汉语实验课上经常遇到的问题，如表 2 所示。

表 2　课堂提问及反馈行为分析统计表

如果你回答错误，你希望老师怎么办？（单选）	直接更正，节约时间	帮助你找到错误并自己更正	让其他学生更正	
学生数据（人数、占比）	7　17.95%	32　82.05%	0%	
教师数据（人数、占比）	3　9.7%	21　67.7%	7　22.6%	
如果你回答不上问题，你希望教师怎么做？（单选）	给一些提示并鼓励你完成作答	耐心等待，给你一点时间找到答案	询问其他学生，并之后给你机会作答	直接给出答案
学生数据（人数、占比）	28　71.79%	8　20.51%	3　7.7%	0%
教师数据（人数、占比）	23　74.2%	4　12.9%	4　12.9%	0%
你希望老师如何纠正语音问题？（单选）	只要发音不完美，就应该纠正	只要能被理解，就不用纠正	不应该纠正会让学生尴尬	
学生数据（人数、占比）	30　76.92%	9　23.08%	0%	
教师数据（人数、占比）	11　32%	20　68%	0%	

（续表）

如果学生打断课堂提问，你希望教师怎么做？（单选）	继续授课，忽略提问	如果和课堂内容有关就回答，不然就留到课后	不管问题是否和课堂内容有关都帮助解答，尽管会花费一些时间
学生数据（人数、占比）	0%	31　79.49%	8　20.51%
教师数据（人数、占比）	0%	30　96%	1　4%
你希望教师如何对落后生提问？（单选）	尽量避免问他们问题，以免耽误进度	问他们相对容易的问题，把难度的题目给优秀的学生	一视同仁
学生数据（人数、占比）	1　2.56%	15　38.46%	23　58.98%
教师数据（人数、占比）	0　0%	28　90.3%	3　9.7%

在学生回答错误的情况下，调查数据中显示：82.05%的学生支持教师帮助学生找到错误并自己更正，教师们也会首先选择让学生自行改正错误，这样记忆会更深刻，但如果课堂时间不够，或者在学生完全没有头绪的情况下，可以直接揭晓答案。

在“回答不上问题，你希望教师怎么做？”这一问题中，71.79%的学生认为教师应该给学生一些提示并鼓励他完成答题。在这一点上，教师们也认为通过自己思考后得到的答案是深层加工的结果，比直接给答案更能帮助学生。

在对学生语音偏误的纠错上，师生观点分歧很大。76.92%的学生们认为教师应该对任何不完美的发音进行纠正。相比之下，只有32%的教师同意这一做法，教师们认为对学生语音问题不应过分追求完美，如果所有语音瑕疵都要纠正，那么课堂活动将无法正常进行，学生们学习积极性也会因此受挫。

在“如果学生打断课堂提问，你希望教师怎么做？”这一问题中，师生双方观点大体一致。教师们更是除1人以外都选择了“如果和课堂内容有关就回答，不然就留到课后”这一选项。教师们认为考虑到实验课时间的限制，如果学生问题过多，就会影响教学任务的正常完成，也会耽误大家的时间（如果问题不具有典型性），可能在你回答问题的同时，让其他学生有溜号或者窃窃私语的机会。

在“你希望教师如何对落后生提问？”这一问题上，师生们的意见差别较大。

数据中显示有58.98%的学生支持教师对程度较差的学生应该一视同仁，提同样难度的问题；教师们的看法则是偏向给学生适当难度的问题，遵循"i+1"原则，如果给程度较低的学生相对难的问题，可能会承担很大的风险，一是时间上会耽误，影响教学节奏，不能保证教学任务的按时完成；二是学生答不上也会有挫败感，不如给出能力范围内的问题，增加他们学习的信心。

3.课堂教学活动组织分析

课堂活动是教学内容中不可缺少的部分，尤其在初级汉语实验课上发挥着举足轻重的作用。本部分主要是针对师生对课堂活动类型的评价、课堂活动的设计和教师介绍课堂活动的方式三个方面来展开调查，如表3、表4和表5所示。

表3 课堂活动类型评价统计表

教学活动类型评估（1—5分制）	角色扮演	小游戏、中文歌曲或绕口令	小组讨论或者交际任务	常规操练：跟读、听读、重复	互相提问	口语表达	看小视频或者电影片段，作为语言材料
学生数据	3.97	4.21	4.15	3.62	3.79	3.51	4.28
教师数据	3.94	3.48	3.87	4.26	3.68	4.23	3.10

表4 课堂活动设计考虑因素统计表

你认为教师在设计课堂活动时首要考虑的因素是什么？（单选）	接近于实际生活交际场景		使用新学的知识点和语言点		趣味性	
学生数据（人数、占比）	23	58.97%	11	28.21%	5	12.82%
教师数据（人数、占比）	11	35.48%	16	51.61%	4	12.9%

表 5　教师介绍课堂活动方式统计表

通常情况下，你会希望教师如何介绍课堂活动或者布置任务？（单选）	用中文口头告诉学生课堂活动的步骤或者需要	用英文口头告诉学生课堂活动的步骤或需要	通过和学生一起示范来介绍课堂活动	使用板书或者在纸板上做出详细的介绍，可绘画或者书写
学生数据（人数、占比）	11　28.21%	10　25.64%	12　30.77%	6　15.38%
教师数据（人数、占比）	3　9.68%	5　16.13%	19　61.29%	4　12.9%

关于课堂活动的类型，在问卷中采用1—5评分制，从分数值上看，各项活动的分数差异并不太大，但是也反映了一些问题。教师们在课堂中使用最多的口语表达和常规操练恰好是学生相对不喜爱的课堂活动形式。

在课堂活动的设计考虑因素问题上：58.97%的学生认为课堂活动的设计应该首先考虑是否能在实际生活场景中使用，可以应对实际社交活动，特别表现在角色扮演、话题讨论等方面；28.21%的学生认为课堂活动的设计要优先考虑使用新的词语和句型；只有12.82%的学生认为课堂活动首先得有趣味性。教师们的看法则和学生们有一点出入，教师们认为初级阶段课堂活动的设计要以巩固和练习新学的知识点为出发点，然后再考虑交际性和趣味性。

在教师介绍课堂活动方式的问题上，学生意见分歧不大。30.77%的学生认为教师应该通过和学生一起示范来介绍课堂活动，另外28.21%和25.64%的学生分别支持用中文或英语口头说明课堂活动的要求和步骤，其他少数学生希望教师可以用书写或绘画的方式展示；教师们最支持通过和学生示范互动来介绍课堂活动。

4.课堂教学管理

课堂教学管理主要涉及课堂教学程序、课堂规则，课堂规则能保障教学程序的正常展开，明确合理的教学程序有利于教学的有效进行。在课堂教学管理方面，我们重点调查了课堂管理制度和下课时间问题，如表6和表7所示。

表 6　课堂管理制度的统计表

你认为班级需要明确的管理制度(比如奖励、惩罚)吗?(单选)	需要	不需要
学生数据(人数、占比)	22　56.41%	17　43.59%
教师数据(人数、占比)	27　87.1%	4　12.9%

表 7　关于下课时间的问题的统计表

如果下课了,教学任务还没完成,你希望老师怎么做?(单选)	立即结束,不管课有没有上完	如果对教学内容十分感兴趣,可以理解教师延迟下课	教师在几分钟内完成授课
学生数据(人数、占比)	8　20.51%	17　43.59%	14　35.9%
教师数据(人数、占比)	6　19.35%	21　67.74%	4　12.9%

在课堂管理制度问题上,56.41%的学生觉得应该有明确的奖惩制度来保证课堂的秩序和规范学生的行为;43.59%的学生觉得实验课可以相对宽松,重点应该在教学上,毕竟学生们都是有自我管理能力的大学生,不需要像小学课堂那样采用特别明细的奖励和处罚措施。教师们的意见则更为统一,不管什么课堂,面对什么年龄的学生都需要一个制度来维护,奖励和惩罚是课堂管理必不可少的部分。

在下课时间的问题上,有 43.59%的学生认为,在课堂气氛十分活跃的情况下,教师可以延迟一点下课;35.9%的学生觉得可以延迟几分钟;20.51%的学生认为不管教学任务有没有完成都应该准时下课。对于这个问题,教师们一般情况下会选择延迟几分钟完成,通常不会超过五分钟,并且会向学生解释一下,除非学生有特殊情况,比如要赶去另一个距离比较远的教室。

三、教学建议

通过问卷调查的数据分析和对教师学生的访谈,我们对初级阶段汉语实验课的有效教学行为做如下归纳总结。

具体来说，师生的观点相对一致的方面是：汉语课堂要以汉语为主，英语或者西班牙语为辅助，在讲解语言点时可以借助媒介语；教师在学生出现回答困难时应该耐心地提供指导，帮助他找到答案；在学生回答出现错误的时候，引导学生自己纠正错误，尽量不要直接纠正错误；在教学任务未完成的情况下，教师要依据学生兴趣来决定是否延迟下课几分钟；当学生在教学过程中提问，教师应该积极应对，并依据提问的内容和实际课堂情况来决定是否在课堂上答疑；课堂活动的介绍需要教师为学生做出示范；课堂需要制定相应的管理制度，比如奖励和惩罚。然而，在另一些方面两者的意见呈现分歧：在语音偏误问题上，学生要求教师严格纠正不完美的发音，而教师则认为无须过分纠正；教师认为对待程度较低的学生应该降低对他们提问的难度，学生们则觉得教师应该对所有的学生一视同仁；在课堂活动设计上学生偏向于能培养语言的实际运用能力，教师侧重于语言点的练习；课堂活动中口语表达和常规操练是教师最常用的，而学生们却评分相对较低。

针对师生在调查中存在的意见分歧，我们给出如下教学建议：

（1）师生需要进行有效的对话和沟通。为了弥合观念上的差异，使师生双方的认识尽可能的一致从而减少对学习或教学实施的负面影响，汉语教师和学生们需要对“有效教师行为”进行沟通和讨论。特别是教师要主动地和学生交流，及时了解学生的需求并对课堂教学活动及相关行为进行调整，改进教学方式。比如：课堂活动设计中多加入真实生活的情景，给学生更多贴近生活的语料。

（2）教师要以学生的感受为主体但不失去原则。教师是掌控全局的舵手，是引导学生学习的引渡人。对于教学目标的设定、教师任务的实施、教学情况的评估，教师都需要从大局出发，不以学生的好恶为标准。教师要倾听学生的想法和了解学生的需求，但也要考虑是否对教学有帮助，对学生的学习有益处。

（3）教师要因时制宜，用动态的思维去看待教学，提升自我效能感，对不同教学行为产生不同的教学效果及时进行判断。比如在初级阶段，学习者会在语音上出现许多问题，教师会对语音上的纠正相对严格，而随着教学内容的难度地加深，学生的偏误会更多出现在语法问题上，那么在不同的学习阶段，教师会依据学生的学习情况来做出调整。在初级阶段语音教学上，教师应当适当增加课堂活动的趣味性，比如采用各种小游戏或者其他生动的形式来练习发音，培养学生的语感，缓解初次接触汉语的焦虑感。

（4）构建良好的学习氛围，和学生建立互助信任合作的师生关系。从教育心理学角度看，成人外语学习者在学习中的焦虑感明显高于其他学习群体。成人学生一方面学习积极性高而且容易维持，另一方面焦虑性也明显，且随着年龄增长越来越难以克服。尤其是在初级阶段，学生们容易对汉语产生畏难情绪，如果教师不能及时了解学生的心理感受，调整教学方式，适当调整课堂节奏，缓解学生的紧张情绪，那么课堂教学不会得到很好的反馈；同时和学生一起制定课堂规则，有助于培养良好的师生互动和彼此信任感。

参考文献

[1] 陈晓端，Stephen Keith. 当代西方有效教学研究的系统考察与启示[J]. 比较教育研究，2005(8)：56－60.

[2] 陈厚德. 有效教学[M]. 北京：教育科学出版社，2000.

[3] 高慎英，刘良华. 有效教学论[M]. 广州：广东教育出版社，2004.

[4] 姚利民. 大学有效特征之研究[J]. 现代大学教育. 2001(4)：42－44.

[5] 杨惠元. 试论课堂教学研究[J]. 语言教学与研究，2004(3)：37－42.

[6] Turner Bisset，Rosie. Expert Teaching：knowledge and Pedagogy to Lead the Profession，David Fulton Publishers，London，2001：6.

Questionnaire Study and Evaluation of Effective Teacher Behavior in TCSL Class

—An Example of initial stage of Chinese lab class of University of Puerto Rico

Tang Yongbao　Zhang Sisi

(College of International Education, Zhejiang Normal University, Jinhua 321004, China)

Abstract: This survey is based on the initial stage students and teachers of Chinese lab class of the University of Puerto Rico, teachers from Chinese class in China. investigates and evaluates the effectiveness of the teaching behavior by the methods of questionnaire, interview and classroom observation, analyzes and contrasts the disagreements between teachers and students from the two-way perspective of teachers and students, and also offer relative suggestions about how to improve the effectiveness of teaching behaviors.

Key words: Chinese lab class, effective teaching behavior, comparative analysis

从结果补语的偏误观照其教学中存在的问题

郑娟曼　张丹丹*

（浙江师范大学 国际文化与教育学院；浙江旅游职业学院）

摘　要：本文循着汉语本体语法与汉语教学语法“双向互动”的路径，通过对汉语学习者结果补语偏误情况的归纳总结，辅以问卷调查、问卷测试、访谈等方法，从结果补语本身的特征、汉语教学中存在的问题等方面寻找原因并加以分析，发现学习者之所以出现结果补语习得偏误情况，与结果补语自身的复杂性、汉语教师教学语法知识不扎实以及语法教学系统不完善有着很大的关系。

关键词：结果补语；系统偏误；教学语法；语法教学

结果补语历来是汉语学界研究的重点，更是难点，是摆在汉语学习者面前的一大障碍。本文以北京语言大学 HSK 动态作文语料库（以下简称“北语 HSK 语料库”）以及笔者在汉语教学过程中所搜集的语料为基础，对结果补语的偏误类型、成因及其对策进行了探讨和研究。

一、结果补语偏误类型

1. 补语残缺类

动结式[①]的补语残缺。汉语的一大特点是词语和短语的构成方式基本相

---

* 作者简介：郑娟曼，女，浙江温州人，浙江师范大学国际学院副教授，博士。
张丹丹，女，浙江旅游职业学院社科部，汉语国际教育专业硕士。

同，而教授语言的最终目的是将语言知识转化为语言技能，进行人际交往。词汇构成方式中由动作加上由动作产生的某种结果而构成的词汇称为动结式，其中作为结果的成分多由形容词或动词充当，如“提高”“长大”“吃饱”“受到”等，学习者往往会丢掉其中表示结果的成分。如：

(1) * 我们三个人都提马克去问老师这个问题。

(2) * 在我的脑海中，我已经联想到我没有考的画面。

例(1)学习者没有理解动结式“提出”做述语的情况，造成了表示结果补语“出”的遗漏。例(2)这句话的情景是考了好几次 HSK 五级，但是都没达到合格的标准，这次又继续参加考试，学习者针对这一件事，写出了上面的句子。因此遗漏了作为结果补语表“通过”义的“过”，造成残缺现象。除了“过”，还有一个非常典型的词语“得”。“得”作为实词时，具有“得到”“获得”的实际意义，也是学习者学习结果补语时的一个障碍。

另外，离合词具有可分离的性质，数量大，仅常用的就有 200 多个，如“吃饭”“出差”“结婚”“开会”等。结果补语与离合词搭配使用时，作为结果补语的成分要插入离合词的中间，如“吃完饭”“结完婚”。但学习者在使用过程中，却出现了结果补语的残缺，有时表现为一种回避使用。如：

(3) * 他在澡堂洗澡就帮我们三个兄弟。

(4) * 鼓掌以后，他觉得很开心。

在整理归纳语料时发现，很多用可能补语的情况用了结果补语，而且常常丢掉作结果补语的成分，这种情况更多地体现在否定式中。如：

(5) * 那么这样下去的话，那一座庙里的水就没有了，他们当然不能喝水。

此句残缺了作为结果补语成分的“到”。但即使加上“到”，仍不符合汉语表达习惯，如：

(5) * 那么这样下去的话，那一座庙里的水就没有了，他们当然不能喝到水。

若改为：

(5) * 那么这样下去的话，那一座庙里的水就没有了，他们当然喝不到水。

此句变成了一个用可能补语来表达的句子，符合汉语语法规范。

趋向补语最基本的是表示趋向意义，此外还表示结果意义、状态意义，与结果补语关系密切，容易混淆。如趋向动词“出”作为结果补语用作“出现”义时，整个句意表达更侧重表示一种结果意义。在这一问题上，学习者普遍出现了错误。如：

(6) * 随着科技发展的高度需求，大量涌现了超能源的产品。

(7) * 我认识该好好读书了。

在整理的500余条语料中，与认知类动词相关的补语残缺占全部语料的50%以上。

2. 补语羡余类

很多学习者出现了大量重复使用结果补语的情况。如：

(8) * 如果我知道到病人患的病已经治好不了了，我觉得让他安乐死比较好。

(9) * 这样的坏习惯应该赶快去除掉，不然的话，会影响到社会各方面。

例(8)在不该加补语的认知动词"知道"后加上了补语。例(9)"除"和"掉"都能表示由"去"这个动作而产生的结果，因此"去除"或者"去掉"都可以，但是不能将两个表示结果的词连在一起使用，否则就会出现重复使用的错误。

汉语没有明显的时态标记，但具有时态特征，例如动态助词"着"表示正在发生，"了"与"过"都表示过去发生的事，如"我去过北京"。还有一些表示时态的词语如"已经""未来""将"等具有时态特征。句中出现了暗含时态的词语或词组时，易出现结果补语羡余的情况。如：

(10) * 如果别人情愿做好，那没问题。

"如果"表假设义，尚未发生，所以不能加"好"表示结果。

汉语学习者结果补语偏误类型多样，下面我们将根据上述偏误类型特点来进行原因探析。

二、结果补语习得偏误原因及分析

1. 结果补语本身就是语法教学的难点

从目前关于结果补语的研究成果来看，各专家学者对结果补语的界定并不一致，从而影响补语类型划分，反之又混淆了结果补语的界限，形成一种"剪不断理还乱"的局面，"几种不同补语之间的混用"有力地说明了这一点。

(1)结果补语与其他补语纠葛不清。

①结果补语与趋向补语。“由趋向动词充当补语的就是趋向补语”[1]。在使用时，易出现错误。在笔者所做的调查问卷中关于“只要控制饮食，你就能瘦下来”中“瘦下来”的补语类型判断结论不尽相同，如表1所示。

表1 “只要控制饮食，你就能瘦下来”选择占比

趋向补语	可能补语	结果补语	情态补语	程度补语
34.62%	19.23%	38.46%	3.85%	3.85%

表1表明，调查对象并不十分清楚结果补语与趋向补语之间的纠葛，更有甚者将其他补语类型混淆进来。

早在1989年，刘月华[2]就提出，趋向补语由“来、去、到、到……来、到……去、开、开来、开去”等二十八个动词及动词组合充当，但趋向动词作补语不仅仅有趋向义，还有结果义、状态义。

关于趋向动词的数量范围，各家观点基本一致，略有差别。陆俭明(2012)[3]将其确定为22个，如表2所示。

表2 趋向动词的数量范围(陆俭明)

上	下	进	出	回	过	起	开
上来	下来	进来	出来	回来	过来	起来	开来
上去	下去	进去	出去	回去	过去	—	—

本文则以陆俭明所总结的22个趋向动词加上刘月华所提到的“开去”一词共计23个确定为趋向动词的范围。上述问题，是结果补语与趋向补语之间的纠葛所在。同时我们将趋向补语界定为：

意义上，趋向补语表示人或物通过动作位移的结果以及动作状态的变化。

形式上，动词/形容词+趋向动词。

②结果补语与可能补语。汉语学界的很多位专家学者并未将“可能补语”划分为单独的类，而是将其并入结果补语的可能式和趋向补语的可能式。如齐沪扬认为“听懂”是结果补语的基本式，“上来”是趋向补语的基本式。这种叫法解释了“可能补语”的来源，但却会增加学习者的记忆负担。吕文华[4]

曾提出为了方便学习者学习汉语，特别是学习补语这一非常重要但又复杂难学的语法结构，要简化语法系统的建议。因此我们认为有必要将“可能补语”单独成类。

《国际汉语教学通用课程大纲》（以下简称《大纲》）与《国际汉语教学通用课程大纲（修订版）》（以下简称《大纲》修订版）中关于补语的要求及其名称变化也正体现了这一必要性。《大纲》并未划分出“可能补语”，而是在结果补语与趋向补语的语法项目之下分别列出了结果补语可能式与趋向补语可能式；但《大纲》修订版则在四级语法项目表中划分出“可能补语”这一类型。

正因如此，学习者在这一问题上会出现一系列的偏误。试比较：

(11) *人太多了，水没有了，我们不能喝到水了。

(12) *人太多了，水没有了，我们喝不到水了。

我们并不能说例(11)是个错句，但是让中国人听起来有点奇怪，不如例(12)“顺耳”。赵金铭[5]曾提到学习者造出来的句子有“造得好和造得不好之分”。他认为我们不能将汉语学习者造得不好的句子判定为一种完全错句，这样的句子只是在母语者听起来别扭，但是也说不出来个所以然。如果根据袁博平[6]用一个横轴表示“完全可以接受”与“完全不可以接受”的一个连续统一的方法进行判定的话，则例(11)属于一个造得不好但又可以接受的句子。虽不能苛求学习者，但他们在造例(11)句子时又常常丢掉“到”，这便是一个让人完全不能接受的错句了。

上述即为结果补语与可能补语之间的纠葛，同时我们将可能补语界定为：意义上，“受主、客观条件限制，无法实现某种结果或趋向”，即“非不愿也，实不能也”；形式上，动词＋得/不＋结果/趋向。

③结果补语与程度补语。结果补语与程度补语之间的纠葛主要是由于“死了”“透了”既可以指程度，又可以指结果。当它们放在一般动词前时表示结果，放在表示形容词和表示感情、感觉以及心理活动、心理状态的动词的后面时表示程度。如：

(13) *我真是倒霉透了，这么大的雨把我衣服都浇透了。

前半句的“透了”放在形容词“倒霉”的后面，是程度补语；后半句的“透了”放在一般动词“浇”的后面，是结果补语。

有一类程度补语需要带有结构助词“得”，从形式上看，这一类与必须带“得”的情态补语相似。程度补语分别与结果补语、情态补语之间存在纠葛，导致了结果补语与情态补语之间存在间接性的纠葛。

张斌[7]认为程度补语主要包括两种，如下所列：

形容词＋“极”“透”“死”等＋了，如“好极了”“熟透了”“脏死了”。

形容词＋得＋“很”“多”“慌”等，如“好得很”“强得多”“吵得慌”。这一类与必须带“得”的情态补语相似，但没有否定形式，意义上表示程度，与情态补语区分开来。

齐沪扬[8]与张斌对程度补语的界定观点基本一致，认为“程度补语只能用在形容词和表示感情、感觉以及心理活动、心理状态的动词的后面表示程度”，且程度补语是非常有限的。

黄伯荣、廖序东认为程度补语限于用“极、很”和虚义的“透、慌、死”等，表示达到极点或很高程度。述语多为性质形容词，本身没有否定形式，数量非常有限。

上述即为结果补语、程度补语、情态补语之间的纠葛，同时我们将程度补语界定为：

意义上，程度补语表示对述语的描写、评价或行为、状态达到的程度。

形式上，程度补语主要有两种表现形式：

A. 性质形容词/情感、心理动词＋“极”/“多”/“透”/“死”等＋了。如：“好极了”“暖和多了”“熟透了”“难看死了”；

B. 形容词＋得＋“很”“多”“慌”等。如“好得很”“舒服得多”“饿得慌”。

(2)没有显著的形式特征。

关于结果补语本身形式特征的问题，国内语法学界一直存在一定分歧。黄伯荣、廖旭东[1]认为结果补语表示因动作、行为导致的结果，例如“他放跑了罪犯”，是因“放”而“跑”了。常作结果补语的是形容词，但也存在一些少数动词和动词短语作结果补语的情况。在形式标记方面，结果补语的前面不需要用助词“得”。但他们又认为“急得一夜没睡好”是程度补语，而结构相同的“笑得合不上嘴”是结果补语，这显然是矛盾的。

齐沪扬[8]与张斌根据述语后用不用“得”(即按照补语的结构类别)，认为插入“得”或“不”构成平行格式的，表示可能或不可能的为结果补语和趋向补语。也就是说结果补语可以带“得”，也可以不带“得”。

在词性特点方面，张斌认为，能够充当结果补语和趋向补语的成分都是动词或者形容词，其中形容词数量较多，动词的数量不多。这与黄伯荣、廖序东的观点一致,都认为形容词充当结果补语在数量上具有绝对优势。

按照如上叙述,我们将不能判断如下两例句子的补语类型:

(14) * 快考试了,她急得直哭。

(15) * 这件衣服洗得干净。

可见,结果补语形式特征方面确实是很难把握的一点,这给汉语学习者结果补语的习得造成了很大的困难。陆俭明认为结果补语是直接粘连在动词或形容词后面的补充性说明成分,只有单个形容词或动词才能作结果补语。如"洗干净""说清楚""抓紧""放大"等为形容词作补语;"做完""打死""拿走"等为动词作补语。这与邵敬敏"不带'得',且表示动作的结果就是结果补语,结果补语可以由形容词或者动词充当"的说法一致。我们从对外汉语教学语法要注意学生偏误的这一原则出发,采纳陆俭明和邵敬敏的观点,认为作结果补语的成分与前面的述语是黏合的关系,结果补语不带"得"。

(3)难以把握结果补语的功能。结果补语在语义上与趋向补语、可能补语、程度补语、情态补语之间存在一定纠葛,使学习者难以把握其功能意义,认为用不用结果补语不重要,常出现"回避使用"也就是残缺结果补语的系统偏误。

结果补语的使用丰富了汉语语义表达的多样性,关于这一点,我们可以借助孙德金[9]在 2006 年提到的引用 Tamly 的方法进行汉外语言对比来说明。

(16) * 我将他摇醒。

英文表达为:

(17) * I shook him awake.

将例(17)看成是一个"概念结构",对其进行"概念分解",它包含了一个主事件"他移动到醒的状态里",副事件"我摇动他"是其原因,则这一运动的基本构架为:

[He moved into a state of being awake]主事件+[I shook him]副事件

由此可见,把握结果补语的功能意义是十分重要且必要的。吕文华认为结果补语表示由述语的行为或状态导致的结果或变化,C 是 VP(动词短语)或 AP(形容词短语)所导致的结果。陆俭明认为从意义上看,补语和述语之间是手段和结果的关系。用一种手段"洗",可以得到不同的结果,如"洗白""洗黑";而同一种结果"干净",也可以通过不同的手段来达到,如"洗干净""扫干净"。这种论述为汉语表达具有多样性、丰富性提供了依据,为学习者使用结果补语进行丰富的表达指明了道路。

综上所述，我们在结果补语形式特征、功能意义、与其他补语类型产生的纠葛等方面进行了分析，既说明了学习者结果补语出现多种残缺或羡余偏误的原因，又明确了学习者需掌握的结果补语知识。

邵敬敏、罗晓英[9]认为“汉语语法本体研究跟对外汉语语法教学之间的关系，应该是‘双向互动’的。一方面汉语语法研究必须结合对外汉语语法教学注重句法的语义分析，另一方面也必须从对外汉语语法教学中发现问题并吸取灵感；至于对外汉语语法教学，需要从汉语语法研究中吸取营养，而且在引入语法本体研究成果时必须化繁为简、为我所用”。

处于指导地位的汉语教师对结果补语相关知识的掌握程度直接关系到学习者的学习效果，下面我们将继续讨论。

2.跟汉语教师本身的专业素养不无关系

汉语国际教育专业的设立主要是为了满足对外汉语教学的需求，特别是海外汉语教师资源十分匮乏局面的必然要求。张和生[10]曾说：“我们的对外汉语教学方向的硕士博士，无论从培养周期看，还是从课程设置看，抑或是从生源构成看，都不能完全满足当前海外汉语教师的需求。”李培毓、李红印[11]也提出：“从国际汉语教师培养的质量和需求角度，指出新手教师培养应从‘源头抓起’，即从教师教育者的专业素质抓起。”法国学者白乐桑同样提出了类似的说法，他的“教学论的加工转化”也强调教师要从学术性知识出发，转换为要教授的知识。

汉语教师首先要掌握扎实的教学语法知识毋庸置疑，因此作为汉语教师主要来源的汉语国际教育硕士专业的研究生掌握得如何直接影响到教学效果。我们通过问卷测试的方式进行讨论。

本问卷测试对象为就读于或毕业于国内三所重点高校且具有一定汉语教学经验的汉语国际教育专业硕士研究生，共计 85 人。测试内容围绕测试对象能否根据结果补语本身形式特征、功能意义等对几种与结果补语存在纠葛的补语类型进行正确地区分判断。测试结果如下：

前 11 个测试题的选择结果如表 3 所示。

表 3 句子补语类型测试题调查结果

题号选项	趋向补语	可能补语	结果补语	程度补语	情态补语
1	0	15.38%	26.92%	15.38%	42.31%
2	0	69.23%	15.38%	3.85%	11.54%
3	34.62%	19.23%	38.46%	3.85%	3.85%
4	3.85%	26.92%	65.38%	0	3.85%
5	23.08%	3.85%	19.23%	15.38%	38.46%
6	19.23%	0	15.38%	0	65.38%
7	0	26.92%	34.62%	23.08%	15.38%
8	0	11.54%	76.92%	3.85%	7.69%
9	0	61.54%	11.54%	3.85%	23.08%
10	0	0	26.92%	34.62%	38.46%
11	0	50%	46.15%	0	3.85%

第 12 个测试题预期正确率为百分之百，但是仍有 6 人做错，5 人认为“我快被气死了”是结果补语，有 2 人认为“好好的一条狗被他养死了”是程度补语。

前 11 个题的正确率分别为：42.31%、69.23%、34.62%、26.92%、23.08%、19.23%、15.38%、76.92%、61.54%、34.62%、50%，结果补语作为错选答案均占有不小的比例，这在一定程度上表明汉语教师在结果补语基础知识方面存在一定欠缺。

3. 汉语教师结果补语语法教学体系不够完善

教学语法与语法教学的内涵有本质上的不同。语法教学关心的是语法这一语言内容的知识应如何教授，是以教学语法的研究成果为基础内容，如针对结果补语这一语法点应提供什么样的例句给汉语学习者，应进行何种练习活动等。李培毓、李红印[11]认为教师应将汉语本体知识与汉语教学技能更好地融合在一起，具有“汉语教学知识”，融合汉语本体知识和一般教学知识，将本体和教学的知识组织、调整与呈现，以进行有效教学。

针对结果补语的教学也是如此，本文通过问卷调查的方式对汉语教师语法教学体系是否完善进行分析。调查对象均为至少具有一年及以上班级教学经验的汉语教师，共计103位。

问卷调查结果如下：

(1)自相矛盾的情况。31.51%的教师认为有必要向学生解释结果补语的意义，68.49%的教师认为没必要；但36.99%的教师在教学中会向学生解释结果补语意义，63.01%的教师不会解释。

(2)对结果补语在对外汉语教学中的地位看法不同。58.9%的教师认为是重点，41.1%的教师认为不是；63.01%的教师认为是难点，36.99%的教师认为不是。

(3)结果补语与其他补语的纠葛问题。结果补语与趋向补语、可能补语、程度补语是否分别存在纠葛占比情况如表4所示。

表4　教师对结果补语与其他补语类型的纠葛情况判断

题目选项	有	无
结果补语与趋向补语	63.01%	36.99%
结果补语与可能补语	83.56%	16.44%
结果补语与程度补语	64.38%	35.62%

(4)是否会根据学生水平主动帮学生区分结果补语与其他补语的纠葛情况。如表5所示。

表5　教师是否会帮学生区分结果补语与相关补语的纠葛情况

题目选项	会	不会
结果补语与趋向补语	31.51%	68.49%
结果补语与可能补语	45.21%	54.79%
结果补语与程度补语	23.29%	76.71%

(5)教学中常见的结果补语类型总结。103位汉语教师中，约50%的人只回答了动词作结果补语的情况，如“记住了”“学会了”等；约30%左右的人完整

填写了动词、形容词作结果补语的情况，但这其中又以动词作结果补语的居多；20%左右的教师在述语与补语之间添加了结构助词“得”，认为“听得懂”“写得完”“玩得爽”等为结果补语，更有甚者认为结果补语的形式是“V 得好”。

从调查问卷可知，汉语教师对结果补语的重要性缺乏必要认识；汉语教师将重点放在动词作结果补语的层面，对结果补语自身特点方面了解得不够深入透彻；根据《大纲》(修订版)对补语等级划分及其掌握要求，我们认为对处于中高级的学习者应当对补语有全面系统的认识，但所调查的教师并未有这种意识；另外在总结结果补语结构形式过程中竟然出现了“V 得好”这一总结概括式的答案，以及“听得懂”“写得完”“玩得爽”等具体事例，这都表明汉语教师语法教学体系不够完善。

三、结果补语教学建议

本文由果推因，针对以上情况对教学提出了建议。

(1)教师和学生都应该提高对结果补语重要性的认知。科彼德[12]曾说：“补语是传统语法体系范围最广、最不科学、在教学中最不好运用的概念。”结果补语可以说是汉语补语系统的核心。它集中反映了汉语语法特点，在其他语言如英、法、俄、德、日等语言中都找不到对应形式。掌握不好结果补语的用法，想要说出正确自然又地道的汉语是非常困难的。此外，结果补语在对外汉语教材中占有很大的比重，出现的频率很高。

(2)教师需要充实教学语法知识。李泉[13]曾提出汉语教师要有“专业发展信念”的理论，是指汉语教师对第二语言教学“是什么”、对外汉语教学是“咋回事”以及“如何教”等大小问题的理解、认识和看法，并且在专业学习阶段和未来的教学实践中着力学习和发展有关的知识、能力和素养。因此，汉语教师自觉进行结果补语的系统归纳就显得至关重要。

从调查问卷的反馈情况来看，经常对结果补语进行系统总结的教师占比仅为 23.29%，其他教师只是很少、甚至从未做过总结。

赵金铭曾提出疑问“为什么留学生敢说‘衣服洗好了’而不敢说‘衣服洗坏了’?”实际上这也涉及教师需要进行系统性总结的问题。由于做结果补语的成分常用的是形容词，只有少数动词及动词短语，而形容词又常常能够找到它的反义词，因此在进行总结时可将常用的成对出现的形容词纳入总结范围，为留学生提供准确又多样化的表达创造条件。

(3)教师应主动创新结果补语教学方式。在对外汉语教学过程中，适当有趣的方式总会让学生印象深刻，收到良好的教学效果。我们对至少有2年以上汉语学习时间的110位中高级学习者进行了简单的访谈，并做了相关统计。有56.36%的学习者知道"结果补语"的功能意义，43.64%不知道；其中，知道"结果补语"功能意义的途径为教师解释的占比39.09%，60.91%的学生表示教师不会解释。

通过对简单访谈的结果统计，我们了解到汉语学习者对结果补语功能意义的习得主要依靠教师的讲解，那么，教师的讲解方法起着至关重要的作用。被访者表示教师用直观、有趣的方式讲解会令其印象更加深刻，如图片展示的方法效果最好，但是通过图片展示等具体直观的方式进行讲解的教师比例却只有23.36%。因此，我们建议教师主动创新结果补语的教学方式，以提高学习者结果补语的习得效果。

(4)建立科学有针对性的汉硕培养体系。汉语教师教学语法知识不够扎实是摆在汉语教学面前的一大问题。原因何在？"我国专业学位设置时间还不长，很多专业学位培养单位又没有充分认识到这类学位的独特性，因而在培养模式上与学术型学位没有根本区别(林秀琴，2012)。"[14]李泉认为MTCSOL(汉语国际教育硕士)培养方案是一份合理、可行、出色的培养方案，但方案在具体实施过程中，对被培养者相关"知识和能力"的轻重缓急问题考虑得还不够成熟。孔子学院总部/国家汉办前主任许琳曾指出，汉硕生中有90%的学生不是来源于对外汉语专业本科的。为弄清这一问题，笔者选取了国内两所重点高校(分别记为高校A和高校B)进行调查，各随机抽取了这两所高校中某一个年级的汉硕生作为调查统计对象，对他们的本科来源进行统计，统计结果如表6、表7所示。

表6　高校A汉硕来源

对外汉语	中文专业	其他语种	其他专业
52%	36%	6%	6%

表7 高校B汉硕来源

对外汉语	中文专业	其他语种	其他专业
46%	12%	26%	16%

这一随机抽查的最新数据虽然表明汉语国际教育专业硕士研究生的本科来源于对外汉语专业的比例有所扩大，但是总体上仍只占总量的一半左右。那么实际上这些非“科班出身”的汉硕作为汉语教师在结果补语基础知识方面薄弱、没有形成一定系统性的结构体系也就情有可原了。同时，我们将上文中的测试卷按照专业分类计算平均正确率：“对外汉语”为56.23%；“中文专业”为52.77%；“其他语种”为46.53%；“其他专业”为25.08%。可见，汉硕生来源复杂确实是造成其专业基础知识薄弱的重要因素。

2009年颁布的《全日制汉语国际教育硕士专业学位研究生指导性培养方案》中将课程设置为核心课程、拓展课程、训练课程三种类型，共计38学分，在这三种类型所包括的汉语综合基础知识的课程学分总体不高，其中“汉语作为第二语言教学”4学分，“汉语语言要素教学”4学分，这两块共计8学分。因此面对无论是何种来源的本科生在知识结构欠缺的弥补上也会显得力不从心。因此我们建议在汉语国际教育专业硕士课程设置方面应适当提高汉语综合基础知识的比重，以弥补本科阶段学生特别是本科阶段非对外汉语专业学生在知识结构和实践经验的欠缺。

注释

①出于偏误类型归纳需要，本文所说的动结式包括词语和短语两种形式，不做区分。

参考文献

[1] 黄伯荣，廖序东．现代汉语(增订五版)[M]．北京：高等教育出版社，2011.

[2] 刘月华．汉语语法论集[M]．北京：现代出版社，1989.

[3] 陆俭明．现代汉语[M]．北京：北京师范大学出版社，2012.

[4] 吕文华．对外汉语教学语法讲义[M]．北京：北京大学出版社，2014.

[5] 赵金铭．外国人语法偏误句子的等级序列[J]．语言教学与研究，2002(2).

[6] 袁博平.汉语中的两种不及物动词与汉语第二语言习得[J].世界汉语教学，2002(3).

[7] 张斌.新编现代汉语(第二版)[M].上海：复旦大学出版社，2014.

[8] 齐沪扬.对外汉语教学语法[M].上海：复旦大学出版社，2005.

[9] 邵敬敏，罗晓英.语法本体研究与对外汉语语法教学[J].暨南大学华文学院学报，2005(3).

[10] 张和生.汉语国际教育硕士培养的回顾与展望[C].北京国际汉语推广中心、北京师范大学汉语文化学院编，国际汉语教育人才培养论丛(第一辑).北京：北京大学出版社，2008.

[11] 李培毓，李红印.谈国际汉语教师教育者的专业素质，第三届国际汉语教师培养论坛论文集；第四届国际汉语教师培养论坛论文集[C].国际会议，2014.

[12] 科彼德.汉语作为外语教学的语法体系急需修改的要点，第三届国际汉语教学讨论会论文选[C].北京，北京语言学院出版社，1990.

[13] 李泉.MTCSOL：教学信念和专业发展信念，第三届国际汉语教师培养论坛论文集；第四届国际汉语教师培养论坛论文集[C].国际会议，2014.

[14] 林秀琴.汉语国际教育硕士教学能力培养问题探讨——关于“教学实训”系列课程的设想[C].国际汉语教育人才培养论丛(第三辑).北京：北京大学出版社，2012.

附录A　具有一定教学经验的汉硕测试问卷

1.“这个字他写得不好”中“写得不好”的补语类型为(　　)。

a.可能补语　b.结果补语　c.程度补语　d.情态补语　e.趋向补语

2.“这个字他写不好”中“写不好”的补语类型为(　　)。

a.可能补语　b.结果补语　c.程度补语　d.情态补语　e.趋向补语

3.“只要控制饮食，你就能瘦下来”中“瘦下来”的补语类型为(　　)。

a.可能补语　b.结果补语　c.程度补语　d.情态补语　e.趋向补语

4.“我到他门口看看，门关了，什么也听不见”中“什么也听不见”的补语类型为(　　)。

a.可能补语　b.结果补语　c.程度补语　d.情态补语　e.趋向补语

5.“他的精神非常振奋，再也坐不下去了”中“再也坐不下去了”的补语类型为(　　)。

a.可能补语　b.结果补语　c.程度补语　d.情态补语　e.趋向补语

6.“老师说完之后,他笑起来了”中“他笑起来了”的补语类型为(　　)。

a.可能补语　b.结果补语　c.程度补语　d.情态补语　e.趋向补语

7.“他写得谁也看不懂”中“写得谁也看不懂”的补语类型为(　　)。

a.可能补语　b.结果补语　c.程度补语　d.情态补语　e.趋向补语

8.“我到他门口看看,门关了,什么也没听见”中“什么也没听见”的补语类型为(　　)。

a.可能补语　b.结果补语　c.程度补语　d.情态补语　e.趋向补语

9.“小明画得好这幅画吗”中“画得好”的补语类型为(　　)。

a.可能补语　b.结果补语　c.程度补语　d.情态补语　e.趋向补语

10.“一天没吃饭了,饿得慌”中“饿得慌”的补语类型为(　　)。

a.可能补语　b.结果补语　c.程度补语　d.情态补语　e.趋向补语

11.“椰子树太高了,抓不到椰子”中“抓不到”的补语类型为(　　)。

a.可能补语　b.结果补语　c.程度补语　d.情态补语　e.趋向补语

12.“我快被气死了,好好的一条狗被他养死了”中“气死了”的补语类型为(　　),“养死了”的补语类型为(　　)。

a.可能补语　b.结果补语　c.程度补语　d.情态补语　e.趋向补语

On the Problems in Teaching from the Errors of Resultative Complement

Zheng Juanman　Zhang Dandan

(College of International Education, Zhejiang Normal University)

Abstract: Based on the "two-way interaction" theory which refers to Chinese ontology grammar and Chinese teaching grammar, this paper utilizes questionnaires, interviews and other methods so as to illustrate and analyze the errors of resultative complement in Chinese learning. The result shows that the errors have a strong connection with complement itself, the Chinese teachers, including how their knowledge and grammar teaching system is solid or not.

Key words: resultative complement; system errors; teaching grammar; grammar teaching

不及物动词带宾语的构式性研究

李艳芝*

（浙江师范大学　国际文化与教育学院）

摘　要：[Vi＋NP]组合是一种非常规搭配方式，在汉语、越南语、泰语等不具有形态变化的语言中使用却较为普遍。其中Vi（不及物动词）与其后NP（名词短语）之间不具有逻辑意义上的施受关系。本文以汉语常用不及物动词“死”与“来”为例，在历时构式语法理论框架下，考察不及物动词所在非常规表达式的历时演变情况。通过对这类结构类频率与例频率的考察，本文发现：①从历时演变视角看，[死/来＋NP]结构经历了构式变化的量变过程；②从构式语法视角看，这类结构的例频率与类频率基本呈现增长趋势，体现了高能产性、高图式性与低组构性的构式性特征。

关键词：不及物动词；宾语；构式性；构式变化

现代汉语存在一类不及物动词带宾语现象，即[Vi＋NP]。这类结构在自然语言中使用范围广、频率高、产出性强。以不及物动词“死”为例，我们在北京大学中国语言学研究中心CCL（国际语言口才等级认证）现代汉语语料库中进行检索，通过随机抽选10000条用例，保留有效用例2772条（动词“死”作谓语中心动词），共发现[死＋NP]结构用例112条，占3.68%，其中[死（了）＋NP有生命]结构用例56条，占2%。例如：

(1)他死在巴黎的病榻上，而不是死牢里。（1994年《人民日报》）

---

* 基金项目：教育部人文社会科学研究项目“汉语论元结构的历时演变研究”（17YJC740045）；浙江省哲学社会科学规划课题“汉语及物性的类型学研究”（18NDJC172YB）。

作者简介：李艳芝（1981—），女，山东临清人，助理研究员，浙江大学语言学博士、博士后。

（2）最大的问题就是使用一段时间后，突然死机。（2000年《人民日报》）

（3）她出生在河北省贫困山区康保县农村，3岁就失去了母亲，13岁又死了父亲，她和弟弟由年迈的爷爷、奶奶抚养。（新华社2001年10月份新闻报道）

现代汉语中，其他不及物动词如“来”“飞”“跑”“睡”等也普遍存在这类非常规(non-canonical)用法。例如：

（4）酷热夏日里的一天，正当我埋头作画的时候，来了一位不速之客。（《中国北漂艺人生存实录》）

（5）但是飞了一个小圈子，便又回来停在原地点，就以为这实在很可笑，也可怜。（鲁迅《在酒楼上》）

（6）可这退宿又难为了我了，跑了这个部门跑那个部门的，每到一个部门，就要跟人家尴尬地讲一遍退宿的原因。（赵奕然《懒人瘦身法》）

当前学界对这类[Vi＋NP]结构的研究主要集中在两种类型上，即“领主属宾句”与“存现句”，前者以“王冕死了父亲”为代表例句；后者以“台上坐着主席团”等为代表。根据不同的研究角度，共时层面的成果有“隐含成分说”（杨永忠2007；程杰2009等）；“句法移位说”（刘探宙2009；孙天琦、潘海华2012）；“句法—信息结构接口说”（胡建华2008）；“轻动词说”（朱行帆2005；冯胜利2005）；“构式说”（Zhang 2005；沈家煊2006，2009；任鹰2009；张翼2010）；“话题说”（潘海华、韩景泉2005；杨大然2008；马志刚2011a）；“非常规论元说”（张伯江2002；陈昌来、胡剑锋2003；胡建华2007；熊仲儒2009；左双菊2012）；“非宾格说”（刘街生2010；马志刚2011b）等。

上述各种研究单看都十分有道理，似乎也可以自圆其说。但是，且不说各种解释之间的矛盾，汉语到底是格语言还是非格语言，为何其中的某一学说无法应用于这些非常规现象中的其他构式等都值得深思。

同时，对这类结构历时层面的考察学界鲜有涉足，成果主要有帅志嵩(2008)与俞理明、吕建军(2011)等。他们认为“死＋$NP_{人}$”来源于“丧＋$NP_{人}$”，却都未交代及物性质不同的“死”为何能够代替“丧”进入该结构并保留下来。

此外，通过语料库统计，我们发现：①[Vi＋NP]构式并不仅表两种类型构式义；②NP的语义类型丰富多样，并由古至今呈现逐渐增多趋势；③[Vi＋NP]构式是汉语固有的结构形式，各个构式之间具有承继性(Trousdale 2013)。

本文以历时构式语法理论为框架，通过语料库统计，考察[Vi＋NP]构式的能产性、图式性与组构性，NP的语义演变类型，并由此探讨这类结构的构式性特征与语言演变模式。

一、构式性

1.构式语法

构式语法理论(Construction Grammar)认为，构式是语言的形义配对体，构式及其构件之间存在互动关系，语言是一个由构式组成的层级网络(参见 Goldberg 1995，2006，2013；Bybee & Hopper 2001 ；Fried & Östman 2004 等)。构式语法将语素、词、词组、分句等都看作构式，关注整体意义与部分意义之间的整合性，并通过构式对语言做出全面而统一的描写和解释。历时构式语法是在构式语法与语言历时演变的基础上不断发展起来的，强调构式在历时层面的发展演变机制与过程(参见 Noël 2007；Traugott & Grousdale 2013；Andersson 2014；Huning & Booij 2014；Zhan & Traugott 2015；文旭、杨旭 2016；彭睿 2016 等)。

(1)构式化与构式变化。就语言结构的变化而言，历时构式语法认为，语言主要有两种类型的变化：构式化(constructionalization)与构式变化(constructional change)(Traugott & Grousdale 2013：1)。构式化是符号的"新形式一新意义"($form_{new}$-$meaning_{new}$)的配对组合，是说话人在语言网络中形成的，具有新的句法、形态及新的编码意义的类节点(type node)；而构式变化是构式内部的逐渐变化，如语义、形态音位、搭配限制等，这些变化不是突变，而是渐变，也不会导致新构式的产生(参见 Fried 2008；Traugott & Grousdale 2013；Hilpert 2013 等)。倘若将构式变化看作量变，那么构式化就是量变基础上的质变，随后又会产生新的量变与新的质变，如此循环往复(李艳芝 2015)。

(2)构式要素及其关系。历时构式语法认为，构式主要由三个要素来体现，即能产性(productivity)、图式性(schematicity)与组构性(compositionality)(Traugott & Trousdale 2013)[32]13。其中"能产性"涉及构式的生命力(constructional vitality)，即特定构式图式的创新程度，可从类频率(type frequency)与例频率(token frequency)两方面得到体现；"图式性"又称普遍性(generality），涉及构式的范围（constructional scope），构式图式具有层级性（hierarchy），最下方的构式具体性最强，越往上构式图式性越强，也越抽象；“组构性”涉及构式的语义组合关系（constructional alignment），即与图式性一致的整个构式的形与义的可预测性，构式的组构性也具有层级性（参见 Barðdal 2008；Trousdale & Norde 2012）。

一般来说，图式性、能产性与组构性三者之间关联紧密。图式性的增强，意味着能产性的增强；反之，能产性高的构式，图式性程度也高。同时，倘若图式性增强、能产性增高，组构性可能减弱。

在形义配对体的层级网络与构式的历时演变过程中，语言单位的构式性可以通过能产性、图式性与组构性得以体现。下面我们以典型不及物动词“死”与“来”为代表，考察不及物动词带宾语的构式性。

2. 不及物动词带宾语的典型特征

总体上看，[Vi+NP]非常规表达式具有以下几个典型特征：

(1)表达式中的 Vi 为不及物动词或弱及物动词。

(2)大部分表达式不能转换为“被动句”[①]，在一定条件下可以转换为话题句。

(3)NP 与 Vi 之间句法位置很近，中间一般可插入有限的时体或数量等修饰性成分。

(4)[Vi+NP]是一个构式整体，NP 不能省略或移位，否则整体事件义改变。

由此可见，[Vi+NP]类表达式作为整体表达一定的事件义，具有很强的构式性。

同时，本文发现，[Vi+NP]的整体构式义取决于 Vi 及其后 NP 之间的语义关系，即 Vi 与 NP 之间的语义关系存在多少类型，[Vi+NP]就存在多少种构式义。也就是说，这类结构的构式义并不限于“丧失”或“存现”，如例(1)中，动词“死”与其后“牢里”之间是动作与动作发生之处所的关系，由此，[死+处所NP]的构式义即“在某处发生某事”；例(5)中，动词“飞”与其后“一个小圈子”之间是动作与动作产生的结果的关系，由此，[飞+结果 NP]的构式义为“动作后产生某种结果”等。

二、两个非常规表达式的构式性

篇幅所限，本文仅以不及物动词“死”与“来”为例，重点考察它们所在非常规结构在演变过程中类频率(type frequency)和例频率(token frequency)的变化情况，用实际数据展现不及物动词带宾语结构的能产性大小及其反映的其他两个构式特点。具体考察如下：

(1)本文采用目前使用较为广泛的汉语史分期，即：上古时期，先秦到西汉(约公元25年前)；中古时期，东汉到隋朝(约公元25年至公元6世纪)；近代汉语，唐至明清时期(约公元7世纪至公元19世纪)；现代汉语，晚清时期到现在(约公元20世纪初至今)。此外，根据文本需要，我们将近代汉语细化为隋唐五代、宋朝、元明、清朝四个子分期。

(2)为了保证统计对象的同质性与可比性，本文采取历史溯源法，以语词出现的年代为起点，不考察词形替换。也就是说，本文反映的是，现代汉语中单音节动词历时演变的总体趋势，而非语义相同而词形不同的几个动词古今搭配的变化情况，如“吃/食/喫”等。

(3)本文将13个不及物动词[②]在浙江大学汉语史研究中心整理的“古代汉语语料库”(总约6500万字)和北京大学中国语言学研究中心开发的CCL现代汉语语料库(总约5.28亿字)两个大型语料库中进行检索。为了确保语料数据的均衡性，我们穷尽性选取古代语料中所涉及的全部用例(每个动词在整个古代的用例均约1万个左右)，再分别随机抽取1万条现代例句，通过整理保留有效用例，即单音节动词的使用例证，继而做进一步考察。

(4)本文首先将有效用例分为带NP与不带NP两类；再根据NP的语义角色类型进行细分，统计出各自的数目，进而考察这两个动词后所带NP的类型以及NP由古至今在使用趋势上的变化等。

通过考察，我们发现，两个动词所在非常规构式总体上呈现出高能产性、高图式性与低组构性的构式性特征。

1.能产性

从及物性角度来看，“死”与“来”都属于不及物动词。在汉语史上[死＋

NP]与[来＋NP]构式由古至今普遍存在，并广泛存在于现代汉语口语与书面语等各种语体中。其中，[死/来＋NP]构式的历时演变模式均可表示为：

[死/来＋NP] ⟶ [死/来＋NP]

原型构式　　　　扩展构式

“死”与“来”在构式中都为谓语中心，但限于语义表达、使用频率等，不同语义类型 NP 进入[死/来＋NP]的时间不同。从语言演变看，这都属于一种量变，即构式变化(constructional change)，非构式化(constructionalization)。

(1)使用频率或例频率的变化，即例频率％＝Vi＋NP/有效用例。Barðdal 认为，例频率对能产性的高低也起到很大作用，一个实例(token)也是一个类型(type)[41]。

如图 1 所示，“来”带 NP 发生在上古时期，并一直沿用到现代汉语，且使用越来越灵活。相比之下，上古至中古[死＋NP]构式的使用数量急剧下降。这主要因为表处所、目的的[死＋NP]构式数量突减，加上这一动词单独使用量(即不及物用法)的猛增，使得非常规用例的总体比例骤减。到了隋唐时期，表处所、目的与原因的[死＋NP]构式大量增加，又使整个构式的使用呈现突增趋势。也正是由于这三种语义构式数量的减少，宋代这一构式的使用又呈下降趋势。现代汉语中，“死”多不带任何 NP，或单独做谓语、定语，或用于“V 死”式动补结构中，或成为双音节构词语素，如“死亡”等。这些搭配的减少，甚至消失，导致整个[死＋NP]结构使用比例稍有下降。但这并不影响[死＋NP]的类频率。

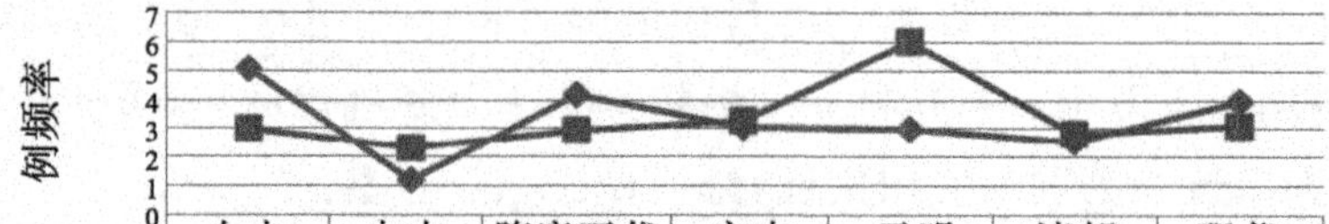

	上古	中古	隋唐五代	宋古	元明	清朝	现代
死	5.08	1.2	4.2	3.07	2.97	2.52	3.97
来	3.02	2.32	2.92	3.29	6.02	2.81	3.1

图 1　[死/来＋NP]构式的古今使用频率变化

(2)类频率的变化。类频率，即不及物动词后 NP 的语义类型数目。根据 NP 的语义类型可以看出整个[Vi＋NP]呈现出承继性特征。这种承继性不仅具有连贯性，还具有扩展性，如图 2 所示。

图 2 横轴表格中的数字代表 NP 的语义类型数目。可见，NP 的语义类型

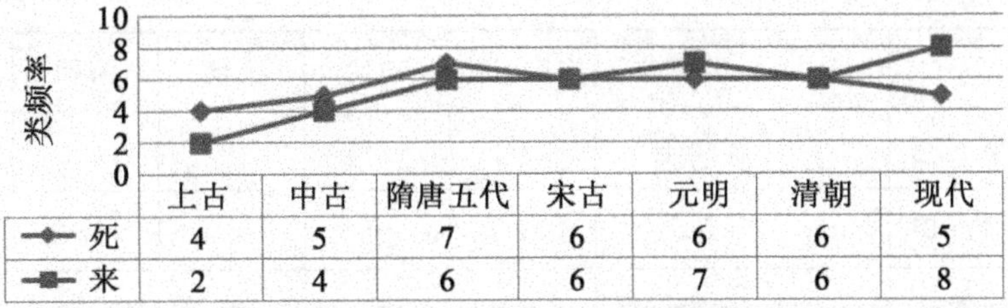

图 2 [死＋NP]构式的类频率变化

由古至今呈现增长趋势。根据 NP 的语义类型不同,[死＋NP]构式的古今分布情况如表 1 所示。

表 1 [死＋NP]构式的古今分布情况

	上古	中古	隋唐五代	宋代	元明	清朝	现代
[死＋处所 NP]	＋	＋	＋	＋	＋	＋	＋
[死＋致使 NP]	＋	＋	＋	＋	＋	＋	
[死＋目的 NP]	＋	＋	＋	＋	＋	＋	
[死＋原因 NP]	＋	＋	＋	＋	＋	＋	＋
[死＋数量 NP]		＋	＋	＋	＋	＋	＋
[死＋施事 NP]			＋	＋	＋	＋	＋
[死＋时间 NP]			＋				＋

由上表可见,在[死＋NP]构式中,表示处所、致使、目的、原因义的构式自上古一直沿袭至近代汉语中。到现代汉语,表致使与目的义的[死＋NP]构式基本消失,但又出现了新的表示数量、施事与时间义的构式类型。同样,[来＋NP]构式的古今分布情况如表 2 所示。

表 2 [来＋NP]构式的古今分布情况

	上古	中古	隋唐五代	宋代	元明	清朝	现代
[来＋处所 NP]	＋	＋	＋	＋	＋	＋	＋
[来＋致使 NP]	＋	＋	＋	＋	＋	＋	＋

（续表）

	上古	中古	隋唐五代	宋代	元明	清朝	现代
[来+施事 NP]		+	+	+	+	+	+
[来+获取物 NP]			+	+	+	+	+
[来+时间 NP]		+	+	+	+		+
[来+数量 NP]			+	+	+	+	+
[来+行为 NP]					+		+
[来+方式 NP]							+

由表 2 可以看出，[来+NP]构式中，NP 承继上古语义类型的同时，其他语义类型不断增多，并在现代汉语中得到广泛使用。

总之，通过图 1、图 2 与表 1、表 2 可见，随着语言的发展演变，不及物动词后不仅可以带 NP，所带 NP 的语义类型也更丰富。正是这种语义类的不断增多，使得整个[Vi+NP]构式的灵活性逐渐增大，在原有类与例基础上，增加了其他丰富多彩的搭配组合。显然，[Vi+NP]构式的能产性逐渐提高。

2. 图式性

从能产性等级来看，构式存在于不同图式层级中，图式性高则概括性强，能产性也越高；图式性低则具体性强，能产性也就越低。类频率高的构式通常被认为存在于高、中、低层级的构式图式中。据此，能产性也可以分为能产的(productive)、半能产的(semi-productive)与非能产的(unproductive)三级(Barðdal 2008)[42]48。

自上古至现代汉语中，[Vi+NP]构式的能产性逐渐提高，这主要反映在不及物动词(Vi)后所带 NP 的语义类型(即类频率)不断扩大上。以不及物动词“来”为例，倘若“来”后不与任何 NP 成分组构，逻辑语义公式可以表示为：λ P 来<P>。这里，构式的组构性很强，但图式性未必强，例频率高，但类频率相对很低，能产性必然不会有太大变化；倘若“来”扩大到可以与 NP 组构，组构性虽然减弱，但图式性得到提升，在常规组构的基础上(即在保持原有组构例频率的同时)，增加了不同的组构可能，即类频率得到提升，能产性必然提高。下面我们看[Vi＋NP]构式的整体抽象图式层级图(见图 3)。

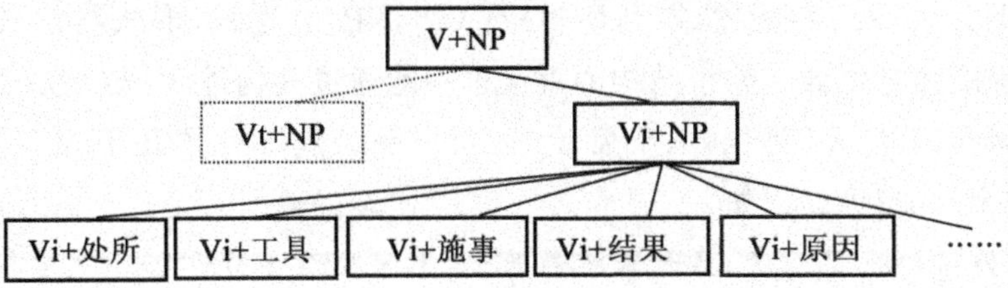

图 3　汉语中[Vi＋NP]构式的图式层级

由图 3 可见,[Vi＋NP]构式是上位[V＋NP]动宾构式的一个下位子构式,同时又是[Vi＋处所 NP]、[Vi＋工具 NP]等多个更下位子构式的上位构式图式。这些子构式一起构成[V＋NP]构式网络的子节点之一。这体现了构式图式的抽象性程度。

从图式性来看,“死”与“来”所在构式中动词后 NP 的语义类型不同,故[死＋NP]构式与[来＋NP]构式的下位构式数目也不同,具体如表 3 所示。

表 3　不同时期“死”与“来”所带 NP 的语义类型数目分布情况

	上古	中古	隋唐五代	宋	元明	清	现代
死	4	5	7	6	6	6	5
来	2	4	6	6	7	6	8

这反映出:①各时期动词后 NP 的语义类型不尽相同,[死＋NP]与[来＋NP]构式图式的下位子构式数目也不相同;②每个动词内部的构式图式性丰富程度不尽相同;③[Vi＋NP]构式图式不断丰富。由此,[Vi＋NP]的高图式性也得以体现。

3.组构性

构式是形义配对体,形义匹配程度决定组构性的透明性程度。Arbib(2012)指出,语言的意义并不是完全组构的,但语言具有可组构的性质,可组构的句子结构可以为整个结构的意义提供线索。[43] Traugott & Trousdale(2013)指出,具有组构性和看似不具有组构性(或组构性弱)的结构都可视作常规的形义配对体;从历时角度看,组构性减弱是指构式的形式与意义匹配度的减弱,而非完全不可分析。[32]20 这种减弱在旧形式与新意义不匹配时表现尤为突出。

同上文2.图式性所述，本节所讨论[Vi+NP]表达式，形式与意义关联的透明性程度相对更低。整个结构的意义也不能通过其构件Vi与其后NP的简单相加得到。以“死”为例，人们常说“死了三头公鹿”“死了几千人”“死公爹”“死了一个妹妹”等。例如：

(7)他从小死了父亲，靠母亲抚养长大，家里生活十分贫苦。(《中华上下五千年》)

(8)我国曾有几例海狮怀孕、生产的记录，但幼海狮均胎死腹中。(新华社2001年8月份新闻报道)

再以“来”为例，人们常说“来客人”“来一碗面”“来北京”“来劲儿”等。例如：

(9)四嫂甭来这一套！你当我不知道呢！不定又跑到哪儿喝酒去了。(老舍戏剧)

(10)他忽然来了兴致，三下五除二当场做出了一个龙形的冰雕。(1994年报刊精选)

例(7)—(10)里，一般来说，动词“死”和“来”除了施事主语外，后面又紧跟名词成分“父亲”“腹中”和“这一套”“兴致”等，分别表达动作施行的主体、处所和发出物、获取物等信息。此类结构在句法—语义层面的不对称表现在：从语义表达来看，它们可能只要求一个论元，而在句法层面却实现为两个论元，即多了一个增容题元(Dowty 1991)[44]。从句子结构上看，这些非受事NP都占据动词后的宾语位置。从整个表达式的语义理解看，这些非受事NP都是相关结构在表达命题意义时不可或缺的参与者，它们似乎和受事宾语具有同等的语法地位(grammatical weight)。从语言组构性上来看，此类组合的整体意义同样不能从组成成分的简单相加直接得到，而要整合其组成成分的前后语义关系以及相关语用信息，才能顺利进行解码。

从认知加工过程来看，[Vi+NP]构式成分之间的连接关系不是“$\text{Vi}_{\text{语义}}$”与“$\text{NP}_{\text{语义}}$”形式上的简单相加。因此，这类表达式至少需要两次加工过程，体现了结构的弱组构性特征。两次加工过程如下：

基于对Vi本身概念框架结构的认知，Vi不可能与其后NP产生逻辑上的组构关系，第一次对[Vi+NP]构式的认知加工受阻。接着开始第二次加工：受到交际双方“合作原则”驱使，对这一句法形式[Vi+NP]进行概念整合加工(王正元 2009)[45]。这种整合离不开两个成分所涉及的一切空间网络信息,一是不及物动词 Vi,二是句法位置上占据动词后宾语位置的 NP。过程如下(见图 4):

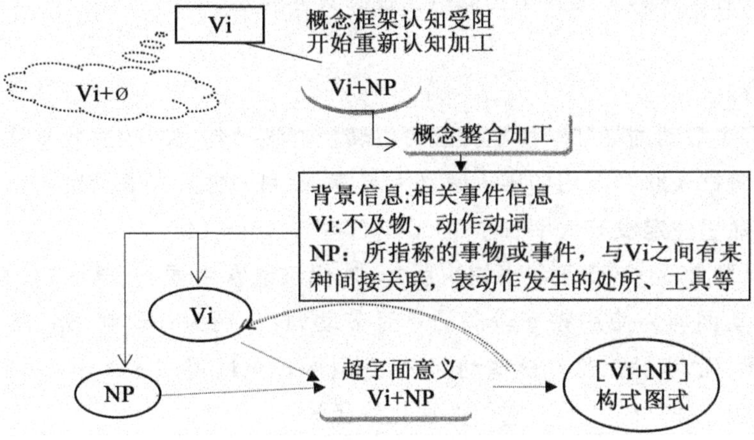

图 4 [Vi+NP]构式的认知加工过程

由图 4 可见,汉语中[Vi+NP]构式体现了形与义的不匹配程度,即组构性的降低。同时,作为孤立语的汉语也未使用形态句法标记辅助进行编码与解码,解码过程必须依靠语用推理,对结构的各种隐含信息进行整合。由此,这类结构的低或弱组构性特征得到了体现。

三、结语

[Vi+NP]结构虽是一种非常规搭配方式,在汉语、越南语等语言中却是人们喜闻乐见的表达方式。本文从历时构式语法视角,以汉语不及物动词“死”与“来”为例,详细考察了这类表达式的高能产性、高图式性与低组构性特征,以及动词后 NP 的语义变化类型等。

通过考察,本文发现:①由古至今,[死+NP]构式的能产性呈现稳定或略有上升状态,[来+NP]构式的能产性呈现增长趋势;②“死”与“来”所在非常规结构都经历了构式变化的量变过程;③[Vi+NP]构式的能产性也总体呈现增长趋势,其中有量变(即构式变化),也有质变(即构式化);④从组构性与复杂性角度来看,汉语为典型的孤立语,[Vi+NP]构式缺乏任何形式手段表明 Vi 与其后NP之间的语义关系，这给认知加工带来一定困难。由此，这需要额外的多次加工参与协作，即交际者在解码过程中，需要一定语用推理才能对概念信息进行整合。这都是这类结构低组构性的具体表现。

注释

①有少数动词如“睡”所在构式可以转换成被动句，如：故事含义从“马善被人骑，人善被人欺”“有用的男人睡别人老婆，没用的男人老婆给别人睡”最终演进到“人命里注定没有太平日子”（CCL：《读书》vol－144）

②对照2008年商务印书馆出版的《现代汉语常用词表（草案）》，本文考察的13个动词均为使用频率较高的单音节动词，分别为：醒、睡、站、醉、破、走、飞、热、哭、死、坐、跳、来。这些动词中，发生构式化过程的有4个，占30.77%，分别为“醒”“睡”“站”“醉”，它们的演化路径为：

[Vi ＋ Ø]	⟶	[Vi＋NP]
原型构式		扩展构式

参考文献

[1] 杨永忠. Vi＋NP中NP的句法地位[J]. 语言研究，2007 (2)：59－64.

[2] 程杰. 虚介词假设与增元结构——论不及物动词后非核心论元的句法属性[J]. 现代外语，2009 (1)：23－32.

[3] 刘探宙. 一元非作格动词带宾语现象[J]. 中国语文，2009 (2)：110－119.

[4] 孙天琦、潘海华. 也谈汉语不及物动词带宾语现象——兼论信息结构对汉语语序的影响[J]. 当代语言学，2012 (4)：331－342.

[5] 胡建华. 现代汉语不及物动词的论元和宾语——从抽象动词“有”到句信息结构接口[J]. 中国语文，2008 (5)：396－409.

[6] 朱行帆. 轻动词和汉语不及物动词带宾语现象[J]. 现代外语，2005 (3)：221－231.

[7] 冯胜利. 轻动词移位与古今汉语的动宾关系[J]. 语言科学，2005 (1)：3－16.

[8] Zhang, R. 2005. Enriched composition and inference in the argument structure of Chinese. London：Routledge.

[9] 沈家煊."王冕死了父亲"的生成方式——兼说汉语"糅合"造句[J].中国语文，2006 (4)：291－300.

[10] 沈家煊."计量得失"和"计较得失"——再论"王冕死了父亲"的句式意义和生成方式[J].语言教学与研究，2009 (5)：15－22.

[11] 任鹰."领属"与"存现":从概念的关联到构式的关联——也从"王冕死了父亲"的生成方式说起[J].世界汉语教学，2009 (3)：308－321.

[12] 张翼."王冕死了父亲"的认知构式新探[J].解放军外国语学院学报，2010 (4)：17－86.

[13] 潘海华，韩景泉.显性非宾格动词结构的句法研究[J].语言研究，2005 (3)：1－13.

[14] 杨大然.领有名词短语分裂与汉语话题结构[J].解放军外国语学院学报，2008 (3)：17－23.

[15] 马志刚.汉语及物句和非宾格句中宾语的题元角色、格位形式和语类性质研究[J].语言与翻译，2011a (2)：5－13.

[16] 张伯江."死"的论元结构和相关句式[A].中国语文杂志社.语法研究和探索(十一)[C].北京：商务印书馆，2002：80－92.

[17] 陈昌来，胡建锋.带受事成分的不及物动词的考察[J].语言教学与研究，2003(3)：63－72.

[18] 胡建华.题元、论元和语法功能项[J].外语教学与研究，2007(3)：163－168.

[19] 熊仲儒.论元与谓词的语义关系[J].外国语，2009(5)：20－27.

[20] 左双菊."来/去"带宾能力的优先序列考察[J].汉语学报，2007(4)：71－78.

[21] 刘街生.现代汉语中的分裂不及物性现象[J].当代语言学，2010(3)：262－270.

[22] 马志刚.移位性特征、句法操作限制于句首名词的话题和/或主语属性——以汉语领主属句和及物句为例[J].外国语，2011b(5)：2－11.

[23] 帅志嵩."王冕死了父亲"的衍生过程和机制[J].语言科学，2008(3)：259－269.

[24] 俞理明，吕建军."王冕死了父亲"句的历史考察[J].中国语文，2011 (1)：32－42.

［25］Trousdale，G. 2013. Multiple inheritance and constructional change ［J］. Studies in Language 37(3)：491－514.

［26］Goldberg，Adele. E. 1995. Constructions：A Construction Grammar Approach to Argument Structure ［M］. Chicago：The University of Chicago Press.

［27］Goldberg，Adele. E. 2006. Constructions at Work ［M］. New York：Oxford University Press.

［28］Goldberg，Adele E. 2013. Constructionist approaches. In Hoffmann and Trousdale，(eds.)，The Oxford Handbook of Construction Grammar，pp. 15－31. New York：Oxford University Press.

［29］Bybee，Joan L. & Paul Hopper. 2001. Frequency and the Emergence of Linguistic Structure［M］. Amsterdam：John Benjamins Publishing Company.

［30］Fried，Mirjam. & Jan-Ola Östman. 2004. Construction grammar：A thumbnail sketch［A］. In Fried，Mirjam. & Jan-Ola Östman (eds.). Construction Grammar in a Cross－Language Perspective［C］，pp. 11－86. Amsterdam：John Benjamins Publishing Company.

［31］Noël，D. 2007. Diachronic construction grammar. Functions of Language 14 (2)：177－202.

［32］Traugott，E. C. & G. Trousdale. 2013. Constructionalization and Constructional Changes ［M］. Oxford：Oxford University Press.

［33］Andersson，P. 2014. The fast case：Constructionalization of a Swedish concessive［J］. Nordic Association of Linguistics 37 (2)：141－167.

［34］Huning，M. & G. Booij. 2014. From compounding to derivation：The emergence of derivational affixes through constructionalization ［J］. Folia Linguistica 48 (2)：579－604.

［35］Zhan，Fangqiong & Elizabeth. C. Traugott. 2015. The constructionaliztion of the Chiense Cleft construction ［J］. Studies in Language 39 (2)：459－491.

［36］文旭，杨旭. 构式化：历时构式语法研究的新路径［J］. 现代外语，2016 (6)：731－741.

［37］彭睿.语法化·历时构式语法·构式化——历时形态句法理论方法的演进[J].语言教学与研究，2016（2）：14－29.

［38］Fried，M. 2008. Constructions and constructs：mapping a shift between predication and attribution［A］. In Bergs，A. & G. Diewald（eds.），Constructions and Language Change［C］，pp. 47－79. Berlin：Mouton de Gruyter.

［39］Hilpert，Martin. 2013. Constructional Change in English：Developments in Allomorphy，Word Formation，and Syntax[M]. Cambridge：Cambridge University Press.

［40］李艳芝.汉语中的构式化现象与构式宾语研究[D].浙江大学博士毕业论文. 2015.

［41］Barðdal，J. 2008. Productivity：Evidence from Case and Argument Structure in Icelandic［M］. Amsterdam：John Benjamins.

［42］Trousdale，G. & M. Norde. 2012. Degrammaticalization and constructionalization：Two case studies［J］. Language Sciences 36：32－46.

［43］Arbib，M. A. 2012. Compositionality and beyond：Embodied meaning in language and protolanguage［A］. In Werning M，W. Hinzen & E. Machery（eds.）. The Oxford Handbook of Compositionality［C］，pp. 475－492. New York：Oxford University Press.

［44］Dowty，David. 1991. Thematic proto-roles and argument selection［J］. Language 67(3)：547－619.

［45］王正元.概念整合理论及其应用研究[M].北京：高等教育出版社，2009.

On the Constructionality of Chinese [Vi+NP] Expressions

Li Yanzhi

(*College of International Education, Zhejiang Normal University*)

Abstract: There is a type of non-canonical expression configured with [Vi+NP] in the languages without morphological changes such as Chinese, Vietanames, Thai and so forth. A corpus-based survey of two frequently used monosyllabic intranvisitive verb sǐ 'die' and lái 'come', with a particular focus on the type frequency and token frequency of the non—canonical [sǐ/lái+NP] expressions, shows that both their token and type frequency have been generally increasing throughout the history of Chinese language. Within the framework of historical construction grammar, it is proposed that the two expressions investigated in this paper have gone through a process of constructional change, which involves changes in high productivity, high shcematicity and low compositionality.

Key words: intransitive verb; object; constructionality; constructional change

重动句的语篇语用研究

丁婵婵*

（浙江师范大学　国际文化与教育学院）

摘　要：重动句是现代汉语的特殊句式，它有其独特的语用功能。我们从重动句的语篇角度出发，着重分析了重动句的语篇表现，重动句是广义因果语篇中的一个环节，常出现在包含有“原因—手段—结果”的叙述过程中，在语篇中用来解释原因或者表达结果。在此基础上，我们总结了重动句的语用功能：评议性、非预期性及双重强调。

关键词：重动句；语篇；语用功能

重动句是现代汉语中比较特殊的句式，在学界颇受关注。重动句指同一个动词在一个句子中出现两次的结构形式，第一次出现后面带宾语成分，第二次出现带补语成分。其中第二个动词所带的补语有多种形式：可以是数量补语，包括时量补语和动量补语，如：“买礼物买了两次”“买礼物买了一个小时”；可以是处所补语，如“走路走到校门口”；可以是“得”字补语，如“喝酒喝得头晕”；还可以是动结式，如“熬夜熬坏了身体”。重动句的独特性不仅体现在句式的句法语义层面，在其使用上也有其特殊性。重动句具有特定的表达功能，使其运用在不同的语境。某种意义上，重动句之所以特殊就是因为其特有的语用功能，这也是区别于其他句式的重要功能。

---

* 基金项目：本研究是浙江师范大学博士科研启动项目“现代汉语重动句及相关句式研究”（ZC304015080）的阶段成果。

作者简介：丁婵婵（1981—），浙江东阳人，浙江师范大学国际文化与教育学院讲师，博士。

一、语篇分析和语用分析

语篇，指的是成篇章的话语，是一组连贯的、在意义上一贯的句子所组成的。语篇语言学的历史并不长，这种分析方法是在近30年才兴起来的一种偏重于语言功能分析的学科。在我国语言学的研究领域当中，语用学已经发展成为一个相对独立，并且研究已经比较成熟的语言学分支领域。对于语用学的研究和语篇研究这二者的区别，国内学者们的意见并不统一。从语用学的角度来看，首先，语用学这一提法已经成为语言学界比较普遍的说法，成为一种默认的概念了，而语篇研究在国内则还有着多种不同的表达方式，比如话语分析、语篇研究、话语语言学等等，从概念的统一性上来说就缺乏一个获得公认的名词。在一些学者的研究中，语用学包含了语篇分析。在语用学研究中，包括了话语结构、心理结构、信息结构的内容，这些内容同时也是语篇分析的主要内容，因此，语篇分析实际上是语用分析中的一个部分。

比如沈家煊(1998)就认为语用学和语篇分析就研究领域的范围上来看，至少有两点是一致的，这两点为：①对于超出句子的语体研究；②对于实际语言的研究。他认为，对于超出句子的语体的研究就是篇章分析，而对于实际语言研究的内容就是语用学范畴。[1]很显然，在他的定义中，语篇研究被包含在语用研究中了。Van Dijk 也持这种观点。他认为，言语行为和其他话语行为，像语用学最初研究的在一定语境中使用的句子或命题一样，也常以有序的序列出现在篇章和会话中。他强调，无论什么语用学，它总是要以语篇为基础的。[2]对于学术界的争论我们可以放在一旁不做讨论，但我们认同上述观点，我们认为语篇分析隶属于语用分析，它们具有研究目的上的共性。

语篇是有大小体量之分的，有的语篇内容量大，也有的语篇内容短小精悍，最简单的语篇单位是文本中的两个连贯句子。但是，不管语篇的体量大小和复杂性，语篇都有一个固定的中心，这就是语篇的逻辑中心，也是自然语言表达的基础存在意义。

二、重动句的语篇分析

从语篇的角度来看，重动句的上下文之间总会存在各种语义上的关系，就是这种语义关系促使重动句的选择。

在一个句子中，词与词之间是意义相联的，他们作为独立的个体一起构成了句子，这些词之间是有机联系的。同样的道理扩展到语篇当中，每一个独立的句子之间形成互相表达、互相支持的有机联系，最终形成完整的意义表达段落。这是语言的内在规定性，也是人运用语言进行意义传达的必然逻辑。比如：

(1)正所谓上有政策、下有对策，但是对策也有高低之分，这个深圳大学园搞创新搞得不错，你们一定要去参观参观。

(2)你们这个新兵连要改掉松松散散的毛病，首先把你们的纪律搞好。

这两个例子中，都出现了同一个动词“搞”，都有补语成分“不错”和“好”，也都有直接宾语。但是例(1)中用了重动句句式，而例(2)则是使用把字句句式，之所以有这种区别的原因在于对句法形式的选择不同，这种选择的基准在于其所处的前后语义关系。第一个重动句句式重在表达原因，而第二个则重在表达目的。

魏扬秀(2001)通过考察重动句使用的具体语境(上下文)，发现“重动句常常处于有因果关系的语段中，而且倾向于表达原因解释功能，重动句总是充任因果关系范畴中的解释原因的部分，有 80% 的重动句表达解释原因的功能。”[3] 从语篇的角度对重动句进行分析，我们可以总结出重动句在表达前后语义关系上的一些规律。

1.表原因的重动句

重动句常常出现在表达因果关系的语篇中，我们这小节研究的重动句承担的功能是因果关系中的原因环节，表达原因的重动句内容可以在语篇前段，也可以在语篇后段。这种情况下，我们简单地凭借自然语言逻辑就可以领会句子想要表达的因果关系，而在一些情况下我们则需要通过对标记性内容进行识别才能够明了这种因果联系。这里所说的标记性内容说的是处于语篇内容中的词汇衔接标记，包括词语标记、标点或者动作语境等等。例如：

(3)——哎，你的衣服怎么回事啊？

——嘻嘻，昨天吃饭吃得……

(4)——你这次又跑出来是什么情况？

——别提了，家里催我结婚催得紧了，我得出来躲躲。

(5)——小点声，她睡着了！

——什么？

——等结果等得睡着了。

(6)不好意思啊，堵车堵得厉害，所以现在才到。

(7)美国签证时间一下子从一年变成了十年，查人查得紧，所以现在签证反倒不如以前容易了。

(8)你学习学了这么久，怎么一下子变傻了，话都不会说了。

(9)其实他倒是不怕死亡的威胁，只是他担心再也回不去老李身边，他爱老李爱得那么深，一旦发觉自己再也见不到老李了，一种进入地狱般的感觉就袭上心头。

重动句句际之间的因果关系可以通过添加因果关系词的方法来进行验证，比如"原来""因为"等等，如果添加之后，意义表达完整不变，那么这个语篇中就存在着这种因果关系。比如：

(10)最近看她愁眉苦脸的，(原来)愁论文愁的啊。

(11)他整天闷在屋子里，(由于)他办事办砸了，伤了自己的人脉圈子。

实际上，很多重动句句式所在的语篇本身就具有因果关系的标记特征。

A. 语篇中含有关键因果关联词，比如：

(12)——你就不能再注意一点么?!

——不行，因为你平时惯我已经惯坏了，你一下子让我自己注意，这真不行。

在这个句子中就有明显的因果关联词"因为"，成为因果语篇关系的识别标记。

B. 在句子中存在着具有强调意思的词"是"。

在《现代汉语八百词》当中对于"是"的说明中，明确其义项之一是表原因或者目的。在"是"字后面可以衔接"因为、由于、为了"等词来表达强调的意思。[4]在重动句的语段当中，"是"可以被视为语义焦点标记。比如：

(13)他这次回来又是喝酒又是哭的，不是回家回得受刺激了吧？

(14)他们家手机卖得快，是他们老板做广告做得好。

(15)我现在这么折腾精力也还可以，还不是当初那会儿搞锻炼搞得认真。

(16)我就是和他喝酒喝得高兴忘了看表，可是不管怎样我都会赶回来的呀！

(17)——这老人家走路走得像唱戏。

——呵呵，还不是因为当票友当的时间长了。

C. 在重动句语篇中含有抱怨之类的"责怪义"动词。

这种"责怪义"动词是一种特殊的汉语词汇类别，包括像"恨、讨厌、抱怨、后悔"等，出现这类动词，语篇中的表达往往倾向于运用重动句句式。比如：

(18)她恨她自己出门出得晚了，不然也不至于赶不上飞机。

(19)老何跑回来抱怨，就剩她自己了，搬箱子搬得胳膊酸疼。

D. 重动句语篇中包含有"其实""本来"等副词。

"其实""本来"这类副词能够表明在语篇中其后的成分表达的是原因。比如：

(20)——你没给我做饭啊？

——本来是有的，但是等你等不回来，我就都吃掉了。

E. 重动句语篇中，在重动句之后有"吧"。

这个"吧"表达了一种猜测的意义，不是单纯提问，而是具有揣测的语气。比如：

(21)——亲爱的，你眼睛又红了。

——嗯，可能是昨晚看稿子看得太累了吧。

(22)——我眼袋又变大了。

——你看电脑看多了吧。

F. 句式中带有疑问词。

在分句中，疑问词一般出现在结果段中，而且通常只会出现在话语结构里面。比如：

(23)——师傅，为什么不上三环？

——不行，我刚从国贸那面过来，堵车堵死了。

G. 标点标记。

这里的标点标记指的是冒号、破折号之类，这类符号后面的成分通常是对前面内容的解释。比如：

(24)老张一听乐了：我正缺钱缺得发慌，活儿上门，这简直太好了！

(25)最不可理解的是：自从他们吵架吵完以后，所有对她的好都变成了罪过，现在统统需要重新来过。

从上面的例子来看，语篇中前后句子之间都存在着一定的因果关系，重动句在这里的作用偏向于原因解释。

2.表结果的重动句

在这种语义关系的语篇结构中，同样存在着因果关系。我们看例子：

(26)就是因为你对我比别人好，也从来不打击我，所以我才依赖你依赖得厉害。

(27)我发现上学上错了，现在工作太难找了。

(28)要知道，越是美丽的女人变心变得越快，因为她受到的诱惑力要比别人强……

(29)因为无法忘却，他守着老李的坟守到去世。

(30)紧接着，以“毒舌”著称的名嘴王旭明继续发问：“但是您现在也不写诗了，是江郎才尽了，还是对诗有别的想法了？”对此，汪国真的回答是：“我现在写诗写的比较少，但我在做一件传承中华传统文化的事情，为中国历代的优秀诗歌谱曲，到目前为止，我已经给中国历代的优秀诗歌谱了400首曲，马上会有一场我的个人作品音乐会在北京举办。”

这些例子里，重动句语段表示结果，表原因的句子可能在前或在后。

重动句常常出现在表示因果关系的语篇中，表达原因解释的功能，或者作为结果出现。

三、重动句的语用功能

从语用的层面来讲，重动句的语用研究就是重动句在使用中的动态表达分析。从句子的语用角度来看，句子中存在主题和述题两个部分。句子的主题说的都是旧信息，是一次叙述行为的开始，一般情况下，也是听者已知的信息，而述题部分则是对于主题内容的补充，是听者尚不知情的内容。从这个角度来看，重动句在语用功能上具有以下这些特点。

1. 评议性

重动句结构中，一部分述题是发挥评议功能的，这种述题部分的目的和作用就是对主题内容进行评述。如：

(31)他打架都打不赢。

(32)他们连累带吓，跑路跑不动了。

(33)你这个人没什么优点，就是写字写得漂亮。

(34)在平路上骑自行车骑得快。

此外，一些含有评议功能的语气副词或者助动词成分的句子也应该视为评议性的重动句。如：

(35)老张做饭做得最好！

(36)玩台球谁也玩不过她。

(37)他做菜绝对做得好！

(38)你办纪念仪式办得太简单了。

以上的例句中，第二个动词之前都有一些成分，比如“应该”“也”等等，“应该”是情态助动词，可以增强语句的主观性，“都”“也”“还”“又”等等这样的语气副词能够在重动句当中增强主观性。这些词通常都表示强调的意思，这些词的运用可以增强语气，作用在于表达人的主观性。

2. 非预期性

还有一些重动句结构中，述题的作用是表达主题的状态或者结果。这种情况下，一般都需要表达出包括主题在行动下呈现的结果、状态或者是时间、数量的变化。如：

A. 动作行为导致施事产生超常结果。

(39)这两个人吵架吵红了眼。

(40)慧慧看戏看入了迷。

(41)小黑哥赌钱赌上了瘾。

(42)慧慧打稿子打得苦哈哈。

B. 动作的超常程度。

(43)这两个人看戏看入了迷。

(44)老张想老李想得要命。

(45)他写这稿子写得谁都没明白。

C. 动作的超常量。

(46)他洗澡洗了一个上午了。

(47)他们公司欠税欠到了上千万。

在一部分重动句当中表现出非预期性的倾向性，常常体现在程度或者量的超常性上，一般有两种情况：

第一种是"人们习见的动作行为的常规结果、常规状态、常规量度"[5]。这里面所说的超出的量是相对于"正常"水平来说的，而不是说话人主观的标准。比如：

(48)老张虽然喝多了，但是打拳打得还是很成体统。

(49)慧慧擦地擦坏了手。

通常情况下，根据我们的认知推理，我们会以为老张喝多了，因此再打拳一定会糊里糊涂的，但是事实却是打得"很成体统"，这是超出了一般的情况。

第二种情况与第一种相反，说的是超出了说话人的主观判断。比如：

(50)小黑哥赌了几次钱竟然赌上了瘾。

这里面有一个说话人预先设定的期望值，就是说话人认为，赌上几次钱还不至于马上就会染上赌瘾，但是小黑哥的情况超出了说话者的这种对于正常情况的判断，超出了说话人的主观预想。

3. 双重强调

还有一种情况是，重动句中通过重复动词来强调事件中密切相关的两个方面，使两个动词在语义联系上更为紧密。这样通过重复动词，既强调了动作行为，又强调了动作的状态、结果、时间等等补充信息。这种功能我们称之为双重强调。如：

(51)来顺看马哲的书看得多。

(52)慧慧听戏听入了迷。

重动句是由两个动词结构组成的。从意义表达的情况来看，第一个动词结构说明的是一个动作行为，或者是表达一个过程，为后面的内容提供背景，而第二个动词结构则是对第一个结构进行补充说明的，用来补充信息或者就行为情况做出说明。这两者互相依存，不可或缺。

四、结语

在本文中,我们主要分析了重动句的语用功能。我们从重动句的语篇角度出发,着重分析重动句的语篇表现,重动句是广义因果语篇中的一个环节,常出现在包含有"原因—手段—结果"的叙述过程中,在语篇中用来解释原因或者表达结果。重动句具有评议性、非预期性及双重强调的语用功能。在以后的研究中我们还将对重动句和其他一些相关句式进行比较,进一步验证重动句的独特语用功能。

参考文献

[1] 沈家煊. 二十世纪的中国话语语言学[C]. 北京:北京大学出版社,1998:743—774.

[2] Van Dijk, T. A. The New Pragmatics In Kasher, A. (ed.) Pragmatics: Critical Concepts[C]. Vol. V. Routledge, 1998:377

[3] 魏扬秀. 重动句原因解释功能分析[D]. 北京:北京语言文化大学硕士论文,2001:6—9.

[4] 吕叔湘. 现代汉语八百词(增订本)[M]. 北京:商务印书馆,2000:499.

[5] 项开喜. 汉语重动句式的功能研究[J]. 中国语文,1997(4):260—267.

The Research on the Discourse Pragmatics of Verb Copying Sentence

Ding Chanchan

(*College of International Education, Zhejiang Normal University*)

Abstract: Verb copying sentence in modern Chinese is a special kind of sentence pattern, it has unique pragmatic function. We use discourse study of the verb copying sentence, summarize the discourse function of the verb copying sentence, the verb copying sentence tends to appear in the text of the causal relationship. Then we explore the pragmatic function of verb copying sentence: it can express deliberation、extra—expected information and double emphasis.

Key words: verb copying sentence; discourse; pragmatic function

《马氏文通》"动字相承"的重新阅读及相关思考

——纪念《马氏文通》发表120周年

杨西彬*

（浙江师范大学　国际文化与教育学院）

摘　要:《马氏文通》对"动字相承"现象有着精辟论述,它不仅指出该现象的核心特征是"相承"关系,而且还有意把"动字连书"现象分为"相承"和"意平而不相承"两种类型。进一步把"动字相承"现象区分为"动词相连"和"动作相承"有助于对"动字连书"现象重新进行分类,为进一步解决汉语连动句研究中的相关争议提供新的视角。

关键词:马氏文通;动字相承;动词相连;动作相承

汉语语法的开山之作《马氏文通》(以下简称《文通》)对汉语各类语法现象做了详尽的描写,其中"动字相承五之三"的相关论述因为涉及汉语动词类结构的特点尤其值得关注。

很长时间以来,学界对"动字相承"的研究多集中于对"坐动"和"散动"的阐发,比如黎锦熙[1],王力[2],孙玄常[3],吕叔湘、王海棻[4]356 等对这组概念在西方语法系统中的大致对应关系提出了不同的认识。邵霭吉指出"坐动""散动"即相当于谓语动词和非谓语动词,[5]并进一步认为"坐动"的本质就是语词(即谓语)里的主要动字,它是直接记起词(即主语)之行的动字。[6]142 卢烈红、陈庆汉进一步指出两者是依据动词在结构中的语法功能划分出来的对立类别[7][8]。

---

* 基金项目:本研究是教育部人文社科科学青年基金项目"论元共享现象及句法理论问题研究"(17YJC740108)和国家社科基金项目"框架语义学理论视角下的对外汉语句式系统研究"(16BYY105)的阶段成果。

作者简介:杨西彬(1980—),男,河南新密人,博士。

杜敏明确指出“散动”界定的依据是动词在句中的先后位置以及它与起词的逻辑关系，该研究对“散动”的来源及其历史流变做出了深入细致的分析。[9]宋绍年指出这对概念提供了构建汉语句法系统的基础。[10]189－190

随着研究的深入，不少学者进一步讨论“动字相承”与句法结构的关系，比如孙玄常指出“散动即是坐动之外的动字”，其用法也包括了“我们现在称为‘连动式’‘兼语式’里的动字”[3]。蒋文野认为所谓的“坐动＋散动”就是我们通常所说的连动式。[11]魏宇文、杨丹等专门讨论了“动字相承”对于现代汉语句式研究的意义。[12][13]

这些研究深化了我们对“动字相承”现象的认识，但是仍有一些问题有待厘清，比如，“动字相承”的核心特征到底是什么？它与“动字连书”的关系是怎样的？“动字相承”的类型到底有哪些？基于这些疑问，本文重新阅读了《文通》的相关论述以期得到解答。

一、“动字相承”论述的重新阅读

如上所述，前贤的很多研究已经分析了“坐动”“散动”理论的价值，此不赘述。本部分将依据相关论述和文中所提供的例句进行梳理，分析该结构的特征并进行评述。

1.“动字相承”的特征

《文通》在“动字相承五之三”一开始就提出：

一句一读之内有二三动字连书者，其首先者乃记起词之行，名之曰坐动；其后动字所以承坐动之行者，谓之散动。散动云者，以其行非直承自起词也。[14]208

这段表述标明了“动字相承”的两个特点，即“先后”关系和“相承”关系，我们分别讨论。

(1)“先后并置”。我们先看《文通》所举的例句：

①远人不服而不能来也，邦分崩离析而不能守也，而谋动干戈于邦内。（《论语·季氏将伐颛顼》）

②今吾以天之灵，贤士大夫，定有天下。（《汉书·高祖求贤诏》）

③……必身劝,为之驾,遣诣相国府署行义年[①]……(同上)

④今病小愈,趋造于朝。(《孟子·公孙丑下》)

以上各例中"一句一读"内连续划线的部分都是"动字连书",然而只有"先后并置"的动字之间才有可能是"坐动—散动"关系(为了更加直观,我们根据原文的表述把坐动和散动分别用"‗""_"标示,下同)。

具体来说有以下几点值得注意:同一句读是"动字连书"的前提,所以例③中的"劝"和"驾"不是"连书",它们分别是所在句读的语词(即谓语);"先后并置"是"动字相承"的前提,即所有的"动字相承"首先必须是动字"先后并置"(必要条件),比如"谋动(干戈)""定有(天下)""趋造",但是并非所有的"先后并置"都是"动字相承"(非充分条件),比如例①中的"分崩离析"四个动字皆为坐动,该句读内没有散动,它们不是"相承"关系;连书的动字之间不能有连词,比如例①中"不服"和"不能来"之间只是"动字连书"关系,但是"不能来"不仅是"连书"关系,还是"坐动—散动"关系,即"动字相承"。

(2)"散动直承动字"。如果说"先后并置"是"动字相承"的基本特征,那么散动承于坐动(即坐动和散动之间是"相承"关系)则就是该结构的核心特征。马建忠[14]208借此还试图把"动字相连"和"动字相承"区分开来,[②]书中的三处论述特别值得注意:

第一处 《文通》先分析了"动字相承"的三种类型,最后讨论了与"动字相承"完全不同而又类似相关的另一种情况,即"两动字意平而不相承者,则间之以'而'字连之",[③]并细致分析了动字间有连词"而"的几种类型,比如:

⑤曰保民而王,莫之能御也。(《孟子·梁惠王上》)

⑥君子矜而不争,群而不党。(《论语·卫灵公》)

⑦君子和而不同,小人同而不和。(《论语·子路》)

《文通》对例⑤随例注释:"保""王"两动字,事分先后,两意平列而不相承,故间以"而"字连之;对例⑥例⑦随例注释:"矜""争""群""党""和""同"六字,意皆相反,亦以"而"字转之。这些随例注释明确说明例中动字之间不是"相承"关系,而只是"平列关系"。

值得注意的是,在"动字相承"各例中《文通》都会用"坐动""散动"以及"承读"等概念分析解释例句的句法关系,而在这一部分的例句中都没有再分析"坐动—散动"关系。[④]这也从一个侧面说明这种情况属于"平列关系",不同于"相承关系",没有了相承关系也就无所谓"坐动""散动"了。

第二处 《文通》所列的“动字相承”类型之一是“有形之动＋散动”：

凡动字记有形之动，如“往”“来”“奔”“驰”之属，皆有行迹可指，其后承以散动，以记所为动之事者，则唯以两动字先后置之，而不另为承读。以两动之行，异先后而不异所自也。[14]218

并举例：

⑧于是使勇士某者往杀之。(《公羊传·宣六年》)

而在“两动字意平而不相承”部分也论及了类似的情况：

再，第一动字为有形动字，如“往”“坐”“从”“随”之属，其后承以第二动字，往往于第一动字后即以“而”字连之，一若两意平列而不相因者然。[14]221

并举例：

⑨王往而征之，夫谁与王敌？(《孟子·梁惠王上》)

通过例句及随文的论述可知，两类例句很相似：都是由“有形动字”和另外一个动字构成句子的主体，其差别仅在于后者有连字“而”间于其中，前者没有。《文通》据此认为前者是“动字相承”，后者是“意平列而不相因”，“因”者“承”也。由此可以看出《文通》有意区分“动字相承”和“动字相连”，其标准有两个：形式上，有还是没有连词“而”；意义上，前后项动字是“相承”还是“意平不相承”。⑤

第三处 《文通》在“动字相承”的通论中有如下例句：

⑩远人不服而不能来，邦分崩离析而不能守，而谋动干戈于邦内。(《论语·季氏将伐颛顼》)(同例①)

⑪贤士大夫有肯从我游者，吾能尊显之，布告天下，使明知朕意。(《汉书·高祖求贤诏》)

《文通》对例⑩随文注解：“四动字，皆为坐动，意平而各不相属”，例⑪中有两个动字连书，随文注解是“两字并为坐动”。

这些注解说明，《文通》认为这两处“意平而各不相属”的“动字相连”不同于“动字相承”(这两个例句中“谋动”“肯从我游”“能尊显”等都是坐动在前，散动承之)，前者是连书的动字作为一个整体共同做语词。这两个例句的注释可以直接说明《文通》有意区分“相连”和“相承”，这一认识与前两个证据中“意平而不相承”“两意平列而不相因”的思路是完全一致的。此外，第二处证据说，因为连书的动字之间有连字，所以不是“坐动—散动”关系，这是从形式上来做的判断，其实究其原因，正是因为它们之间没有“相承关系”即《文通》所言“意平而不相承”。

综上，《文通》中“动字相承”的两个特征分别是“先后”关系和“相承”关系，其中后者是其核心特征。也就是说，“先后并置”的动字之间必须有“相承”才能形成“坐动—散动”关系，即“动字相承”。

此外，承以坐动的散动还有一个重要特点，即“非直承起词”。引文中的最后一句话常被忽略而又特别值得注意，⑥这一论断即把兼语句归入了“动字相承”，也把小句宾语句归入其中，这也是引起《文通》“动字相承”系统内部比较混乱的原因之一，详见后文讨论。

2.论述的不足

(1)承读中动字的双重身份。《文通》在“动字相承五之三”的总论中论述到：

凡动字之在句读，有散动为承者，概为坐动。使散动之行与坐动之行，同为起词所发，则惟置散动后乎坐动而已。……或不然，而更有起词焉以记其行之所发，则参之于坐、散两动字之间而更为一读，是曰承读。于是，所谓散动者，又为承读之坐动矣。[14]212

这段话主要是从后项动字与句首起词的关系来论述“连书动字”的两种情况，即承读的两种类型：一类是后项动字与前项动字的起词一致，即为我们现在通常理解的“连动句”；另一类是后项动字与前项动字的起词不一致，即为我们通常所说的小句宾语句(即主谓结构作宾语的句子)和兼语句。

该论述最后一句话“所谓散动者，又为承读之坐动矣”的意思是承读中的动字相对于其前的动字(坐动)是散动，同时又是该承读中的坐动，即承读中的动字具有双重身份。有学者认为这种是符合汉语特点的，宋绍年指出“在英文里，从句的动词是定式动词，马氏在构建汉语语法体系时借鉴西方语法并加以改造，给从句的动词以双重身份”“马氏这一改造富含深意”，并且认为从语法功能上说“‘读’等于‘散动’”，进而认为“‘散动’概念是《文通》‘读’理论的基础”。[10]189

这种双重身份的分析看似符合汉语的情况(动词没有形态变化)，但是我们认为该论述恰恰说明《文通》对“动字相承”的认识不清晰：首先，从逻辑上来说，后项动词要么是主要谓语动词，要么是非谓语动词，不可能既是谓语动词又是非谓语动词，句法分析中不存在这种“兼职”成分；其次，承读中的动词(后项动词)与主句的动词(前项动词)没有相承关系，具体参看下文例⑫例⑬分析。所以说，按照“相承”特征，小句宾语应该排除在“动字相承”之外。

邵霭吉指出：“无论坐动后面接的是散动还是承读，无论是‘二三动字连书’

的后者，还是做别的成分，散动都是‘非直承自起词’的动字，这是‘散动’与坐动的本质区别。”[5]这一论断很有道理。

(2)认识明确但未能一以贯之。《文通》已经明确提出了“动字相承”的特点，并有意区分“动字相承”和“动字相连”，但是遗憾的是，这一标准未能一以贯之，以至于所引例句中会看到很多并不属于该类现象的例子。

依照先后关系和相承关系，《文通》所列举“动字之可承以散动者”的三种类型中的第一类，即“感官动词(官司之行者)＋承读”就不是“动字相承”现象。我们以《文通》中的例句做简单分析：

⑫南史氏闻太史既死，执简以往。(《左传·襄公二十五年》)

⑬吾视其辙乱，望其旗靡，故逐之。(《左传·庄公十年》)

《文通》认为例句中“闻”“视”“望”是坐动，“死”“乱”“靡”既是全句的散动，同时又是承读(“太史既死”“其辙乱”“其旗靡”)中的坐动。

但是根据“动字相承”的特点分析发现，句中两个动字之间只有序列上的先后关系，而没有相承关系。比如例⑫中，无论南史氏“闻”与否，“太史既死”都是既成事实，并不是因为“闻”在先，“死”后承之；例⑬一样，在“视”“望”之前“乱”和“靡”都已经存在，后者与前者也没有相承关系。

蒋文野曾指出《文通》坐动式的分析很笼统，特别是没有分析两个动词之间的语义关系，把“使(令)＋承读”(即通常所说的兼语句)和“一般动词＋承读”(即通常所说的主谓结构作宾语的句子)同“坐动＋散动”(即通常所说的连动句)等同起来“显然是不对的，不周密的”。[11]我们认同这一论断，需要特别指出的是，《文通》之所以这么处理也正是没有贯彻“动字相承”这一标准，否则承读中动字的“双重身份”问题也就不存在了。这也是我们坚持认为《文通》只有区分“动字相承”和“动字相连”的意识，并没有明确区分两者的重要原因。

此外，《文通》“承接连字八之二”一节中讲到连词“而”字，认为“陛下安得而有之”“君不得而臣，父不得而子”“吾无得而相焉”等诸句助动“得”字后直承散动，往往间以“而”字，亦变例也(笔者注：即为助动后接散动变例)。《文通》还特别注明“动字相承篇内未载，今补志焉。”[14]282—283这一论述与《文通》之前的表述相抵牾：如果“形式标准”——有连字“而”就不该是相承关系，那么为何把“助动＋散动”间之以“而”看作是变例呢？这也说明《文通》的认识是准确的，但是在贯彻时却又时左时右，没有保持前后一致。

(3)系统内部混乱。基于以上两点原因，《文通》“动字相承”系统内部比较混乱。首先,《文通》列举的第二类的坐动为"心理动词"("内情所发之行者"),本类例句计 30 例,这些例句其实又可以分为两类,我们先看例句:

⑭愿夫子辅吾志,明以教我。(《孟子·梁惠王上》)

⑮寡人愿安承教。(《孟子·梁惠王上》)

两例句的坐动同为"愿",实际上却是不同的结构:例⑭与例⑫例⑬相同,后项动字有独立的起词,是"坐动后以承读承之",《文通》随文注释例⑮是"坐、散两动,同一起词,共成一句",后项动字没有独立的起词而与前项动字共用一个起词,是"坐动+散动"结构。

这类例句中"坐动+承读"结构共计 19 例,我们记为"心理动词Ⅰ"类;"坐动+散动"共计 11 例,我们记为"心理动词Ⅱ"类。特别值得注意的是,这两例的坐动都是"愿",《文通》却不加区分把这两类例句放在一起讨论,这是之前研究没有注意的。

其次,《文通》明确提出"散动云者,以其行非直承自起词也",邵霭吉研究认为非直承起词是散动与坐动的本质区别。[5]但是《文通》的遗憾之处就在于它把起词仅仅局限于全句坐动的起词(即全句主语),所以认为只要是不直承于主句起词的动字都是散动。正是这一认识,导致了《文通》承读动字的双重功能,导致了没有相承关系的小句宾语句也被列入"动字相承"。其实,如果把起词只理解为主语(不管是主句的还是承读的)理解就接近于事实真相了。比如:

⑯王曰:"释齐秦,他国请相见也。"(《左传·襄公二十七年》)

⑰是使民养生丧死无憾也。(《孟子·梁惠王上》)

《文通》把这两类例句分析为"坐动+承读",具体来说,例⑯中所请对象是"他国",所请之事是"他国相见","他国"既是所"请"的止词,又是承读"他国相见"的起词,"他国""兼任"两种身份;例⑰中,"使"为坐动,"民养生丧死无憾也"是承读,"民"是承读的起词。但是这一分析并不符合我们的语感,"使民养生丧死无憾也"语法不通。

按照李临定、范方莲[15],赵元任[16]、朱德熙[17]、李临定[18]、邢欣[19]的分析,例⑯这类兼语结构中的"兼语"只能是前项动词的宾语,⑦"他国"和"民"只能是前项动词(坐动)的宾语。如此,后项动词就没有起词了,那么这正好符合《文通》对散动的定义,"非直承自起词"。因此,这两小类是"坐动+散动"结构,而例⑫~⑭中,后项动字都有起词,所以是"坐动+承读"结构。

二、重新阅读的启示

1.区分“动词相连”和“动作相承”

“动字相承”和“动字相连”的有意区分是《文通》这一节中最闪光的论述。随后的研究者也注意到了《文通》对两者的不同处理，在章节安排上做出了相应安排，比如宋绍年把“动字相承五之三”的内容单列一章[《文通》实字论研究（动字下）]，把“坐动和散动”和“动字相连而不相承者”设为对立的两节。[10]188－201很明显，前者对应于“动字相承”，后者即为“动字相连”。邵霭吉在第五章（句型论）第一节讨论了《文通》中的动字句式，即：单动句式、“动字相承”句式、“动字平列”句式。[6]248－262这也是在多动句式中把“动字相承”句式和“动字相连”作为对立的类型。学者们随后提出“动作相承”[3]112“动字平列”[6]261“动字相连”[10]200等概念。

学界对“动字相承”的研究是细致而深刻的，然而遗憾的是学者们都未作进一步阐发，未能解决“动字相承”概念本身的含混不清问题。杨西彬[20]认为进一步区分“动词－动作”和“相连－相承”才能深入把握“动字连书”结构的本质解决争议问题。所谓“动词”是词类标示；所谓“动作”是行为主体发出的行为；所谓“相连”就是“连在一起”；所谓“相承”就是“（行为之间）先后承接关系”。如此一来，我们就可以划分出来“动词相连”⑧和“动作相承”。这两组概念可以涵盖之前学者提出的概念，而且明确了概念所指，比如“动字相连”和“动字相承”，同为“动字”，凸显不了“动作”和“动词”的区别，而“动词相连”和“动作相承”就不存在这样的含糊：“动词相连”是没有相承关系的“动词连用”（“动字相承”），而所谓“动作相承”，其“动作”形式体现为“动词”，其“相承”形式体现为“相连”；更为重要的是“动作相承”突出的是前后项动作之间有相承关系，即后项的动作承接于前项动作。

2.重新分类

因此，我们就把“动字连书”分为“动字相承”和“动字不相承”，前者又可以分为两类：“动词相连”和“动作相承”；后者又可以按照连词的有无分为两类。

我们对“动字相承五之三”一节的各类型进行的重新归类，如表1所示：

表1　动字连书的重新分类及例句

<table>
<tr><td colspan="3"></td><td colspan="2">重新分类及例句</td></tr>
<tr><td colspan="3">《文通》分类</td><td>动词相连</td><td>动作相承</td></tr>
<tr><td rowspan="8">动字连书</td><td rowspan="6">动字相承</td><td>助动型
（助动＋散动）</td><td>其君能下人，必能信用其民矣。</td><td></td></tr>
<tr><td rowspan="2">承读型
（坐动＋承读）</td><td>（坐动为感官动词）
南史氏闻太史既死，执简以往。</td><td></td></tr>
<tr><td>（坐动为心理动词Ⅰ）
愿夫子辅吾志，明以教我。</td><td></td></tr>
<tr><td rowspan="3">两动相承型
（坐动＋散动）</td><td></td><td>（坐动为“请”“使”）
是使民养生丧死无憾也。</td></tr>
<tr><td></td><td>（坐动为心理动字Ⅱ）
寡人愿安承教。</td></tr>
<tr><td></td><td>（坐动为有形动字）
于是使勇士某者往杀之。</td></tr>
<tr><td rowspan="2">动字不相承（平列型⑨）</td><td>无连字型</td><td>……邦分崩离析而不能守也，……</td><td></td></tr>
<tr><td>有连字型</td><td>王往而征之，夫谁与王敌？</td><td></td></tr>
</table>

宋绍年认为“动字相连相当于今之连谓结构和谓词性联合结构”，“这种现象在西方语言中是没有的，这是汉语的重要特点，从古至今一直都存在，许多语法现象都从动字相连演变生发出来”。[10]200 这一论断有两点值得商榷：“动字相连”单从形式上看，除了连动结构（含兼语结构）和动词性联合结构，还应该包括动补结构；对比其他语言（比如英语）我们可以知道，连动结构等在其他语言中也存在，比如刘丹青注意到连动结构也存在于形态不丰富的壮侗语、苗瑶语、彝语、景颇语等语言中。[21]所以不能笼统地说动字相连就是汉语的特点，或许只有动补结构才是。

三、结语

重读《文通》"动字相承"的相关表述，我们注意到该研究提出了这一句法现象的两个特点，即"先后"关系和"相承"关系，后者是其核心特征；其行文安排以及所引例证说明作者有意区分"动字相承"和"意平而不相承"。然而《文通》并没有把这一思路一以贯之，从而出现了系统内部的矛盾，比如说承读中动字"双重身份"问题。这些矛盾反映了作者对该问题的认识不够清晰，遗憾的是这些"矛盾"的价值在此后的研究中被忽视了。

吕叔湘在《马氏文通札记·前言》中指出："《文通》这部书几乎到处是矛盾，但是在今日仍然不失为一部重要的著作"，"《文通》的可贵之处，就在于它充分提供矛盾，我们现在读《文通》主要是为了揭露矛盾。通过这一揭露，更深入地探索这些矛盾的根源，了解问题的本质，提到方法论的高度来研讨。这样就有可能把我们引导到解决汉语语法体系问题的正确道路上去，《马氏文通》也就在这个意义上起到了积极的作用。"

本文也算是这种"意义"的一个尝试。我们在前贤研究的基础上明确提出在"动字相承"结构研究中要区分"动词相连"和"动作相承"，并以此对"动字连书"结构重新进行分类，并以此反思现代汉语连动结构的相关研究。长期以来，"动字相承"一直被视为汉语研究的重大发现，并被作为现代汉语的重要特点加以强调。但是重新梳理《文通》的相关表述，我们发现汉语的这一特点被夸大了。我们认为《文通》"动字相承"的矛盾论述中所体现的某些萌芽思考可以很好地解决现代汉语连动句研究中的诸多争议，为重新审视现代汉语的有关特点提供了新的视角。[22]

注释

①原文在省略号处都有文字，本段话在引用时把与本文无关的论述省去了，代以省略号。下同。

②宋绍年根据《文通》的论述认为马氏"对动字相连和动字相承做出了明确的区分"，见《〈马氏文通〉研究》，北京大学出版社 2004 年版，第 200 页。这一观察无疑是细致的，但是这一论断并不符合实际情况。因为我们可以找到书中相

关论述及例句之间相冲突的地方,所以我们认为,比较妥当的表述应该是《文通》有意区分动字相连和动字相承。其第三处论述恰恰说明《文通》中并没有对两者进行明确区分,否则的话"分崩离析"就不用"意平而各不相属"直接用"动字相连";此外,如果明确区分的话,主谓结构作宾语的句子就应该排除在"动字相承"之外。

③吕叔湘、王海棻指出《文通》把"两动字意平而不相承者"附在"动字相承"一节讲似乎是不合适的,见《马氏文通读本》,上海教育出版社 1986 年版,第 11 页。魏宇文进一步指出"两动字意平而不相承者"附列于动字相承是不妥当的,见《论〈马氏文通〉的"动字相承"》一文,嘉应大学学报 1996 年第 4 期。宋绍年也指出《文通》把动字相连(笔者注:"意平而不相承者")也纳入动字相承,其实应该为"动字相连"单列一节,见《〈马氏文通〉研究》北京大学出版社 2004 年版,第 200 页。我们认为这是一种误解,《文通》单列一节"动字相承五之三"讨论动字相承,而在末尾把与之相关的并不一致的现象附于其后,并没有不合适。作者已经明确说明了属于"意平而不相承"一类,与"动字相承"是相对立的现象。

④宋绍年也曾指出:"而"字连接的两项,马氏只说它们是"意平而不相承"的两个动字,没有用坐动和散动的概念进行分析,根据马氏的语法系统推断,两个动字都应该是坐动,见《〈马氏文通〉研究》北京大学出版社 2004 年版,第 200 页。其实《文通》对例①中的"远人不服而不能来也"以及"邦分崩离析而不能守"做了详细的标注,即"不服""分崩离析"为坐动,"不能来""不能守"是"坐动一散动",见《马氏文通》商务印书馆 1998 年版,第 210 页。

⑤此处是通过《文通》的论述来说明是它有意区分"相承"和"平列",至于说为什么"往一杀"是"动字相承","往一征"就是"意平列而不相因",这是《文通》的抵牾之处,我们此处不论。

⑥邵霭吉认为"散动云者,以其行非直承自起词也",这句话最适合做散动的定义,我们认为这一论断是十分有道理的。见《洛阳师范学院学报》2005 年第 1 期。

⑦尽管有不少学者明确主张兼语句的独特地位,比如丁声树等的《现代汉语语法讲话》(1961)、宋玉柱的《现代汉语语法论集》(1981)、吕叔湘的《汉语语法分析问题》(1979)等,但是,在人称代词有格变化的汉语方言里,动词间的名词正是宾格形式,比如浙江海盐通园话(胡明扬,海盐通园方言的代词,

《中国语文》1957第6期，17—22页）、青海循化话（尹龙，循化话中人称代词的变格范畴，《青海民族学院学报：社会科学版》，1985第4期，110—115页）。如此一来，所谓的兼任“主格”就无从谈起了。杨西彬的《扩充的格位理论与汉语相关句法现象研究》（2013）认为，所谓“兼语”是语义分析代替句法解释的结果，所谓“兼语”就是结构中后项动词前的空主语与前项动词的宾语同指造成的假象。

⑧宋绍年认为《文通》中的“动词连书”就是后人所谓的“动词连用”，见《〈马氏文通〉研究》北京大学出版社2004年版，第188页。这一认识与吕叔湘的观点一致，见《语法学习》中国青年出版社1953年版，第73页。本文也持这样的观点，所不同的是我们不使用“动词连用”这一名称，因为在现代汉语中这个概念用的很多，而且，既然涉及“用”就涵盖了“相连使用”和“相承使用”，所以“连用”的模糊性很大。我们主张使用“动词连续”结构这一名称，详见杨西彬（2016）。

⑨《文通》中没有该类，这是我们依照书中的相关论述概括出来的类别。

参考文献

[1] 黎锦熙．新著国语文法[M]．上海：商务印书馆，1924：77—78.

[2] 王力．中国语法理论（《王力文集》第一卷）[M]．济南：山东教育出版社，1944/1984：189.

[3] 孙玄常．马氏文通札记[M]．合肥：安徽教育出版社，1984：110.

[4] 吕叔湘，王海棻．马氏文通读本[M]．上海：上海教育出版社，1986：356.

[5] 邵霭吉．《马氏文通》的“散动”学说辨正[J]．洛阳师范学院学报，2005(1)：90—92.

[6] 邵霭吉．《马氏文通》句法理论研究[M]．北京：中国社会科学出版社，2005：142.

[7] 卢烈红．《马氏文通》“坐动”“散动”说评议[J]．武汉大学学报：哲学社会科学版，1996(5)：117—122.

[8] 陈庆汉．《马氏文通》动词系统中的“坐动”“散动”及其价值[J]．华中师范大学学报：人文社会科学版，1999(6)：98—103.

[9] 杜敏．散动历史流变之分析[J]．陕西师范大学学报：哲学社会科学版，

1999(1):165—169.

[10] 宋绍年.《马氏文通》研究[M].北京:北京大学出版社,2004:189—190.

[11] 蒋文野.《马氏文通》论集[M].石家庄:河北教育出版社,1995:61.

[12] 魏宇文.论《马氏文通》的"动字相承"[J].嘉应大学学报:社会科学版,1996(4):54—57.

[13] 杨丹.《马氏文通》"动字相承"评析[J].现代语文:语言研究版,2013(5):96—99.

[14] 马建忠.马氏文通[M].北京:商务印书馆,1998:208.

[15] 李临定,范方莲.语法研究应该依据意义和形式结合的原则[J].中国语文,1961(5):1—7.

[16] 赵元任.汉语口语语法 [M].吕叔湘,译.北京:商务印书馆,1979:71—72.

[17] 朱德熙.语法讲义[M].北京:商务印书馆,1982:162.

[18] 李临定.现代汉语句型论[M].北京:商务印书馆,1986:158—159.

[19] 邢欣.现代汉语兼语式[M].北京:北京广播学院出版社,2004:10.

[20] 杨西彬.现代汉语"连动句"的重新审视——从《马氏文通》的相关研究说起[J]浙江师范大学学报:社会科学版,2016(6):101—107.

[21] 刘丹青.汉语及亲邻语言连动式的句法地位和显赫度[J].民族语文,2015(3):3—22.

[22] 杨西彬.汉语连动句研究中的争议及其症结[A],汉语国际教育研究(第2辑)[C],马洪海主编,上海:上海交通大学出版社,2017:162—174.

On "Dongzi Xiangcheng" of *Ma Shi Wen Tong* and Its Relevant Reflections: To Commemorate 120th Anniversary of *Ma Shi Wentong*

Yang Xibin

(*College of International Education, ZheJiang Normal University*)

Abstract: *Ma Shi Wentong* has great comments on "*dongzi xiangcheng*" ("动字相承"), it pointed out its core characteristics of this phenomenon, and tried to divide this phenomenon into two types, "*xiangcheng*"(相承) and "*yi-ping er bu xiangcheng*" ("意平而不相承"). Based on these examples and statements, this paper proposes that differentiating "verb-linking" ("动词相连") from "action-sequence" ("动作相承") can solve many controversies of the structure. To reclassify this phenomenon can provide a new clue to grammar characteristics of Chinese.

Key words: *Ma Shi Wentong*; dongzi xiangcheng; verb-linking; action-sequence

文学与文化传播研究

工笔于“扇”上的文心与情采

——浅析空间视域下的何其芳散文集《画梦录》

李贵苍　闫　姗*

（浙江师范大学 国际文化与教育学院；衢州职业技术学院　医学院）

摘　要：《画梦录》作为何其芳早期诗性散文的精心创制，辞采瑰丽、意象梦幻，糅合东西诗意，精致圆融，开五四以来纯美散文之新风。其超达深渊亦可视为20世纪三四十年代京派散文之最高峰。然而，以往对《画梦录》的文学艺术品评，多半流于直觉印象式的传统诗文鉴赏套路，难免落入指摘丽句清辞的窠臼。20世纪末，学界出现的“空间转向”(Space Turn)，即当代思想文化范式向空间维度的转型，为我们重新审视文学艺术文本提供了新的视角。本文试图借用空间理论，重新观照《画梦录》文本的审美特质，发现其精致绝伦、历久弥新的艺术魅力，与作者于文本中通过诗性意象的选择推送、意境的述受交互，进而融构现代性的空间化审美经验休戚相关。

关键词：《画梦录》；何其芳；散文；空间

“设若少女妆台间没有了镜子，成天凝望悬在壁上的宫扇，扇上的楼阁如水中倒影，染着剩粉残泪如烟云……”[1]1 这段文字最早见于何其芳的唯美主义小诗《扇》的头四句，后又被引作《扇上的烟云》(《画梦录》代序)的楔子，足见何其芳这位京派诗人、散文家、文学评论家，对“宫扇”意象的喜爱。宫扇代表着精致优雅、舒徐从容的古典蕴藉和文化积淀。在诗句中，宫扇不仅承载了古典诗歌

---

* 作者简介：李贵苍(1958—)，男，陕西渭南人，浙江师范大学国际文化与教育学院教授，英美文学与文学批评博士。

闫姗(1984—)，女，浙江衢州人，衢州职业技术学院医学院秘书，文学硕士。

的审美文化指涉，更是少女移目凝望的主体投射物。扇上呈有楼阁如倒影，亦染粉泪如烟云。言外之意，"扇"是抒情主体梦幻意象的空间载体，亦是诗中少女明心见性的无形妆台。纵观整部《画梦录》，作者都在描画着各种如梦似真的情境，亦如海市蜃楼，亦如粉泪烟云。不少学者指出，作为《画梦录》代序的《扇上的烟云》，对理解和把握《画梦录》，具有总体上的提示作用[2]95。更有学者指出，作者"在团扇上画梦的过程，也是为他的想象寻找形式的过程。他找到了团扇，也就为自己的想象找到了艺术化的媒介。"[3]两相承接，我们不难发现，"扇"不仅是《画梦录》代序的题眼，更是整部《画梦录》匠心独运的某种艺术媒介。这似乎也在启示我们，要深味散文集《画梦录》的艺术魅力，需要打破"照镜"式的审美传统，换一种眼光和思维去"凝扇"，去想象，去连觉，进而获得一种空间化的审美体验。如若略去了空间向度的变化之察，《画梦录》的"画梦精工"便是不能尽逞的了。

那么，何为文学意义上的空间之察呢？笔者以为，那便是文学领域在空间转向后获得的重新审视。须知，以往的文学研究存在着"重时间维度而轻视空间维度的倾向，事件性、历史性、事件性等历时性分析成为文学理论研究的主导模式"[4]2，而侧重空间向度的理论思维以空间并置为思维脉络，用空间场域的维度统罩事物机理，注重共时性、在场性和构成性。实际上，文学不仅传达了人们不同的空间体验，同时也参与空间自身的生产。就一定意义而言，从空间角度审视文学作品，能够帮助读者获得更为丰富、立体的审美感知。

一

要谈论何其芳成名作——散文集《画梦录》的艺术匠心，势必需要先观照作者早期文学品位的养成。何其芳(1912—1977)，四川万县(今重庆万州)人。幼年时所受的私塾教育，为其打下了坚实的古典诗文功底；中学时代接触冰心、闻一多、泰戈尔的清新小诗和凄美动人的安徒生童话——《小美人鱼》为其打开了西方自由诗体的大门；1931 年至 1935 年在北大求学期间，何其芳先受到闻一多、徐志摩等新月派的浪漫主义诗风影响，后又受戴望舒等象征派诗风的熏陶，并一直对晚唐诗词的冶艳精致颇为沉迷。大学毕业后的头两年，何其芳又开始倾慕于 T·S·艾略特和陀思妥耶夫斯基的深沉凝重。纵观作者在《画梦录》成书之前所受的文学润籍过程，说他中外兼修且修养颇高无疑是客观的。尽管何其芳的文学创作以摹写新格律诗起步，是小有名气的"汉园诗人"，但真正为其赢得文坛赞誉的还是他的首部散文集《画梦录》。

这部散文集初版时只有包括代序《扇上的烟云》在内的17篇短小美文，却在当时获得了"是一种独立的艺术制作，有它超达深渊的情趣"[5]70的高度评价，并斩获《大公报》1936年年度唯一的散文奖项。可以说，"独立的艺术制作"点出散文集《画梦录》有别于传统的文以载道或"闲话"遣性的散文模式，独开诗化散文内敛、精致的纯审美新风，"既有着流行于西欧的印象主义和法国的象征主义的影响，也有着晚唐五代诗词的余韵"[6]44；而"超达深渊"则形象地概括出了作者散文艺术的那种深邃辽远的空间审美之感。

可以说，但凡翻阅过《画梦录》的人，无一不被集子唯美精致的风格、浓纤流丽的情韵、空灵婉转的意境所感染。这种鲜明的艺术感染力得益于何其芳蕴藉东西的诗性营造与匠心独孕的刻意求工。具体说来，《画梦录》的散文之美浸润着诗意，这首先得益于中国悠久的诗文传统。散文与诗的勾连、互渗，形成诗化的散文。其次，作者有自己独立的艺术追求，主张"每篇散文都应该是一种纯粹的独立创作，不是一段未完篇的小说，也不是一首短诗的放大"[7]238—239。纵观《画梦录》的17个篇什，要么脱略人物情节，耽于摹写意境；要么即使涉及了人物故事，也仅仅是浮光掠影的点到为止。事实上，这些关涉人物故事的只字片语，已不再继续承担建构文脉的传统要义，而是单纯服务于意境营造的背景点缀。就该层面而言，《画梦录》的确"不是一段未完篇的小说"。再者，散落在17篇散文里的各种意象，意蕴纷呈又交相辉映，远非传统诗歌的罗陈排布，故而"也不是一首短诗的放大。"

似诗不是诗，不是小说却有些许小说的跌宕起伏，何其芳的《画梦录》之所以能够辞采浓纤又不流于浮艳，关键在于它独具"超达深渊"的空间美。而从某种程度上说，文学空间理论所欲探讨和揭示的，就是作者如何借助文本，运用表现、再现、意指、想象、隐喻、象征等表征方式，对空间进行意义的编码，进而投射至读者的审美心理觉知，使读者从中获得相应空间体验的过程。概而括之，文学作品的空间审美需要审美者兼具施与受两方视角，进行交互式的解读。具体到《画梦录》这部散文集，笔者以为可以从诗性意象的选择推送、意境的述受交互两个方面来分析、把握。

二

散文文体惯常带着一种编织人生片段的显豁，以及脱略细节连贯的恣肆。有学者就此指出“这决定了散文的空间化形式，而空间化的技巧就是破碎。”[8]69 正是得益于这种片段连缀的文体质态，散文获得了自身的诗意灵动与跳脱，一种“形散神不散”的空间性圆融。之所以会“形散神聚”，有赖于作者在片段抒写时，透过意象，产生言在此而意在彼的意义关联。这种意义关联在京派散文的创作中，突出表现为“对传统历史观的解构以及对传统时间性的现代处理”[9]170，即对传统的历时性、理性的反拨，与对现代的共时性、非理性的采纳与探索。

具体到散文集《画梦录》，其中异彩纷呈的意象可大致归为自然意象和文化意象两类。“暮”“秋”“夜”等是《画梦录》反复出现的自然意象。它们为整部散文集奠定了悲秋、迟暮和孤夜凝思的主题基调。几乎每篇散文都有基于自然意象而展开的兴发，尤其是《雨后》一篇，铺陈自然意象最为集中。“灰暗凄冷的天空”“回舍的鸽群”“憔悴的柳梢”“干裂的大地”“躁烦的白鸭”“怒愤的鹰隼”[10]9−10，这一组自然意象动静相宜地共同呈现出雨前的气象，烘托着渴雨的焦灼。再如《秋海棠》，虽然主题是妇人静夜之思，但由静夜连带而来的一连串孤独清冷又绵密精致的意象群组，却占据着通篇最为突出的审美地位。譬如听到“夜是怎样从有蛛网的檐角滑下，落在花砌间纤长的飘带似的兰叶上，微微地颤悸如刚栖定的蜻蜓的翅，最后静止了”[11]7。蛛网、兰叶、栖定的蜻蜓羽翅，这些意象无一不是轻巧幽微的。从檐角滑落，落于纤细兰叶，微微颤悸之后归于静止，静态的孤夜被动态地附上了不同的空间意象，进而使读者获得一种声息渐悄、隐于沉寂的心灵投射。诚如谢应光所言，“何其芳散文意象营构的整体效果的获得，往往是由意象的重叠和整体的统一带来的。它给人的印象是，意象丰富多彩，情感性质相适近。”[12]197

至于《画梦录》中的文化意象，则因囊括了中国古典神话传奇、民间志怪、名人典故以及外国童话、名著人物等诸多文化元素，呈现出更为言简义丰又云波诡谲的蒙太奇式艺术氛围。比如《墓》一篇涉及男主人公雪麟为女主人公铃铃讲述“小女人鱼”的故事，“铃铃感动地伏到他怀里。”[13]5 这一简笔不仅不着痕迹地侧面烘托了铃铃的纯洁善良，而且也暗示了铃铃将会迎来人鱼公主式的凄美爱情悲剧。再如《独语》中提到"烦恼的维特"，又提到"驱车复返的的晋人（阮籍）"[14]13。这两者都是暗合了抒情者俯仰天地、求索命义却终不可得的苦闷。虽都是寥寥数笔，但这种用故事凝成意象，再用意象诠释文心的技法，却大大扩容了散文的意蕴空间。当然，最具奇幻色彩且通篇皆是传奇笔法的当推《画梦录》中"丁令威""淳于棼""白莲教某"三个并置的小故事。虽然，我们对丁令威羽化登仙、淳于棼南柯一梦、白莲教某木盆浮舟的民间故事并不陌生，但何其芳却旧瓶新酒，另开新意。如丁令威尘网难弃，飞赴故土，又徒感物是人非，人神难通。淳于棼梦醒仍迷，痴守槐树蚁穴，忘了大小之辨、久暂之别。白莲教某在破戒边缘徘徊，在漫长孤独的线性时间里入睡，继而又在并置的空间里惊觉。这样的人物意象，这样的故事情节，皆"似真似幻，而主体性的现代思想意识却彰显其间"[15]173。陈啸此处所谓的现代思想意识，是一种现代主体在现代历史社会中的体验，也就是一种普遍经验意义上的现代性。具体到此处文本，它应指的是现代人在面对时空交错、新旧互渗、虚实缠绕时所产生的迷惘之感。此外，像《岩》《梦后》《炉边夜话》《魔术草》《楼》等篇目也都存在不同程度的虚实交融。如张宇洁所言，《画梦录》中的文化意象是"立体的、动态的、具有丰富的情节性，因而也就具有了更大的表现力、暗示性和情感张力。"[16]178－179 其中的"更大"二字本身即是一种空间体验的形容词。将它与"表现力、暗示性和情感张力"相关联，即是在形容《画梦录》中的文化意象于意境空间之中，具有一种"扩大"的艺术效果。

综上所述，散文集《画梦录》中的缤纷意象，无论是自然性的，还是文化性的，都并非机械铺陈。它们或属类相近，或兴味相类，经过创作者匠心选择与巧思统构，成为编织散文空间意境的条条丝缕，营造散文动静结合、亦幻亦真的诗意世界。这种诗意世界引人借想象展开体验，在体验之中又生出现代之感。联想西美尔说现代性的本质是心理主义，那么，何其芳在散文集《画梦录》中对各色意象的艺术经营，也可以说是契合了现代人惯以自身体验解释世界的现代性规律。

三

如果说，意象是何其芳表征《画梦录》诗意空间的显性文本符号，那么，从读者的角度看，文本中变化的观察视角便是他营造意境的隐性技巧。以《墓》为例，全篇约1900字，出现“秋”四次，“春（三月）”四次，“晨”两次，“暮（黄昏）”七次。足见，从四季交替到晨昏更迭，文本的叙述时间绝对不是历时与线性的。不同的时间情境与相应的意象又在文本解读中催生出数个并置的空间。文章开头一段先描写初秋薄暮萦绕的林间墓碑，然后引出对墓主人——少女铃铃十六载短暂生命诗意且跳脱的点染描述。接着，文章通过将变化的季节晨昏与铃铃不同时令的劳作、感怀相关联，烘托铃铃纯真、勤劳、含蓄善良的美好形象。之后，文章又着笔写到溪边归乡而来的青年——雪麟。每个黄昏，他都在墓地徘徊，凝望着墓碑上的名字，猜想着少女的身世品貌。然后，文章又倒叙了两人第一次黄昏里的邂逅，以及之后的互诉衷肠、恋爱缠绵。最后，在文章结尾处，作者又点出“夕阳如一枝残忍的笔在溪边描出雪麟的影子，孤独的，瘦长的。他独语着，微笑着。他憔悴了”。[17]6 显然，作者用回归现实的凄冷孤索，揭示此前的缠绵悱恻只是一种诗意的想象。如陈啸所言，文本中的“他”其实是作者虚构的自我幻象[18]189。通过虚构的“他”，作者有意拉开与读者的距离。实际上，这个“他”又因受作者叙述视角与读者解读视点的双重审视，成为两者共同透视的对象，进而使审美者获得一种亦幻亦真、人我两忘的审美交融感。这种距离与透视的审美关系，有类齐美尔的“距离”概念。斯温伍德对此有过精彩论述：“齐美尔的‘距离’概念既是社会学的，又是美学的：因为只有通过背离文化对象，主体才能把握现实……审美……有赖于距离和透视，有赖于一种确保文化对象保持审美价值的对象化过程。”[19]38 虽然我们无法确知何其芳在文中所谓的“他”到底指的是谁，但无论是指人物意象雪麟，还是指作者自己，抑或是读者产生共鸣的内心投射，通过这样一种他者化，或者说一种对象化的过程，憧憬、失望、苦闷、忧郁——那个时代抑或是这个时代知识青年初受启蒙后的普遍情绪，便成为一种富于典型意义的审美价值，而由“透视”和“距离”构成的审美空间，便是该审美价值得以彰显的场域。

另外，需要突出一点的是，何其芳在《画梦录》大量使用的“独语”体式。它类似一种内敛的心灵视角。它的“话语主体和话语受体有很大的重合性，往往在封闭的话语活动中完成自我倾听与反刍。”[20]15 试以《扇上的烟云》为例，通篇由一问一答的“对话”组成，但作者却未对问答双方做任何只字片语的描述。我们无法获知对话双方的姓名、性别、年龄、职业、关系等一系列具体信息。呈现于眼前的只有带引号与不带引号的单句与段落。之所以加引号，是为了区分说话人的谈话内容。“你说我们的听觉视觉都有很可怜的限制吗？”“是的。一夏天，我和一患色盲的人散步在农场上，顺手摇一朵红色的花给他，他说是蓝色的。”“那么你替他悲哀？”“我倒替自己悲哀。”“那么你相信着一些神秘的东西了。”“我倒是喜欢想象着一些辽远的东西……”“那么你对于人生？”“对于人生我动心的不过是它的表现……”“那么你就说吧。”[21]1 从节选的开篇对话来看，其一，问答双方分工明确。问者一直在好奇探问，答者一直在耐心作答，二者从不交换角色，互致问答。其二，总是问者略问，答者详答。具体且丰富的内容信息皆从答者的回话中展现。其三，问者与答者的思路延展十分契合，由谈论人的感官限制到谈论如何观览人生，似乎是答者有意期待问者的深入追问，而问者也好奇于答者的意犹未尽。可见，这种问答式的对话，亦是一种伪饰的独语，看似一问一答，实则作者自问自答。其四，问者总以“你”为提问对象，答者回答的主体却在自我与他者间切换：我——盲人——他；我——自己；我——它。仿佛钟摆，摇摆回环之中，审美空间渐进铺开，意境随之摇曳生姿，曲折发散。

再有《雨前》《黄昏》《梦后》《岩》等篇什，皆以“我”为唯一叙述视角，皆可视作较为明显且纯粹的独语体，而像《独语》《哀歌》等篇什于“我”之外，虽然间而有“你”或者“他”，但亦不是完全独立于“我”而真正存在的“你”或“他”。就如《独语》的开头段落：“设想独步在荒凉的夜街上，一种枯寂的声响固执地追随着你，如昏黄的灯光下的黑色影子，你不知该对它珍爱抑是不能忍耐了：那是你脚步的独语。”[22]13 段首的“设想”一词点出全文的内容都是基于“我”衍生出来的想象，是一段自发的独语。其中的“你”并非实存意义上的交流对象，而是独语者——“我”分裂出来的一个镜像，用以返窥自我，审视内心。可见，无论是否是“纯粹”的独语体，相应的叙述者并不独守自身的一元空间，而是在一种“我”中有“你”“你”中有“我”的空间拓殖过程中融构意境的。

综上所述，《画梦录》中的视角多变，以及各种“典型”或“非典型”的独语体，看似是叙述者与受述者的意境交互，本质上都是作者有意拉开与读者的审美距离。一方面，作者由此获得更为自由的文本空间去编织散文的艺术语境和自我的内心世界；另一方面，这也使读者对文本审美获得了一种距离与透视之感。由此联想到京派散文的先驱——周作人所开创的“闲话体”散文。“闲话体”表现为作者还原生活语境的一种强烈倾向，通过文学语言向日常生活语言的主动贴近，缩短作者与读者之间的审美距离，获得一种“家常话、恬淡味”的文体效果。如果说“‘闲话体’散文作家尚未自觉地把文本看成一种自足的艺术世界，而更迷恋于在文本中表现对生活的认识，它遵循的是一种现实的逻辑”，[23]131 那么，以《画梦录》为代表的纯艺术散文，则体现出一些作家更执着于一种散文艺术自足性的创作观。具体到散文集《画梦录》，文中通过各种具体技巧建构起来的审美空间，既引人移情，又令人反思；述受交互的意境与变动不居的视角，又像是为文本所设一支变化万端的万花筒，让人在变化的空间视域中体会艺术散文的无穷魅力。实际上，若以当代理论的视角观照文学，如刘进所言，文本必然投身于空间之中，成为多元开放的空间经验的有机组成部分[24]170。何其芳的散文集《画梦录》之所以魅力无穷，多半是因为其文本予以人们的亦是一种多元、开放且现代性十足的空间化审美经验。

结　语

《画梦录》这部风格独具、艺术成就颇高的散文集自 1936 年首次出版，便广受文坛赞誉和读者欢迎。但也有诸如艾青等文坛前辈批评作者宛如精神贫血的多情宝玉[25]49，脱离时局，独自沉吟于内心的小小天地。随着之后抗战形势的发展变化，以及作者本人创作思想的彻底转向，这种纯艺术化散文的创作风格也被何其芳本人弃置了。直到 80 年代开始，文学的本体论意识复归，学界开始重新评价《画梦录》的艺术价值，并对“思想进步，艺术退步”的“何其芳现象”进行反思。再到近年来，学界又放眼国外学者对《画梦录》的各种赞誉评论。这些本身都说明了作为具有相当艺术造诣的散文集《画梦录》，在重申文学艺术独立性的今天，仍具有重要的学术研究价值。更有汉学家指出，何其芳成功刻画了一种心灵世界，尽管形态上如梦如幻而又带有孤独色彩，但却不是孤芳自赏的[26]52－53。由此也反映出一个事实：何其芳通过散文集《画梦录》营造出的艺术空间，直至今日，仍契合现代人的内心，具有现代性的普适意味。诚如戴维·弗里斯比在《现代性的碎片》中所言：“现代性存在于一种体验世界的特殊方式中，一种不只是化约为我们内心的反映，而且将其融合进我们的内在生活的方式。外在的世界成为我们内心世界的组成部分……我们外在生活的飞逝的、碎片化的和矛盾的时刻，全部都融入我们的内在生活中”[27]83。如果说以内容外、以己察世是我们现代性的行动体现，那么现代性便是一种自觉内化的空间体验。就该层面而言，何其芳的散文集《画梦录》之所以宛若文本所言，似一柄精美绝伦且呈有万千气象的独特宫扇，以至于我们以当代的审视目光去重新打量，亦能历久弥新、令人叫绝，关键在于作者通过精心的艺术创制，于文本之中创造性地融构进了审美的空间体验。

参考文献

[1][10][11][13][14][17][21][22] 何其芳.画梦录[M].北京：人民文学出版社，2001.

[2] 贺仲明.喑哑的夜莺——何其芳评传[M].南京：南京师范大学出版社，2004:95.

[3] 吴晓东."扇上的烟云"[N].文汇报，2013—7—23.

[4] 谢纳.空间生产与文化表征——空间转向视阈中的文学研究[M].北京：中国人民大学出版社，2010:2.

[5][7] 何其芳.何其芳全集[G].第1卷，石家庄：河北人民出版社，2000:70.

[6][8][9][15][18] 陈啸.京派散文：走向塔尖[M].北京：人民出版社，2012年.

[12] 谢应光，谭德晶.梦中道路——何其芳的艺术世界[M].成都：四川出版集团巴蜀书社，2010:197.

[16] 张洁宇.梦中道路的迷离：早期何其芳的"神话情节"[J].中国现代文学研究丛刊，2003(4):178—179.

[19] 吴冶平.空间理论与文学的再现[M].兰州：甘肃人民出版社，2008:38.

[20] 赵思运.何其芳人格解码[M].保定：河北大学出版社，2010:15.

[23] 余凌.论中国现代散文的"闲话"和"独语"[J].文学评论，1992(1):131.

[24] 刘进，李长生."空间转向"与当代西方马克思主义文学批评研究[M].北京：社会科学文献出版社，2015:170.

[25] 周允中.艾青与何其芳的一场争论[J].文史月刊，2005(2):49.

[26] 谢应光.诗的营构：再论《画梦录》[J].西华大学学报(哲学社会科学

版），2011－30(3)：52－53.

[27]（英）弗里斯比·戴维. 现代性的碎片[M]，北京：商务印书馆，2003：83.

Literary Heart and Flowery Diction on the "Fan": Interpretation of He Qifang's *Dream of Paintings* *from the Perspective of Spatial Theory*

Li Guicang[1] Yan Shan[2]

(*1. Zhejiang Normal University 2. Quzhou College of Technology*)

Abstract: He Qifang's *Dream of Paintings* initiated the genre of the so—called pure prose works after the May Fourth Movement by its flowery diction, fantastic imagery, and artful integration of the Eastern and Western aesthetics. Different from the common practice of evaluating his works in the line of undue emphasis on the poetic use of words, we apply the contemporary implications of cultural space in this article so much so as the Space Turn in literary criticism affords to interpret the dynamics of cultural space. We find that He's unique use and interactions of spatial imagery largely attribute to the special aesthetical qualities in *Dream of Paintings*.

Key words: *Dream of Paintings*; He Qifang; prose; space

前期创造社的浪漫主义文学译介

印晓红*

（浙江师范大学 外国语学院）

摘　要：创造社是中国20世纪20年代最重要的文学社团之一，其前期成员在创作之余还翻译了诗歌、小说和童话在内的一系列浪漫主义作品，并译介了包括浪漫主义在内的众多文学思潮，其选材上具有明显的浪漫主义倾向。本文以前期创造社主办的《创造季刊》《创造周报》《创造日》及14部前期创造社成员的单行本译著为研究对象，探讨了前期创造社译介浪漫主义文学作品的成因。一方面因为前期创造社成员久居日本而内心苦闷，主张个性自由的浪漫主义文学易受到他们的青睐；另一方面，与浪漫主义作家产生的精神“共鸣”也促使他们译介浪漫主义文学作品。

关键词：创造社；浪漫主义；《创造季刊》；《创造周报》；《创造日》

创造社于1921年6月在日本东京成立，1929年2月遭国民党查封，是中国20世纪20年代与文学研究会齐名的两大文学社团之一。虽然历时不长，但创造社是中国现代文学史上最重要的文学社团之一，早期成员包括郭沫若、成仿吾、郁达夫、田汉、张资平、郑伯奇、穆木天、邓均吾等民国时期的留日学生。创造社注重文学作品的艺术价值，在中国现代史上有“为艺术的创作派”之称，因其鲜明独特的个性特征、“狂飙突进”的登场方式及意气用事的反抗精神，又被称为“异军突起”的文学社团。

创造社成员主张自我表现，追求个性解放，强调文学应忠实于自己“内心的要求”，不仅在中国现代文学史上成就卓著，在翻译史上也留下了浓重华丽的一

* 作者简介：印晓红（1979—），女，浙江海宁人，浙江师范大学外国语学院讲师，硕士。

笔。其成员除翻译诗歌、小说、童话、戏剧等多种文学作品外，还将浪漫主义、唯美主义、表现主义、象征主义和未来主义等众多外国文学思潮译介到中国。倘若将文学研究会与创造社做一比较，会发现文学研究会“开拓了现实主义文学翻译介绍的道路”[1]137，创造社则“开创了浪漫主义文学译介的道路”[2]74。

一、前期创造社对浪漫主义文学的译介

首先，前期创造社的翻译作品主要发表在自办的刊物上，即《创造季刊》《创造周报》和《创造日》。《创造季刊》是创造社成立后最早发刊的文艺刊物，于1922年3月15日创刊，1924年2月下旬停刊，共两卷，第一卷共4期，第二卷共2期。《创造周报》是《创造季刊》的姊妹刊物，1923年5月发刊，1924年5月停刊，共52期。《创造季刊》和《创造周报》均由郭沫若、成仿吾和郁达夫三大主将编辑，上海泰东图书局负责发行。《创造日》是《中华新报》的文艺副刊，于1923年7月21日创刊，同年11月2日停刊，共101期，由成仿吾、郁达夫和邓均吾编辑。

在《创造季刊》《创造周报》和《创造日》上，前期创造社成员翻译的外国诗歌达167首，散文、小说和童话共34篇，聚焦翻译批评及介绍英、法、俄等国文学的文章共计57篇，译介的作品主要来自英国的雪莱(Percy B. Shelley)、华兹华斯(William Wordsworth)、王尔德(Oscar Wilde)和托马斯·格雷(Thomas Gray)，印度的泰戈尔(R. Tagore)，德国的歌德(Johann W. Goethe)、海涅(Heinrich Heine)和施笃姆 (Theodor Storm)，波斯的莪默·伽亚谟(Omar Khayyam)和法国的罗曼·罗兰(Romain Rolland)、保尔·魏尔伦(Paul Verlaine)等众多名家。在前期创造社成员中，郭沫若的翻译数量最大，“翻译最多的当属浪漫主义诗歌”[3]，集中译介了雪莱、海涅和歌德等人的浪漫主义作品。此外，在自办的三大刊物上，成仿吾翻译了华兹华斯和雪莱的诗歌，郁达夫和田汉等人也译介了一定数量的英、法、德等国的浪漫主义作品。

除刊物外，二十世纪二三十年代上海泰东图书局还公开发行了创造社成员的14部单行本译著，销量非常可观。其中，郭沫若的译著最多，共有4部，包括歌德的《少年维特之烦恼》，雪莱的《雪莱诗选》，莪默·伽亚谟的《鲁拜集》以及他和钱君胥合译的施笃姆的《茵梦湖》。另外，郁达夫、穆木天和邓均吾各出版

了两部译著，郁达夫翻译了王尔德的《杜莲格莱》(今译《道林·格雷的画像》)和德国盖哈特·霍普特曼(Gerhart Hauptmann)的名剧《沉钟》，穆木天翻译了王尔德的《王尔德童话集》及法国诺贝尔文学奖得主阿纳托尔·法朗士(Anatole France)的童话《蜜蜂》(今译《蜜蜂公主》)，邓均吾翻译了英国毛利斯的《虚无乡消息》和俄国陀思妥耶夫斯基(Fyodor Dostoyevsky)的《贫民》。此外，王独清、郑伯奇、张资平和何道生各出版译著一部，包括泰戈尔的《新月集》(王独清译)，法国古尔蒙(Remy de Gourmon)的《鲁森堡之一夜》(郑伯奇译)，狄更斯(Charles Dickens)的《圣诞节歌》(张资平译)及安徒生(Hans Christian? Anderson)的《人鱼》(何道生译，今译《海的女儿》)。

二、前期创造社对浪漫主义文学的译介原因

就前期创造社而言，无论是自办刊物上的译作还是单行本的译著，浪漫主义文学作品均占据了主导地位，如雪莱和华兹华斯的诗、施笃姆的《茵梦湖》、歌德的《少年维特之烦恼》等，都是前期创造社成员翻译的华丽篇章。前期创造社是我国新文学中具有最鲜明的浪漫主义文学倾向的文学社团[4]，为什么前期创造社成员在创作的同时，选择译介浪漫主义的作品呢？

郑伯奇(1981)[5]认为创造社同仁之所以如此偏爱浪漫主义，是因为：①他们久居外国，感受到资本主义和次殖民地的“两重失望，两重痛苦”，对现实觉得厌倦憎恶，“而国内外所加给他们的重重压迫也只是坚强了他们反抗的心情”；②因为“他们住在外国太久了，对于祖国便生出了一种怀乡病，而回国以后的种种失望更使他们感到空虚悲愤”；③“久居外国，当时外国流行的思想自然就影响到他们，哲学上理智主义的破产，文学上自然主义的失败，使他们走上了反理智主义的浪漫主义的道路。”前期创造社的成员们身居日本、背井离乡，饱受歧视和不公正待遇，经常浸淫于悲苦和郁闷之中。在学习和自娱过程中，他们接触了大量的浪漫主义文学作品，并留下了挥之不去的深刻印象，因此在选择翻译作品时，前期创造社成员会首选浪漫主义的文学作品进行译介。另外，五四运动倡导个性解放的时代精神，这也促使前期创造社成员在面对众多的文学作品时选择浪漫主义作为自己的译介对象，从而达到其宣传“创造精神”、主张个性解放和反抗精神的目的。

与此同时，“浪漫主义文学强调人的主观精神和个性自由，着力表现个人的思想和情感”[6]335，与创造社成员渴望表露自我、彰显自我的主观愿望不谋而合，自然而然就受到了他们的垂青，并产生种种精神“共鸣”。如郭沫若(1922)[7]在《创造季刊》第一卷第一号上发表的《少年维特之烦恼序引》中，指出歌德与他产生“共鸣”的种种思想：“第一是他的主情主义；第二便是他的泛神思想；第三是他对于自然的赞美；第四是他对于原始生活的景仰；第五是他对于小儿的尊崇”。郭沫若之所以翻译《少年维特之烦恼》，正是因为歌德与他产生了种种共鸣。经他之手，歌德的《少年维特之烦恼》在当时的中国引起了一股规模空前的“维特热”，郭沫若“用了极煽情的笔调，将‘维特热’像一团火传送给中国读者”[8]155，使中国人知道了维特，知道了歌德。该书最早于1922年由上海泰东图书局出版，此后十余年间，“由不同的出版社重印达数十次，并且引出另外多种重译”[2]480。至1931年，《少年维特之烦恼》仅泰东图书局重印就达14次之多，可见其影响非同一般。另外在《创造季刊》第一卷第四号(即雪莱纪念号)上，郭沫若发表了《雪莱的诗》一文。雪莱纪念号“用这种‘专刊’的形式，纪念和集中介绍西方浪漫主义的作家，在中国翻译文学史上，过去是没有的”[9]99。在《雪莱的诗》中，郭沫若(1922)[10]坦言“雪莱是我最敬爱的诗人中之一个”，并认为“诗不是从心外来的，不是心坎中流露出的诗通通不是真正的诗，雪莱是真正的诗的作者，是一个真正的诗人”。同时他还大声宣布：“译雪莱的诗是要使我成为雪莱，是要使雪莱成为我自己……我爱雪莱，我能感听得他的心声，我能和他共鸣，我和他结婚了。我和他合而为一了。他的诗便如像我自己的诗。我译他的诗，便如像我自己在创作的一样”。正是在这种强烈的共鸣基础上，郭沫若对雪莱的诗进行了大量的翻译，并于1926年集结出版了单行本《雪莱诗选》，成为《创造社丛书》之一。

“富有浪漫气质的创造社同仁追求的是表达自己，寄寓心灵，在翻译中寻找精神共鸣才是首要问题。”[11]54郭沫若是创造社的中坚力量和中流砥柱，他与歌德和雪莱产生了精神“共鸣”，进而翻译他们的诸多名作。在他的带动下，创造社其他成员也翻译了各自心仪的作品，如成仿吾翻译了华兹华斯和雪莱的诗，“以自己的人生体验深入诗歌原作的诗情，力求受到原作者灵感和悟性的熏染，引起共鸣”[12]160；郁达夫因对王尔德情有独钟而翻译了他的《道林·格雷的画像》，田汉在这一时期也翻译了莎士比亚的《哈姆雷特》和《罗密欧与朱丽叶》。

作为浪漫主义的代表，前期创造社与现实主义的代表文学研究会“双峰对峙，似乎已成定论”[13]94。与前期创造社不同，文学研究会“开拓了译介外国现实主义文学，译介被压迫民族文学的道路”[2]72，因此两大社团在翻译选材上存在着较大的差异。与前期创造社相比，文学研究会更注重文学作品的社会价值，主张“文学为人生”，强调对现实主义作品的译介。当然，前期创造社成员译介的浪漫主义文学作品中渗透的人道主义精神和个性解放的思想，在一定程度上与20世纪20年代的时代需求也是一致的。随着革命的逐渐深入，以郭沫若为代表的创造社成员在大革命失败后也越来越多地译介现实主义和马列主义的作品，就翻译选材而言与文学研究会趋于相近。后期的创造社“促进了马克思、列宁主义著作的翻译和出版，为左翼文学主潮的形成提供了条件”[14]57。

三、结语

前期创造社在创作之余，译介了一系列作品。他们以《创造季刊》《创造周报》和《创造日》为舞台，通过翻译诗歌、小说和童话等多种体裁，译介了雪莱、歌德、海涅和华兹华斯等众多名家的浪漫主义文学作品，在翻译选材上体现了浪漫主义的倾向。前期创造社成员久居日本，内心苦闷，在日本留学期间接触了大量的浪漫主义作品，因此主张个性自由的浪漫主义文学能够受到他们的青睐；另外，郭沫若和成仿吾等创造社主将与雪莱、华兹华斯、歌德等浪漫主义作家产生了精神“共鸣”，这一“共鸣”也促使他们译介浪漫主义文学作品。

参考文献

[1] 陈玉刚. 中国翻译文学史稿[M]. 北京：中国对外翻译出版公司，1989.

[2] 谢天振，查明建. 中国现代翻译文学史[M]. 上海：上海外语教育出版社，2004.

[3] 印晓红. 郭沫若早期翻译的浪漫主义风格[N]. 中国社会科学报，2016－08－30(003).

[4] 王富仁，罗钢. 前期创造社与西方浪漫主义美学[J]. 文学评论，1984(2)：49－62.

[5] 郑伯奇. 中国新文学大系：小说三集[M]. 上海：上海文艺出版社，1981.

[6] 侯维瑞.英国文学通史[M].上海:上海外语教育出版社，2002.

[7] 郭沫若.少年维特之烦恼序引[J].创造季刊,1922.

[8] 王友贵.翻译西方与东方:中国六位翻译家[M].成都:四川人民出版社，2004.

[9] 林煌天.中国翻译词典[M].武汉：湖北教育出版社，1997.

[10] 郭沫若.雪莱的诗[J].创造季刊,1922.

[11] 咸立强.创造社与文学研究会翻译问题论争探源[J].中山大学学报（社会科学版),2008 (5)：49—55.

[12] 王秉钦.20世纪中国翻译思想史[M].天津:南开大学出版社，2004.

[13] 吴亚娟.蹊跷姻缘:自然主义与浪漫主义前期创造社文学辨析(一)[J].现代文学研究，2013(5)：94—98.

[14] 赵惠霞,贾辰飞.留日学生与马克思主义文论的传播与影响——以创造社为例[J].南京工业大学学报(社会科学版),2015(4)：49—58.

The Translation of Romantic Literature by the Early Creation Society

Yin Xiaohong

(College of Foreign Languages, Zhejiang Normal University)

Abstract: Creation Society is one of the most important literary societies in China in the 1920s. The early Creation Society is characterized by its translation of Romantic literature since its early members translated a series of Romantic literature including poetry, novels and fairy tales, and introduced such important literary thoughts as Romanticism to China. This paper aims to find out the reasons for the translation of Romantic literature by the early Creation

Society with Creation Quarterly, Creation Weekly and Creation Daily as well as fourteen translations of the early Creation Society as the subjects. Since the early Creation Society members lived in Japan for a long time with depressed moods, the Romanticism literature which advocates individual freedom was likely to be favored by them. In addition, their resonances with the writers of Romanticism also prompted them to translate the Romantic literature.

Key words: Creation Society; Romanticism; Creation Quarterly; Creation Weekly; Creation Daily

义乌购网站语言景观调查

毛力群　任遥遥*

（浙江师范大学　国际文化与教育学院）

摘　要：语言景观作为公共空间的重要呈现，其形成往往受多种因素影响。义乌是一座国际性商贸城市，义乌购是其网络时代商业发展的重要平台。本文通过具体调查义乌购网站的语言景观呈现，分析其影响因素。文章采用语料分析法、访谈法，描写和分析了义乌购网站各类语言景观，并访谈了义乌购网站管理人员、商铺业主和批发商等对义乌购语言景观的态度，最后得出结论并提出相关建议。

关键词：语言景观；义乌；义乌购；中国小商品城

Landry 和 Bourhis（1997：25）最先提出"语言景观"概念，并将其定义为："出现在公共路牌、广告牌、街名、地名、商铺招牌以及政府楼宇的公共标牌之上的语言共同构成某个属地、地区或城市群的语言景观"。[1]语言景观研究把语言标牌作为主要考察对象，以揭示语言规划机构、语言使用者、标牌读者之间的话语构建方式和过程。[2]尚国文、赵守辉对国内外的参考文献进行梳理后认为，语言景观研究至少可以从五个语言学—社会学维度人手进行具体考察，其中包括语言景观与语言权势和地位、语言政策与具体实施之间的落差、标牌语言的形式特征、英语的国际传播与扩散、语言景观的历史维度。[2]这些研究维度并不是独立的，语言景观研究往往结合多个维度进行考察。对于语言景观的研究对象

* 作者简介：毛力群（1969—），女，浙江义乌人，浙江师范大学国际文化与教育学院副教授，博士。

任遥遥（1992—），女，河北邯郸人，浙江师范大学国际文化与教育学院硕士研究生。

的选取，人们常常选择多语地区或者少数民族地区。

浙江省义乌市是国际性商贸城市，也是全球最大的小商品集散中心。随着义乌小商品城市场化、工业化、城市化、国际化的不断推进，小商品研发和制造业的不断升级，吸引了大量的外来建设者涌入。截至目前，义乌实有人口已达200多万，其中本市人口74万，外来人口达到143.3万人，常驻外商1.3万人，少数民族人口达到6万多人，在义乌这个城市里就有48个民族的人员在创业谋生。① 不同国家不同民族的人们汇聚义乌，其丰富多彩的多语生活营造了独特的多语语言景观。

义乌购隶属于浙江中国小商品城集团股份有限公司，是义乌小商品批发市场官方网站。网站依托实体市场，以诚信为根本，将7万家网上商铺与实体商铺一一对应绑定，为采购商和经营户提供可控、可信、可溯源的交易保证。[3] 近些年随着新媒体平台的发展与传播，众多企业商家纷纷入驻互联网平台。但是从中国语言文字政策法规来看，互联网平台的语言文字规范和语言景观建设似乎还没有真正引起业界重视，希望本文能在拓展语言景观研究领域方面做出一些有益的尝试。

我们开展的此次调研，不仅以影像截图方式记录义乌小商品城网上平台的语言景观现状，还通过访谈、观察等途径获取景观建设者使用态度和阅读者认知方面的一手资料，相应弥补以往研究中存在的不足。

一、调查设计

义乌购网站现提供简体中文、英语、法语、俄语、西班牙语和阿拉伯语六大界面，几个语言界面之间基本上可以相互切换。由于义乌购中文界面语言景观数量丰富、浏览量大、商业活动密集且最具有代表性，而其他语言界面的设置类似于中文界面，所以本次调查主要取材于中文界面，但文中也会将其他语言界面的语言景观与中文界面进行对比研究，从而归纳出义乌购网站语言景观的整体特点。义乌购网站中文界面包括“服务导航”“宣传海报”“商区商品”“品牌公司标牌”“优选购”“值得买”“逛一逛”等多个板块，每一板块下又包含文字、图片等多种信息。

调查主要采取网页截图分析、研究对象深入访谈等方法。网页截图时间为

2017年3月18日至6月8日。语言景观的截图收集完毕后，需要对这些语料进行归类。语言景观研究通常将语料分为两类：一是自上而下的标牌，也称为官方标牌；二是自下而上的标牌，也称为私人标牌。官方与私人标牌的分类主要是按照标牌的主体性进行。此外，也有学者提出其他分类方式。按照 Spolsky & Cooper(1991)的分类标准之一，[1]我们根据标牌的功能和使用将网站语言景观分为导航类语言景观、宣传类语言景观、标牌类语言景观和多语言界面类语言景观，并分析了各类语言景观的客观特征及反映的社会形态。

2017年6月5日至8日，我们对部分义乌购网站管理人员、商铺业主以及批发商进行了访谈。访谈主要通过微信聊天、打电话和发邮件进行。其中访谈了义乌购网站管理人员1人，商铺业主5人，批发商1人，最后根据访谈结果进行了整理。

二、义乌购网站语言景观的客观特征

义乌购网站为市场经营户和全球采购商提供电子商务服务，其所营造的语言景观丰富多样，包括海报、广告、语言标牌、商店名称、网页标题等，同时以色彩、字体、图片等多种符号形式进行呈现。根据标牌的功能和使用，我们将义乌购网站语言景观分为导航类、宣传类、标牌类和多语言界面类，并对各类语言景观的客观特征及反映的社会现实进行了分析和解释。

1. 导航类语言景观概况及语言服务

一般情况下，每个网页都有一个导航栏。网站使用导航栏是为了让访问者更清晰明确地找到所需要的资源区域，寻找资源。[4]网站的导航类语言景观和导航栏性质一样，包括导航栏和商区商品板块。导航栏是对网站相关服务的导航，商区商品板块是对每一商区、每一商层主营商品的导航，导航目的不同，但客观特征相同。

(1)布局上，分类分级。导航类语言景观主要由标题和名称构成，以此引导客户进入一个新的服务页面或商铺。所有的标题和名称分类分级、层级分布。义乌购网站导航栏按照服务的先后顺序将标题分为三级，一级标题比二级标题字体大，而且做了加粗处理，二级标题下又含有三级标题(见图1)。

图 1　导航栏截图

商铺商品板块首先按照商品所在的地区——义乌国际商贸城一区、二区、三区、四区、五区、篁园市场等将名称分区排列，然后又按照商品所在的商层——1F、2F、3F、4F 等将名称分层分布(见图 2)。

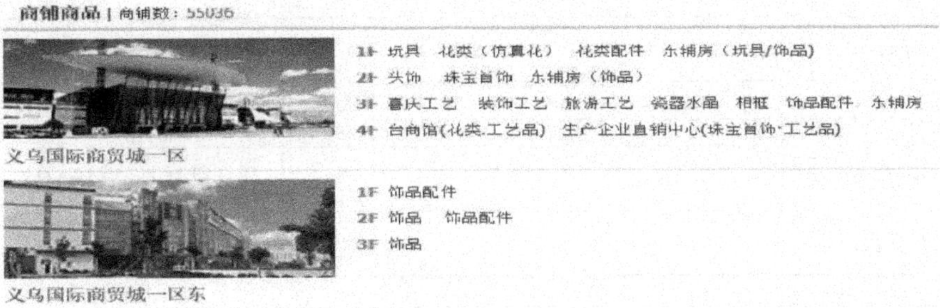

图 2　商铺商品板块截图

总之，这样分类分级的目的是让读者一目了然，根据提示清晰地找到自己想要的商品。

(2)名称简短上口。商店名的语音特征是否方便记忆非常重要，和音节数量、韵律特征等都息息相关。[5]根据 Backhaus(2006)“每一个语言实体无论其大小，在统计时都应算作一个标牌”，[6]我们共统计了导航类语言标牌 203 个，分析了其音节长短，发现了一些规律。

由表 1 可知，义乌购网站的标题和名称集中在双音节、三音节和四音节，占所搜集语料的 68.4%，这几个音节数是人类认知心理比较容易接受的音节数量，心理学上表明短时记忆的限度为 7 个左右(7±2)，短时记忆对“四”较为敏感，四音节的名称占据比例最大，也符合人们的记忆习惯。[5]五音节和六音节及以上的标牌几乎都是由双音节、三音节和四音节词语组合而成的，这样的标牌想要传达的信息更丰富，所以形式上也更加复杂。

表1 导航类标牌名称音节数量情况

音节数量	导航类标牌/个	所占比例/%	举例
单音节	2	1.0	裤
双音节	49	24.1	论坛
三音节	29	14.3	巨便宜
四音节	61	30.0	商铺商品
五音节	18	8.9	泊车位办理
六音节	17	8.4	进口服装百货
七音节	9	4.4	进口食品保健品
八音节及以上	18	8.9	生产企业一服装辅料

一种语言行为要成为语言服务，须具备两个条件：①有服务对象和服务目标，是在服务意识引导下产生的服务行为；②通过语言行为来进行服务，它的服务形式是语言活动。[7]义乌购网站作为义乌国际商贸城的官方网站，既有一定的服务对象和服务目标，也是在服务意识引导下进行语言活动，因此其语言行为是语言服务。一方面，导航类语言景观的特点直观地反映了这个网站的文明形象和良好的语言服务环境；另一方面，义乌购网站的商品名称简短上口、方便记忆，为顾客提供了便利的服务，强调了语言行为与社会与他人的关联性。

2.宣传类语言景观概况及信息功能

语言景观具有信息功能，可以帮助了解某个社区内人们使用语言的特点。[5]不同的语言景观呈现的信息量大小也不一样。宣传类语言景观包括海报、“优选购”“值得买”三大板块，这些语言景观映射了网站的一些信息情况。

(1)形式上图文结合。网站宣传类语言景观的一个显著特点是图文结合。图文结合指图片和文本格式相结合。

文字与图片的合理结合不仅有助于理解，也有利于记忆，文字和图片同属于视觉信息，如果我们同时从不同感官渠道获取有关同一知识点的相关信息，也将有利于信息的记忆。[8]如图 3 所示，宣传海报的文字印在图片上，文字的意义可以依赖图片的语境进行解释。又如图 4 的广告，文字和图片的结合有利于客户对产品信息的记忆。

图 3　网站宣传海报截图

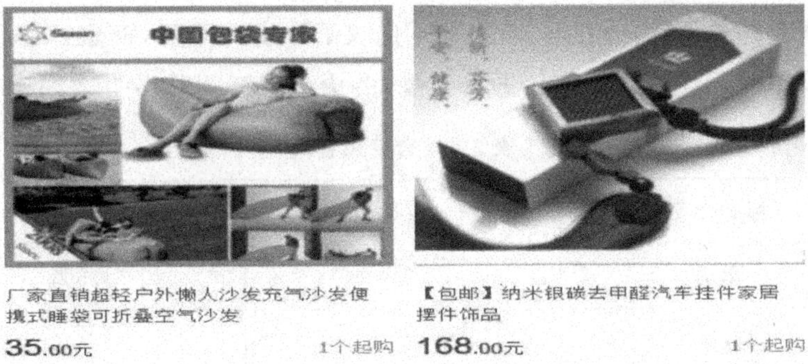

图 4　网站商品广告截图

(2)信息功能上图像优于文本。语言景观具有信息功能。信息功能指语言标识所含字面的信息内容，传递生产者的意图和思想，起着交流的作用，体现语言景观直接的实用功能。[9]一般来说，语言景观的信息功能主要通过文字来表达，但在以图文结合为特征的宣传类语言景观中，图像传递的信息明显多于文本。根据场所符号学理论，文字横向排列时，优先语码置于上方或顶部，非优先语码则置于下方或底部；而纵向排列时，优先语码置于左侧，非优先语码则置于右侧。[1]宣传类语言景观中，图片往往置于文本的上方和左边的位置，而且图像设计比例往往大于文本所占比例，如图 4 所示，由此也可以看出图片在信息功能上的优先性。

程笑君、翟浩澎、梅常青(2013)通过图像设计影响人们的心理表明了图像设计传递信息的优点。一是图像的直观性，二是图像的视觉冲击力比文字强，三是网页集中了声、像、文、视觉、听觉、互动等特点，具有多维性感官影响的特点。[10]比如义乌购网站中使用了动态的三维展示图像，使网购消费者可以更加直观和全面地了解信息。

3.标牌类语言景观概况及语言使用

商家标牌是语言景观的主要研究对象。义乌购网站的商家标牌集中放置在网页的一个区域位置，以一个个形态不一的缩略图呈现，是进入商家的窗口。本文根据语言景观的研究方法，主要探讨商家标牌的语言情况。

商家标牌的语言情况包括语言使用种类、语言使用的分布情况以及双语或多语标牌上的优势语言等。[11][12]

(1)语言使用种类。由表2可知，义乌购网站超过二分之一(51.5%)的商家标牌语言是单语，其他的标牌语言便是双语。由此可见，商家标牌上的语言种类比较单一，只有单语、双语两种类型，多语景观特征并不明显。

表2 语言使用种类

标牌类型	数量	比例
单语	34	51.5%
双语	32	48.5%
三语	0	0
四语	0	0
总计	66	100%

(2)语言使用的分布情况。由表3可知，中文&英语占比44%，稍低于中文的比例，因此英语也是网站的主要使用语言。但并不存在英语单语的标牌，说明义乌购网站虽然倾向于外语文字，试图用英语来吸引眼球、获取利益，但英语仍只是汉语的辅助语言。

表 3 标牌上的语言分布

语言分布	数量	比例
仅中文	30	45%
仅英语	0	0
中文 & 英语	29	44%
其他	7	11%

(3)双语或多语标牌上的优势语言。Scollon 等(2003)研究发现,在双语或多语标牌中,总有一种语言处于主导或优势地位,优势语言可较为真实地反映出设立者的个人喜好和需求,人们可以根据标牌上文字占用空间大小、所处位置及色调明亮度来确定每块标牌上的优势语言。[12]

由表 4、表 5 可知,中文在前或在上的标牌数量最多,约占 69%。中文字体更大的标牌也是数量最多,约占 48%。中文作为官方语言,在网站中仍是作为优势语言出现。英语在前或在上的标牌约占 31%,但大多数标牌上的英语字体小,不易识别,信息功能匮乏。

表 4 标牌上的语码取向

语码取向	数量	比例
中文在前或在上	20	69%
英语在前或在上	9	31%

注:这里的标牌都是双语标牌。

表 5 标牌上各种语言的字体大小

字体大小	数量	比例
中文字体更大	14	48%
英语字体更大	3	10%
中文和英语字体一样大	12	42%

注:这里的标牌都是双语标牌。

语言使用状况体现语言的社会地位和价值，还会影响语言的使用。通过一个地区语言标牌上主要使用的语言，我们可以断定哪种语言是该地区的主要用语；而某地多处设立多语标牌，则说明该地区有多语共存现象，这是语言景观的信息功能。[1] 根据标牌类语言景观情况，我们了解到网站的主要使用语言是中文和英语，优势语言是中文，多语共存现象并不明显，实际情况与义乌中国小商品城的国际化性质和多语生活情况有所出入。

4. 多语界面类语言景观概况及国际化程度

上文提到，义乌购网站现提供简体中文、英语、法语、俄语、西班牙语和阿拉伯语六大界面，几个语言界面之间基本上可以相互切换，但是从语言景观的角度来看，几个语言界面之间差异很大。

(1)语言设置方面。①中文界面语言设置中，多语言界面的链接名称通过不同语言的书面字体呈现出来，如图 5 所示，英文表示英语界面的链接，俄文表示俄语界面的链接等。但在其他语言界面的语言设置中除中文界面用汉字表示外，其他语言界面的链接名称全部是用英文来呈现，如图 6 所示。②中文界面的语言设置中含有英语、法语、俄语、西班牙语四种语言，即可以从中文界面切换到其他四种语言界面。而其他语言界面的语言设置中还包含“Arabic”的链接名称，即可以从其他语言界面切换到“Arabic”界面，如图 6 所示。但“Arabic”界面不是严格的阿拉伯语界面，界面中主要用语是英语。最后，“Arabic”界面中没有语言设置，从“Arabic”界面切换不到其他界面，也是多语言界面语言设置中不完善的地方。

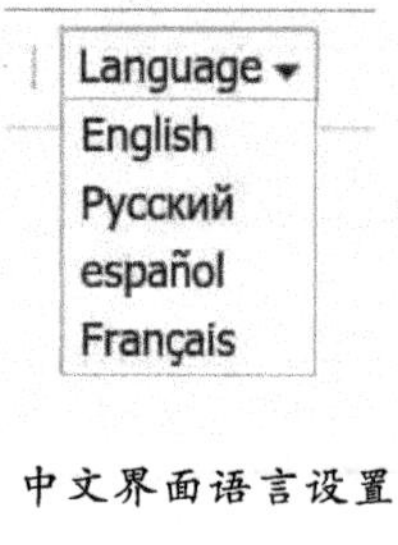

图 5　中文界面语言设置截图

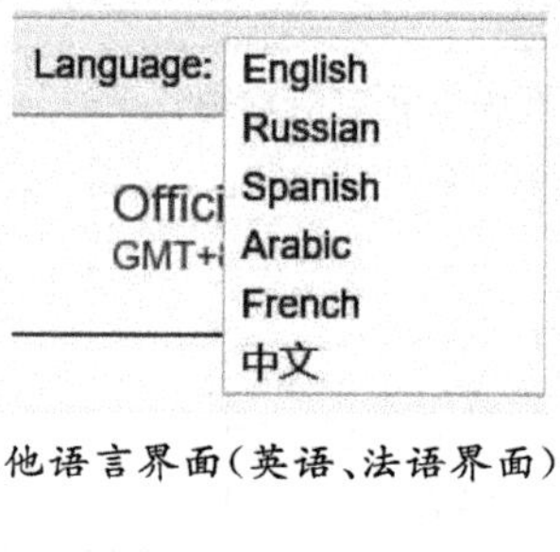

图 6　其他语言界面（英语、法语界面）语言设置截图

(2)语言服务与语言建设。中文界面和“Arabic”界面的语言服务最完善、语言建设最详细。上文已介绍了中文界面的语言服务和语言建设，语言景观丰富复杂、种类繁多。“Arabic”界面基本类似于中文界面，语言景观以图文结合

特征为主，更加注重商品展示，色彩更加丰富，商品国际化特征明显。但其他语言界面语言建设相对不完善，网页设计相对简单，且共同存在商家标牌空缺、标牌语言单一、图片不完整且质量低等现象，如图 7 和图 8 所示。从这些语言景观上，我们可以看出义乌购网站的中文界面和其他语言界面是被差别对待的。

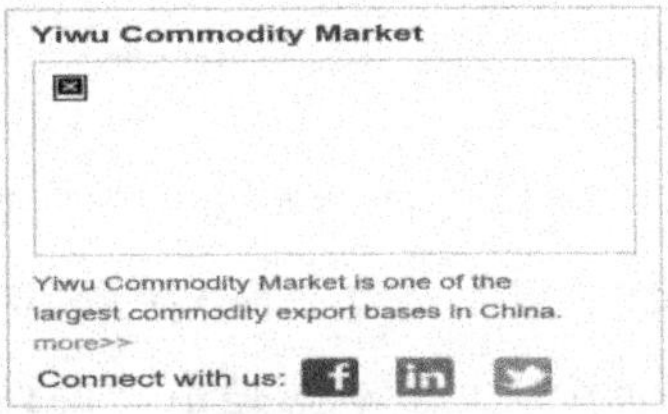

图 7　其他语言界面语言服务截图

图 8　其他语言界面语言标牌截图

义乌国际小商品城是开放的贸易城市，语言生活丰富多样，但研究发现，网站标牌的语言景观并不多样化，国际化程度并不明显。常驻义乌采购商品的外商中不仅包括美国人、英国人等以英语为母语的外国人，也包括阿拉伯人、俄罗斯人、非洲人等等，虽然其使用人群占据很大比例，但是在官方网站商家标牌的语言景观中却看不到这些国家的语言。从语言权利的角度来看，每个人都有使用母语享受教育或享受公共服务的权利。[13]我们认为，既然义乌中国小商品城国际化水平高，外贸人员比例很大，那么其国际化程度和语言服务也应在网站中有所凸显。

三、不同群体对网站语言景观的认识

语言景观不提供生产者与阅读者面对面的交流，也不提供反馈信息，从而容易产生不同理解甚至误解，所以语言景观的生产绝对不是任意的，而是考虑生产者、政府、居民、阅读者等多方面情况后做出的决定，这种慎重形成的语言景观正好构成社会文化的真实体现。[9]对网站管理人员、商铺业主、批发商等不同群体进行访谈，了解他们对网站语言景观的感知与态度，从而为评价网站语言景观提供进一步的依据。义乌购网站相关语言服务界面提供了网站管理人员和商铺业主的邮箱、电话和其他联系方式，这为我们的访谈提供了便利的渠道。此外，我们认识的朋友中有一位阿拉伯人在义乌从事小商品生意，也使我们的访谈有了一定的可行性。

我们共访谈了7人，包括1位网站管理人员（W1）、5位商铺经营者（S1—S5）、1位零售批发商（L1）。访谈内容即义乌购网站管理人员、商铺经营者对网站语言景观形成原因的阐释和对网站语言服务、语言建设问题的看法，以及零售批发商对网站语言景观的感知和网站语言景观对其产生的影响。

1. 义乌购网站管理人员

（1）网站语言景观的呈现受到语言服务和网站设计的影响。W1表示义乌购网站导航类语言景观的分级分类是为了便于用户浏览，便于搜索，标准就是用户的需要。义乌购网站中有些语言景观的字体大小不同是由于网站设计造成的。

（2）网站语言景观的呈现受到商业的影响。关于其他语言界面语言建设比较简单、语言服务不够完善的问题，W1表示“这是由商业造成的，外文网站是我们为国外的客户提供的，收费的，因为给的钱少就做得差一点”。

（3）关于如何看待网站的语言服务和语言建设问题，W1认为语言服务还是蛮重要的，比如售后服务方面、平台使用问题答复等。

2. 商铺业主

（1）商家标牌的目的是为了推广，但实际效用不大。S3谈到标牌通常是自己设计或者花钱买来的，选取标牌的标准是读起来顺口、看起来好看、容易使人记住、能够推广。S4认为入驻在义乌购网站界面的标牌只是一个标识，是引入自家商铺的一个窗口和端口，帮助引入客户群流量，实际上客户很少看这些标牌。

（2）象征、美观和使用价值高是商家标牌中使用英语的主要原因。S5认为使用英文可以让外国朋友容易理解，也是一种外贸的标识，虽然英文字体比中文小或者看不清楚，但只是标识而已，让客户知道他们公司做外贸即可。对于为什么不在标牌上使用阿拉伯语等其他语言，S5表示“如果有阿拉伯语的话，就是只针对阿拉伯语国家，但是英语可以针对大部分”。S1说他在标牌设计中注上英文，只是一种美观，并没有任何信息作用。

3. 批发商

零售批发商（L1）是阿拉伯人，主要使用阿拉伯语，精通英语和中文。

(1)图片的直观性比文字更强。L1 表示自己在浏览商品时先看图片,然后看图片下的文字。但他觉得一般图片提供的信息不是很准确,所以最主要还是看品名,从品名锁定供货方的地址,然后直接到店面看实体。

(2)义乌购网站不完善的多语言界面建设对外商造成了一定影响。因为 L1 的中文好,他通常浏览中文界面,并且可以获取信息。但是 L1 说他的很多做生意的朋友们只懂阿拉伯语,因为义乌购网站上没有阿拉伯语服务,给他们的使用带来诸多不便,网站使用率也因此较低。

(3)义乌购网站的语言景观对采购目标明确的客户影响不大。L1 说他一般在国际商贸城采购时,会先到义乌购网站搜一下该产品在哪一个区哪一个店面,然后去采购,但不会在线采购。他觉得可以通过对商品的分级分类迅速查找到自己想要的商品。

总之,从不同群体的访谈中我们发现,网站语言景观受到语言服务、网站设计、商业等多种因素的影响,象征和美观是呈现多语景观的主要原因。但语言景观建设本身并没有引起网站管理人员、商铺业主、零售批发商的足够重视,被采访人员普遍认为语言景观的影响不大。

四、总结与讨论

义乌购网站是义乌国际商贸城的官方网站,具有国际化、商业性等特征,其语言景观是网站语言文化建设的重要组成部分,与语言服务、信息功能、语言使用、国际化程度等息息相关。深入分析了义乌购网站各种语言景观的客观特征和访谈了不同群体对义乌购网站语言景观的认识之后,我们得出义乌购网站的语言景观的呈现受到多种因素影响的结论。

1. 义乌购网站语言景观的影响因素

语言景观是一种呈现方式,除了受语言政策的影响,往往还受诸多其他因素影响。

(1)义乌购网站语言景观受其表达功能和目的的影响。导航类语言景观的作用是帮助指导客户进入一个商店或网页,所以简短易读的文本为其主要呈现形式。标牌类语言景观为了吸引顾客的注意,表达内容通俗易懂,呈现形式结合了色彩、文字、图片等多种元素。义乌购网站以国内贸易为主，有一定数量的外贸，因此在语言设置上，中文占优势地位，信息功能强，而其他语言信息功能匮乏，只是一种外贸的标识。网站语言景观的信息功能上，图像优于文本，因此宣传类语言景观多以图片呈现。

(2)义乌购网站语言景观受语言使用价值的影响。语言资源的社会价值基本体现在通过其认同和沟通的功能来为社会服务，而社会又通过对这种特殊服务的需求来提升语言资源的价值，从而提升语言的地位和声望。[14]研究中发现，义乌购网站设置了中文、英语、法语、俄语、阿拉伯语、西班牙语至少六种语言界面，但各种语言之间有着价值大小和使用多少的区别。中文和英语的使用价值相对较高，比如商家标牌的语言情况，中文45%，中文 & 英语44%，而法语、俄语、阿拉伯语等几乎占比为零。商铺业主S5表示使用英语而不使用其他语言是因为英语使用更多、价值更高。

(3)义乌购网站语言景观受语言服务人员不足和资金投入不足等现状影响。信息功能是语言活力的基本条件。[9]英语、阿拉伯语等语言景观不仅彰显网站语言景观现代化与全球化，还具有突出的信息传递功能，因此网站的多语景观建设弥足轻重。义乌购网站管理人员W1表示外文网站是收费网站，因为资金投入少，所以就做得相对不完善一些。商铺店主(S1、S3、S5)表示只在中文版面入驻商家标牌的原因是其他语言界面费用太高，并且他们没有专业的英文、俄文等翻译人员，后台上传存在很多局限性，这也是他们没有设计多语标牌的原因之一。

(4)义乌购网站语言景观受到一些不规范现象的影响。不规范现象主要包括语言上和信息服务上的不规范。语言上的不规范如：网页小标题中“【办理】投标商位使用手续、【小心】十五家公司无法核查、【倒计】义乌购最美老板娘微信报名”等，虽然表达的含义显而易见，但并不符合严格的标点符号使用规范。信息服务上的不规范如：从中文界面链接不到“Arabic”界面，但是从其他语言界面可以链接到；从“Arabic”界面链接不到任何其他语言界面。

2. 关于义乌购网站语言景观建设的几点建议

研究发现，义乌购网站语言景观建设有待进一步改进和完善，为此，我们提出以下几点建议：

(1)学习借鉴其他多语种网站，加强引进多语种翻译专业人员，建立健全义乌购网站语言建设。作为义乌国际商贸城的官方网站,“义乌购”的宣传力度很大,义乌国际商贸城里随处可见“义乌购”的宣传标语和网站标志。义乌购网站现提供简体中文、英语、俄语、西班牙语等界面,已具有一定的国际化意识,但就信息量和信息更新度而言,多语界面呈现递减趋势,网站标牌的语言使用种类单一,国际化程度低。一方面商品贸易的互联网平台竞争愈加激烈,另一方面义乌商贸城的国际化性质突出,若是网站能够向其他多语种网站学习,对其他语种的界面进行内容翔实和更新,增加受众广度,将会为义乌客商提供更大的便利,并有利于促进义乌贸易的发展。

(2)加大网站语言使用的监督监控力度,引导网站管理人员、商铺业主等加强语言规范意识。2015 年 9 月 21 日,义乌市语言文字工作委员会制定《关于企业、商店的牌匾、商品包装、广告等正确使用汉字和汉语拼音的若干规定》;2016 年 5 月 26 日,义乌市语言文字工作委员会传达国务院教育督导委员会办公室关于印发《语言文字工作督导评估暂行办法》的通知。②但在访谈中,很多商铺业主表示政府部门并没有在标牌设计上有所规定。此外,义乌购网站中的不规范现象也和语言景观构建者淡薄的规范意识有关。义乌购网站语言景观的发展必须建立在相关人员的规范意识之上,不规范的语言建设将直接影响一个城市的社会文化风貌。这就需要义乌的政府机构和语言工作者加强合作,切实做好公共区域语言使用的示范作用,并对网站中的不规范语言行为进行监测与管理。[15]

(3)利用大数据,结合商户需求设定语言景观内容。零售批发商(L1)在访谈中提到,他的很多阿拉伯朋友因为不懂汉语,在义乌购网站中就很难找到自己想要的商品。这样的情况不仅是语言设置的问题,同时也是语言景观建设未结合用户需求的问题。研究发现,义乌购网站语言景观的呈现和语言服务、信息功能、语言使用价值等因素息息相关,但义乌购网站语言景观的建设也需要考虑到用户的实际需求。大数据利用相关关系开启了生活、工作与思维的变革。相关关系是指当一个数据值增加时,另一个数据值很有可能也会随之增加。[16]义乌购网站可以利用大数据中的相关关系,定位商户需求,从而构建更完善的语言景观。

注释

①参见“中国义乌”政府门户网站—人口构成. http://www.yw.gov.cn/

zjyw/csgk/rkgc/.

②参见义乌市语言文字网一政策法规. http://www.ywec.net/yywz/zcfg_20894/.

参考文献

[1] 尚国文,赵守辉. 语言景观研究的视角、理论与方法[J]. 外语教学与研究,2014(2):214—223.

[2] 尚国文,赵守辉. 语言景观的分析维度与理论构建[J]. 外国语(上海外国语大学学报),2014(6):81—89.

[3] 义乌购. 百度百科[EB/OL]. [2013—12—04]. https://baike.baidu.com/item/义乌购.

[4] 导航栏. 百度百科[EB/OL]. [2013—5—13]. https://baike.baidu.com/item/导航栏.

[5] 邱莹. 上饶市语言景观调查研究[J]. 语言文字应用,2016(3):41—49.

[6] Backhaus, P. Multilingualism in Tokyo: A Look into the Linguistic Landscape[J]. International Journal of Multilingualism,2006(1):52—66.

[7] 陈鹏. 行业语言服务的几个基本理论问题[J]. 语言文字应用,2014(3):118—124.

[8] 高原. 语言学的诗与趣——多模态[EB/OL]. [2017—03—19]. http://www.sohu.com/a/129341056_161093.

[9] 徐红罡,任燕. 旅游对纳西东巴文语言景观的影响[J]. 旅游学刊,2015(1):102—111.

[10] 程笑君,翟浩澎,梅常青. 购物网站中商品广告图像设计对消费者影响的应用研究[J]. 现代商业,2013(8):77.

[11] 李丽生,夏娜. 少数民族地区城市语言景观中的语言使用状况——以丽江市古城区为例[J]. 语言战略研究,2017(2):35—42.

[12] 聂鹏,木乃热哈. 西昌市彝文语言景观调查研究[J]. 语言文字应用,2017(1):71—79.

[13] 吕斌. 语言景观视角下当代日本社会的语言问题——以东京为例[J]. 语言战略研究,2017(2):50—56.

[14] 毛力群. 语言资源的价值——以浙江义乌的语言生活为例[J]. 云南

师范大学学报(哲学社会科学版),2009(4):16－21.

[15] 叶欢.义乌中国小商品市场语言景观实态研究[D]金华:浙江师范大学,2017:1－43.

[16] 维克托·迈尔－舍恩伯格.大数据时代[M].杭州:浙江人民出版社,2013.

A Survey of Linguistic Landscapes on the Website of Yiwu Wholesale Market

Mao Liqun, Ren Yaoyao

(College of International Culture and Education, Zhejiang Normal University)

Abstract: As an important manifestation of public space, linguistic landscape is affected by a variety of factors. Yiwu is a city of international trade, its website of wholesale market being an important platform in the Internet era. With a survey of linguistic landscapes on the website of Yiwu wholesale market, we analyze the causes by means of corpus analysis, as well as interviews with the staffs, shop owners and wholesalers about their attitudes towards the linguistic landscape on the website. The conclusion is drawn in the end and some suggestions are put forward.

Key words: linguistic landscape; Yiwu city; Yiwu wholesale market website; a city of small commodities of China

非洲语言政策研究

莫桑比克语言政策的发展变革及特点

孙春颖　安　妮*

（浙江师范大学　国际文化与教育学院；广东海洋大学　文学与新闻传播学院）

摘　要：了解非洲国家语言政策有助于了解这些国家的语言生活、更好地传播汉语。本文主要呈现莫桑比克的语言政策发展历程及其特点。莫桑比克在原宗主国葡萄牙的统治下，实行“独尊葡语”的单一语言政策，独立后虽在表面上采取了多元化的语言政策，但办公部门、教育领域以及公共生活的语言现象显示出葡语优先的语言政策。总体来说莫桑比克的语言政策呈现出语言政策实用化、基础教育普及化、发展趋势多语化、底层实施无序化的特点。

关键词：莫桑比克；语言政策；政策特点

位于非洲东南部的莫桑比克共和国，1505年遭葡萄牙殖民者入侵，1752年由葡总督进行直接统治，当时称“葡属东非洲”；1974年，莫桑比克解放阵线（又称解阵党，Frelimo①）同葡政府签署了《卢萨卡协议》，于1975年6月25日正式宣告独立。独立后，莫桑比克又陷入了内战危机，全国抵抗运动（Renamo）长期进行反政府武装活动。1992年，莫政府和全国抵抗运动在罗马签署和平协议，才结束了长达16年的内战。②莫桑比克的语言政策在历史变革中也发生着变化，对今天的莫桑比克语言生活有着重要影响。

---

* 基金项目：国家社科基金一般项目“非洲语言政策与规划发展变革研究”（17BYY013）资助。
作者简介：孙春颖（1976—），女，吉林省吉林市人，浙江师范大学国际文化与教育学院副教授，博士。

安妮（1990—），女，河南信阳人，广东海洋大学文学与新闻传播学院教师，硕士。

一、殖民时期的语言政策（16 世纪初—1975 年）

从 16 世纪初到 1975 年，葡萄牙对莫桑比克的殖民统治持续了三百多年。殖民时期，葡萄牙政府在莫桑比克实行种族隔离的殖民政策，并通过对殖民地人民的“同化”，实现非洲“文明化”进程。

表层的同化需要武力强制，深层的同化则依靠对语言和教育的控制。葡萄牙殖民政府在莫桑比克实行强制的单一语言政策，在公共场合和学校只允许说葡语。到 1845 年，更是大力兴办教会学校以加紧对殖民地的控制。虽明令禁止在学校领域内说莫桑比克民族语言（以下简称“民族语言”），但实际上为了改变当地人的原始信仰，达到更好的传教效果，教会学校会在一些信仰教育中使用当地民族语言。这些教会学校不以传授知识为目的，而是以传教为目的，担任教师的不仅有葡萄牙的白人移民，更有“虔诚”的莫桑比克当地人，通过反复诵读经书来“教化人民”，同时灌输“欧洲文明上等”的观念，从思想上奴役殖民地人民。到 19 世纪末，葡萄牙在第 69 条教会章程中规定，学校只能使用葡语进行教学，并且要求教授葡语课程，但在传教活动中，民族语言可以被广泛而自由地使用（Golias，1993）。

殖民时期的学校教育分为两种，一种面向“未同化”的莫桑比克人，名为“基础教育”，由天主教会学校实行；一种面向葡属公民，名为“官方教育”。二者都不允许使用民族语言，讲授的内容均为葡萄牙语、葡萄牙地理和宗教，但教学质量却有天壤之别，因为基础教育的目的不是使人们获得知识与文明，而是为了更好地奴役非洲人：通过教育让殖民地人民获得基本的识字能力和简单的工作技能，以便更好地为殖民经济服务。

这种等级分明的政策必然引起殖民地人民的不满，进而引发冲突与反抗。因此 1930 年葡萄牙颁布法令，允许“具备流利的葡语读写能力、拥有稳定的财产”的非洲人获得葡萄牙公民的身份，拥有接受官方教育的权利和表决权（Golias，1993）。这一政策给了莫桑比克人民改变“下等人”地位的希望，在殖民阶层和下等阶层之间留下了一丝缓和空间。但实际上在没有语言背景、普通教育质量低下的情况下，大部分非洲人很难拥有流利的葡语能力，只能被阻拦在官方教育和公民身份的门槛之外。只有少数学校教育中的精英人士或混血儿在法令中获益。这些精英人士在殖民后期成为独立斗争的领导力量，继续将葡语作为独立战线联盟的沟通语言，也为葡语日后成为莫桑比克的官方语言奠定了基础。虽然1930年的法令并没有起到什么实质性的作用，但葡语能改变身份地位的意识观念在社会中扎下根基，并对独立后的莫桑比克国家建设产生着持续深远的影响；而这种精英化教育制度的本质始终没有改变，基本教育体系更是沿用到了今天。

殖民后期，随着莫桑比克民族意识的觉醒，葡萄牙殖民政府也相对做出了一些让步。1964年的《教育改革法令》宣布取消等级分化的教育制度，实行全国统一的义务教育制度。但广大而贫瘠的农村地区并无实行义务教育的现实条件，因而法令在全国大部分地区形同虚设。

葡萄牙政府在莫桑比克的殖民可以说是非常彻底的，实行的语言政策总体来说有两大类型：一类是刚性的一元化语言政策，如限制本地民族语言的使用，在公共场合只允许葡语通行，实行只适于葡语背景学生的学校教育制度等。另一类是弹性的语言教育政策，如传教活动中可以使用民族语言，葡语能力与葡萄牙公民身份挂钩等，通过利益激励莫桑比克人学习葡语。这两类政策一刚一柔、恩威并施地达到了语言同化目的，从而加强了对殖民地的控制。

二、后殖民时期的语言政策（1975年至今）

莫桑比克新政府成立后，开始实行一系列语言和教育改革。后殖民时期的语言政策和学术讨论可以分为语言地位规划、语言本体规划和语言教育规划三方面："地位规划是与语言的外部社会环境相关的规划，包括语言的选择和语言传播等活动；本体规划是对语言本身的规划；语言教育规划指教育领域的语言规划。"（王辉，2015a）

1. 语言地位规划

在长达十年的反抗殖民统治解放战争时期，士兵们来自不同地区，拥有不同语言背景，需要一种统一的语言进行战线间的沟通与信息传递。独立斗争的领导阶层多是原殖民时期受过高等教育、精通葡语的精英人士，因此葡语自然而然地成为战线联盟的沟通语言。

独立后，葡语被称为维护民族团结的语言（The language of national unity）。新成立的莫桑比克政府面临国内民生凋敝、发展需求迫切、文盲人数众多等问题，为了尽快消灭部落制，维护民族团结，实现国家统一和发展，新政府选择了已经普遍运用于教育体系和科学技术中的葡语作为全国通用语，但对于当时大部分莫桑比克人来说葡语还是不熟悉的外语，而且是原殖民者的语言，随着民族意识的觉醒，对于本民族语言的认同感也逐渐增强，因此这项举措引起了社会的广泛讨论。

针对讨论，解阵党政府发表官方声明做出解释，表示葡语作为官方语言的原因有四点：①莫桑比克国内民族语言种类繁多，将民族语言作为通用语言并出版教科书，对国家来说过于耗时耗力；②各地区使用不同民族语言会助长部落制；③民族语言没有完整的知识体系，缺乏统一规范的标准，不适于学校教学；④葡语是最中立、传播最广的语言。（解阵党文献资料，1975）除此之外，莫桑比克国内也没有一种民族语言，是民众普遍承认且通行于全国的，如果随意地选取一种民族语言作为官方语言，是武断而不负责任的，将带来更大的负面影响。因此，虽然直到1990年《宪法》修订案才正式确立葡语的官方地位，但早在国家独立之初，葡语就已被作为官方语言和通用语言使用了，甚至一些机关单位禁止将葡语材料翻译为民族语言，以加强官方语言的重要性和国家单位的象征。

虽然政府声明将葡语定为官方通用语言，但社会上的“官民之争”却愈演愈烈，呼唤重视民族语言的声音越来越多，致使政府的一些政治举措开始向民族语言倾斜。1979年召开的题为“葡萄牙语教学”的第一届全国研讨会，就官方语言问题展开了激烈讨论。会上提及了民族语言问题，表示应重视民族语言，通过民族语言的媒体和出版物来提升公民的民族意识；还提及在葡语教学体制下民族语言的角色问题，建议在第二语言教学中引入民族语言。1983年解阵党文化部（Ministry of Culture）在向国会做的报告中指出：“对莫桑比克语言和文化的调查研究和专业建设，将对社会交流、教育培训产生重要深远的影响。”文化办公室（Office of the Secretary of State for Culture）发布《关于莫桑比克共和国语言政策定义的提案》草案，其中指出维持葡语官方语言、国语、通用语地位的同时，也应选取适当的莫桑比克的民族语言成为国语，建议实行葡语和民族语言的双语教育政策。这种重视语言权利、尊重语言多样化的政策，被称为适当的语言政策（Katupha，1988）。

1990年，莫桑比克终于以法律的形式确立了官方语言。《宪法》修订案第一次包含了两条关于语言的法规："莫桑比克共和国以葡萄牙语为官方语言。""国家应重视民族语言，推动民族语言作为沟通媒介语的发展，扩大其在国民教育中的使用。"一直沿用至今，不但明确了葡语地位，也表现出对民族语言的包容态度。

2. 语言教育规划

刚独立的莫桑比克百业待兴，普通民众大部分未受过正规教育，国内文盲率超过90%。1975年—1985年间，政府致力于扩大教育、兴办学校、增加教育机会、提高教育质量。

(1)扫盲运动。1978年开始，解阵党政府开展了"全国扫盲运动"(National Literacy Campaign)，以葡语为媒介语，目的是提高民众文化素质，促进民族意识觉醒，达到真正意义上的完全独立，实现民族复兴。运动成果是显著的，1975年—1984年莫桑比克国内文盲率下降到71.1%，但由于内战的影响，社会环境极不稳定，到20世纪80年代末，扫盲运动被迫中止，很多学校没有保存下来。

因农村女性的文盲率仍居高不下，1990年莫桑比克教育部和联合国儿童基金会(UNICEF)联合启动了"妇女双语教育项目"，这是实行教育改革后的产物。项目实质是针对农村女性的扫盲教育，但与1978年扫盲运动不同，该项目在教学的初级阶段以民族语言为教学媒介语，再逐渐转变成以葡语为媒介语。初始阶段，塞纳语、聪加语等民族语言均纳入计划中，后来民族语言的种类不断增多。至1992年项目终止时，学生已具备基本的葡语口语能力，可谓成绩斐然。该项目积累了民族语言教学的经验，也激发了农村地区人民对于自身语言的认知，为之后的双语教学实验奠定了基础。

两次扫盲运动对象不同，前者针对所有未成年人和成年人，后者针对女性，但二者的行动目的是一致的，都是为了普及葡语、维护葡语的官方地位。截至2015年，莫桑比克国内文盲率仍高达48%，扫盲教育仍是莫桑比克教育的重点，多项提高成年人葡语读写能力的教育项目正在进行。

(2)双语教育计划。因莫桑比克国内居高不下的辍学率和复读率，教育质量问题一直是教育界关注的重点。20世纪90年代的三个学术会议对莫桑比克90年代中后期的语言政策产生了较大影响：1991年第三届语言学协会南部非洲发展共同体分会，主题为"国家发展中的语言角色与民族语言的有效利用”;1994 年第一届非洲语言国际大会;1994 年莫桑比克教育部与斯德哥尔摩大学双语教育研究中心联合筹办的国际会议，主题为“教育领域的非洲语言与广泛交际中的语言角色”。三个会议都对引入民族语言的双语教学法展开了讨论。

教育与文化部下属的国家教育发展协会(INDE)1990 年调查发现，在普通教育的第一年使用葡语作为唯一媒介语，是导致学生高复读率、高辍学率、课堂表现差的主要原因。在 1990 年宪法修订案余波的影响下，1993 年青年与文化部(*MINCULTJ*)在马普托举行“全国文化会议”，通过了《关于莫桑比克文化政策的建议》，其章节 5.5 名为“交际语言”，允许民族语言在公共行政机关使用，在普通教育、职业技术培训、专业培训等教育体系中作为教学语言，或作为选修课程。根据以上调查研究结果和政策建议，1993 年—1997 年，国家教育发展协会(INDE)在联合国开发计划署(UNDP)和世界银行的赞助下，设计实施了“莫桑比克双语教育计划”(Project of Bilingual Schooling in Mozambique)的教学实验项目。该项目首先在偏远农村地区两所没有葡语背景的学校试行，一所在南部的加扎省，使用葡语和聪加语;一所在北部的太特省，使用葡语和尼扬加语。具体双语教学课程计划如表 1 所示:

表 1　双语教育计划教学语言和语言课程设置

年级		课堂媒介语	语言课程
小学	1—2	民族语言	民族语言/葡语(口语)
	3	民族语言	民族语言/葡语(读写)
	4—7	葡语	学生母语/葡语
中学	8—10	葡语	葡语/英语/法语
	11—12	葡语	葡语/英语(民族语言选修)

如表 1 所示，双语教学计划是一个逐渐转变教学语言的计划。1～2 年级使用民族语言(即学生母语)进行教学，同时教授民族语言和葡语(第二语言)的口语，3 年级开始教授葡语的书写。4 年级后，葡语取代母语成为教学媒介语，民族语言继续作为一门学科学习。到了中学阶段，民族语言的教学就停止了，只在中学第二阶段开设选修课程。

这一教学实验项目获得了国内外极高的评价，使得国家教育发展协会更加确信"早期的母语教育"是解决莫桑比克教育问题的方法，因此2001年颁布的教育改革(Education Reform：INDE)将之囊括在内。2004年国家教育发展协会(INDE)和教育部(INE)联合发布的"基础教育课程计划"(Basic Education Curriculum Plan)，在这种渐变式的双语教育基础上，提出了三种模式供学校选择：①以民族语言为双语教学媒介语。②在单语学校中加设民族语言选修课。③在单语教学中使用民族语言作为辅助。2012年教育部发布的《2012年—2016年教育战略计划》中唯一的语言政策，就是扩大基础教育中的双语教育计划。截至2015年，全莫桑比克已有551所学校和98 000名学生加入了该计划，16种民族语言被运用于教学中。

然而这项政策后期实施推广的实际情况却并不那么乐观，也不断有学者对该计划提出质疑(如F. Chimbutane，2012)，主要有学生、教材和师资三方面：

学生方面，在4年级才逐渐用葡语取代民族语言成为教学媒介语，与之前的课程计划相比晚了三年，4～12岁正是孩子语言习得的关键期，有学者担心这会影响孩子长大之后的葡语水平。(A. J. Lopes，1998)另外，以葡语为母语的孩子越来越多，特别是城市地区的孩子，民族语言反而不如葡语熟练，基础教育阶段用民族语言不利于这些孩子学习。最后，学校使用当地民族语言做教学语言，当一、二年级的学生转学到其他地区时，将无法理解当地课堂语言。比如隆加语地区的孩子转学到马库阿语地区，在马库阿语的课堂上会产生语言障碍。

教材方面，教学资料匮乏。虽然早在2003年INDE就着手联合出版社进行教材出版，但由于经费短缺、出版社缺乏印刷相关民族语言的经验等问题，直到2012年也只有1～2年级的双语教材完成了出版发行。

师资方面，缺少具备双语教学经验的师资力量，且缺少相应的职业培训系统。直到2006年，一些省份的学校才增加了双语教师的培训课程，每年一月、七月各80课时，教授双语教学法和班图语言专题。2009年，莫桑比克教师培训系统新增一门名为"班图语言学"的一学年制课程。但这些培训没有形成完整的师资培养体系，多是对于在职教师的短期培训。

除上述"双语教育计划"外，一些国际组织援助的教育项目也有巨大影响，如由美国国际开发署(USAID)赞助的"低年级阅读计划"于2012年—2016年在楠普拉省和赞比西亚省实行，以葡语为目的语，2015年开始关注莫桑比克民族语言的读写能力。儿童救助中心（Save the Children）2008年—2010年计划实施的“提高读写能力”（Literacy Boost）项目，同样以葡语为目的语。

3.本体规划

莫桑比克针对国内葡语和民族语言的规范化政策比较欠缺，1988年莫桑比克语言研究中心（NELIMO）联合蒙德拉内大学文学院组织了首届“莫桑比克语言标准化研讨会”，讨论了莫桑比克语言的正字法问题，在社会上取得了巨大反响，其意见对两年后颁布的宪法修订案产生了影响。会后，国家教育发展协会（INDE）和国家成人教育指挥部（National Headquarter for Adult Education）联合莫桑比克电台发布了《莫桑比克语言标准正字法报告》。至今也只有少数几种民族语言的正字法和词典得以出版，关于莫桑比克式葡语的规范化还是空白。

三、莫桑比克语言政策的特点

葡萄牙殖民时期，葡萄牙政府限制莫桑比克民族语言的使用，实行单语的教育体系，采取的是“语言同化政策”。后殖民时期的前期，政府没有颁布明确的语言政策法令，但公共领域对葡语的使用、以葡语展开的扫盲运动都昭示了默认的“葡语优先政策”。后来随着社会的稳定，政府开始注重民族语言，允许和鼓励其在教育和媒体领域的应用，可以称为“语言多元化政策”。但政府工作部门约定俗成地不使用民族语言办公、普通教育后期到高等教育多用葡语作为教学语言、媒体语言中葡语占绝对优势等种种潜在现象可以看出，“葡语优先政策”为隐性的语言政策。具体如表2所示。

表2　基于语言取向的莫桑比克语言政策[③]

语言取向 / 历史时期	语言作为问题	语言作为权利	语言作为资源	语言政策取向
殖民时期	+	−	−	语言同化政策
后殖民时期	−	−	+	语言多样化政策（隐性的葡语优先政策）

综合来看现阶段莫桑比克语言政策有如下特点：

1.语言政策实用化

官方语言是一个国家政府办公的正式语言，国语是国家人民普遍认可能够代表国家的语言。二者相比，官方语言的实用性更强，富含政治意味；国语的象征性更强，民族感情色彩浓厚。

后殖民时期莫桑比克政府不管是在立法层面、政策层面还是执行层面，对官方语言都做了明确规定和切实执行，但对国语却少有涉及。国内民族各异，语言种类繁多且缺少科学调查，要想选择一种所有民族都认可的语言作为全国通用的国语，并非易事，容易引发民族间的矛盾，这在后殖民时期的非洲并不少见。一般政府有两个选择，一是回避规定某种民族语言作为国语，选择一种中立的语言作为通用的官方语言，避免引发民族冲突；二是给予所有的民族语言以平等待遇，规定所有国内的民族语言均为国语。第二种选择明显要消耗大量的人力物力去进行民族语言的规范与推广，对于刚脱离战争的贫穷国家来说自然是高效益、低成本的第一种选择更利于操作。

2.基础教育普及化

相较于殖民时期只有少数人能受基础教育、极少数人能受高等教育，当代莫桑比克在普及基础教育和扫盲方面取得了重大突破。“双语教育计划”的推行更是大大降低了基础教育的辍学率和复读率，使越来越多的人脱离了文盲队伍。教育正逐步向平民普及，葡语的流通性也越来越强。

3.发展趋势多语化

后殖民时期，随着莫桑比克民族意识的觉醒，人民对于自身民族的认同感增强，对于自身民族语言在更广范围的认同需求也愈加迫切。由于葡语的推及范围逐渐增大，葡语人群的年轻化，自身民族语言消失的危机感也逐渐产生。莫桑比克政府也不再固守单语化的语言政策，而是向着多语化发展，在学校教育中纳入民族语言，出版民族语言的正字法、词典等措施，都是多语化的体现。

4.底层实施无序化

莫桑比克政府一直存在财政困难，在联合国公布的《2014 年最不发达国家报告》[4]中仍位列其一。由于很多政策在执行阶段缺少政府有力的资源调配，加上执行后期政府的放任态度，很多计划呈现“无政府”状态，大多依靠国际机构和民间组织的赞助维持运作。“双语教育计划”在2003年以后就因缺少政府的有效监管和资源的合理分配，呈现出无序状态：有些双语学校因民族语言教材稀缺而继续使用葡语教材，有些已加入双语计划的学校因执行困难较大而放弃了该计划；而对双语教育需求更加迫切的农村地区，一些学校在政府授权以前就开始在教学中使用民族语言。越来越多的学校寻求与民间机构或国际组织的合作，在本地一些非政府组织对教学材料和教师培训的赞助下进行双语教育。如Progresso（巴西地名）赞助支持了德尔加杜角省和尼亚萨省的多所双语小学，Basic Education Development Unit（基础教育发展机构）赞助了加扎省的双语学校。

综上，从殖民时期到后殖民时期，莫桑比克语言政策的主流方向是限制本地民族语言、大力推广葡语、实行单语教育，但要求重视民族语言的呼声渐高，民族语言有了发展空间，语言政策朝着多元化发展，具有实用化特点，政策的底层实施较为混乱，多依赖民间组织赞助支持；基础教育逐渐普及，向多语化发展，但高等教育仍属少部分精英阶层。这样的发展历程和政策特点，必将对汉语在莫桑比克的传播有重要影响。

注释

①文中斜体表示葡萄牙语，非斜体表示英语。

②资料来源于《世界知识年鉴2012－2013》和中华人民共和国驻莫桑比克大使馆官网。

③参考王辉（2015b：29）“基于语言规划观的东帝汶语言政策”表。

④见环球网国内新闻：http://china.huanqiu.com/News/mofcom/2014－12/5253836.html。

参考文献

[1] 环球网国内新闻[EB]. 网址：http://china.huanqiu.com/News/mofcom/2014－12/5253836.html.

[2] 王辉. 全球化、英语传播与中国的语言规划研究[M]. 北京：社会科学文献出版社，2015a.

[3] 王辉."一带一路"国家语言状况与语言政策[M].北京:社会科学文献出版社,2015b.

[4] 中华人民共和国驻莫桑比克共和国大使馆官网[EB].网址:http://mz.chineseembassy.org/chn/msgk/.

[5] A. J. Lopes. Mozambican-Portuguese words and expressions[J]. Longman English Dictionary for Portuguese Speakers. Harlow: Longman ELT,1979.

[6] INDE/MINED. Programas do 18 Ciclo[R]. Maputo, 2001.

[7] INE (Instituto Nacional de Estatistica). Resultados Defintivos do Censo Geral da Populacao e Habitacao. www.ine.gov.mz Eduardo Mondlane [R]. Maputo, 2010.

[8] INDE (Instituto Nacional do Desenvolvimento da Educação). Estratégias de introdução e expansão do ensino em línguas moçambicanas[R]. 1997.

[9] INDE (Instituto Nacional do Desenvolvimento da Educação). Curriculum Plan for Basic Education[R]. Maputo, 2003.

[10] National institute for statistics INE. Statistical Data, 2007.

Development of Mozambican Language Policy

Sun Chunying[1] An Ni[2]

(*1. College of International Education, Zhejiang Normal University;*
2. College of Literature and Journalism, Guangdong Ocean University)

Abstract: Understanding African countries' language policies helps to understand the language life of these countries and better spread Chinese. This article mainly presents the development of Mozambique's language policy and its characteristics. Under the rule of the original sovereign country of Portugal, Mozambique carry out Monolingual policy-“exclusive Portuguese language”. After independence, it has adopted a pluralistic language policy. But the language of the office, education, and public life shows the language policy of Portuguese first. In general, Mozambican language policy presents the characteristics of language policy pragmatization, basic education popularization, multilingual development trend, and disordered implementation.

Key words: Mozambique; language policy; policy characteristics

孔子学院奖学金项目非洲地区评估报告

郑　崧*
（浙江师范大学　国际文化与教育学院）

摘　要：本研究是对孔子学院总部/国家汉办设立的孔子学院奖学金项目在非洲地区所取得的结果和影响进行探索性评估。评估基于问卷调查获得数据分析，并以政策目标为主要依据。评估所得的基本结论是，孔子学院奖学金项目有效地促进了奖学金生的个人发展，发挥了软实力/公共外交的作用，但是在实现培养合格汉语师资这一政策目标上成效不明显。针对评估中所发现的问题，本研究就如何改进孔子学院奖学金项目在非洲地区的实施提出了具体的政策建议。

关键词：孔子学院奖学金；项目评估；非洲地区；政策建议

1. 项目概况

为支持孔子学院建设，促进汉语国际推广和中国文化传播，培养合格的汉语教师和各类汉语人才，孔子学院总部/国家汉办于2009年设立孔子学院奖学金，资助外国学生、学者和汉语教师到中国有关高等学校攻读汉语国际教育专业硕士学位，或学习汉语言文学、中国历史、中国哲学专业。孔子学院奖学金招生类别包括汉语国际教育专业硕士、一学年研修＋汉语国际教育专业硕士、汉语国际教育本科、一学年研修生、一学期研修生、四周研修生。[①] 申请人来自世

---

* 作者简介：郑崧（1973—），男，浙江金华人，浙江师范大学国际文化与教育学院副教授，教育学博士。本研究是孔子学院总部/国家汉办项目“非洲孔子学院奖学金生跟踪调查”（2015—2016）研究成果之一。

界各国孔子学院（课堂）学员、本土汉语教师和大学中文专业学生。孔子学院总部/国家汉办委托各国孔子学院（独立设置的孔子课堂），有关海外汉语考试考点，中国驻外使（领）馆教育、文化处（组），接收院校负责推荐。

孔子学院奖学金项目启动迄今已有 8 年的时间。在这 8 年里，共资助了 3 万多人次来华学习。从资金投入来看，它仅次于中国政府奖学金。与此同时，孔子学院已经走过十个春秋，发展成为中国软实力的一个亮眼品牌，受到国内外的瞩目。在这样一个时候，需要全面总结孔子学院发展各个方面工作的经验，分析存在的问题和面临的挑战，以期孔子学院在未来的十年发展得更快、更好。作为孔子学院工作的一个重要组成部分，孔子学院奖学金项目也有必要进行一个阶段性的评估。通过评估，检查项目是否得到有效实施，所取得的效果是否与政策目标一致，在此基础上，思考政策调整与完善管理的空间。

2. 评估问题

（1）孔子学院奖学金生学有所成吗？这一项目对奖学金生的知识、能力和态度带来怎样的变化？

（2）孔子学院奖学金生学有所用吗？奖学金阶段的学习对奖学金生日后的事业发展具有怎样的影响？

（3）孔子学院奖学金项目对中国的软实力/公共外交产生了怎样的影响？

3. 评估方法

（1）评估框架。项目目标和政策目的多重性决定了项目评估维度的多元性。就本研究而言，以下四个维度构成本研究的评估框架：①奖学金项目的直接结果。②奖学金项目对奖学金生个体事业发展的影响。③奖学金项目对中国的软实力/公共外交的影响。④奖学金受益者对奖学金项目的评价。

因此，本评估采用了美国学者唐纳德·L. 柯克帕特里克（Donald L. Kirkpatrick）于 1959 年提出的四层评估框架，即反应评估、学习评估、行为评估和结果评估。[②] 反应评估是测量受训人员/奖学金生对培训的满意程度；学习评估是测量受训人员/奖学金生经过培训后知识或能力的增长程度；行为评估是测量体现在工作绩效上的行为和能力的提高程度；结果评估是测量因为奖学金生的表现对制度环境的影响。

（2）数据采集方法。本评估主要采用网上问卷调查方式进行数据采集，在

2016年7月和8月分两次进行。7月的问卷发放主要对象是浙江师范大学的孔子学院奖学金生,其性质是预调查,从回收的问卷检验调查问卷设计的合理性;8—10月的问卷根据回收的问卷对原有问卷做了一定的修订,问卷发放对象是孔子学院总部提供的非洲地区孔子学院奖学金项目的申请者。

采集信息调查主要内容包括:

①奖学金生社会人口背景信息。包括奖学金生的性别、年龄、国籍等。

②奖学金生教育背景信息。包括奖学金类型、获得的学位或证书、就读学校、毕业年份等信息。

③奖学金生学成回国信息。主要考察毕业生的流向,是回国还是滞留中国,抑或流向其他国家。

④奖学金生就业信息。包括毕业生的工作类型、就业地点、就业部门、就业层次、知识与技能的运用等。

⑤ 奖学金生对孔子学院奖学金项目满意度信息。

⑥奖学金生与中国的联系信息。主要考察孔子学院奖学金生与中方培养单位、导师以及其他中国人的联系,在促进中非人文交流和经贸交流等方面表现出的意愿。

(3)调查对象。研究对象限定为非洲国家的孔子学院奖学金项目受益者。受调查对象已经在中国完成奖学金项目所规定的学业。

(4)调查问卷的实施。本次调查通过电子邮件的形式,向孔子学院总部所提供的申请孔子学院奖学金的非洲学生名单以及浙江师范大学非洲校友中的孔子学院奖学金生发放调查问卷。回收问卷91份,其中有效问卷69份。[③] 69名奖学金生来自18个国家,其中埃及19人,喀麦隆14人,尼日利亚和马达加斯加各5人,贝宁、布隆迪和索马里各3人,埃塞俄比亚、加纳、肯尼亚和苏丹各2人,另有博茨瓦纳、多哥、津巴布韦、卢旺达、摩洛哥、莫桑比克、南非、坦桑尼亚和突尼斯各1人。男生36人,女生33人。在69名奖学金生中,有汉语国际教育专业硕士30人,一学年研修+汉语国际教育专业硕士4人,汉语国际教育本科1人,一学年研修生29人,一学期研修生5人。

一、调查结果和结论

(1)非洲孔子学院奖学金生比较珍惜项目为他们所创造的留学中国的机会，因此在华期间的学习态度总体来说是积极认真的。这体现在奖学金生汉语水平考试(HSK)成绩的提高和学历生获得学位的比例上。在汉语国际教育专业硕士生中，入学前的 HSK 级别为四级、五级和六级的比例分别为 41%、21% 和 17%，而在毕业前所有学生的 HSK 都达到四级及以上的，其比例分别为 10%、21%和 69%。而在 35 名汉语国际教育专业硕士生、一学年研修+汉语国际教育专业硕士生和汉语国际教育本科生中，有 31 人顺利获得硕士或学士学位，占 88.6%。在 4 名未获得学位的学生中，有 2 人是因为 HSK 未达到要求，2 人是因为身体或经济原因辍学。

(2)尽管大部分非洲奖学金生在奖学金项目结束后选择回国就业或继续学习，但是还是有将近三分之一的奖学金生留在中国工作或学习。在 69 名奖学金生中，有 44 人在结束奖学金项目之后回到自己的祖国，占 63.8%；有 22 人继续留在中国，占 31.9%；有 3 人前往第三国，占 4.3%。

在回国的奖学金生中，有 20 人选择就业，有 17 人选择继续在大学学习，有 4 人在回国后准备申请奖学金继续到中国留学，有 3 人还未做出决定。其中选择就业的多为完成学位教育的奖学金生，而选择继续在大学学习的多为一年或一个学期的短期进修生。

在结束奖学金项目而选择留在中国的 22 名非洲留学生中，有 7 人选择就业，有 11 人选择继续在大学学习，另有 4 人未说明去处。这些学生多原为汉语国际教育专业硕士研究生和一学年研修生。经过多年的连续资助和培养，在早期的孔子学院奖学金生中，开始逐步涌现出一批在中国完成博士学位教育的非洲优秀学子。

在结束奖学金项目之后前往第三国的 3 名学生中，有 2 人已经就业，其中 1 人在中石油伊拉克项目担任阿语与英语翻译。另有 1 人在第三国大学继续学习。

(3)在奖学金项目结束后选择就业的非洲奖学金生有约 2/3 在私营部门任

职或自我就业，其中男生比例远远高于女生。目前已经就业的奖学金生共有43人。其中有34人在自己的祖国就业，7人在中国就业，2人在第三国就业。就就业的部门而言，有12人在公共部门就业，有25人在私营部门就业，3人自主就业，还有1人在孔子学院担任汉语教师志愿者，另有3人未标明就业部门信息。

在就业上，非洲地区的孔子学院奖学金生存在的性别差异主要体现在就业部门上。无论是获得奖学金之前还是当前，女生更多地选择在公共部门，包括政府机构和公立学校就业，而男生则更多地选择在企业和公司就业。例如，在获得奖学金之前就业的13名女生中，有8人在公共部门就业，而在13名男生中，只有2人在公共部门就业。目前，在21名就业的男生中，也只有3人在公共部门就业，而在22名就业的女生中，有9人在公共部门就业。

(4)毕业后真正从事汉语教育与培训的奖学金生在就业的非洲孔子学院奖学金生中所占比例仅有约1/4。在公共部门就业的12人，有3人在政府机构工作，有6人在公立中小学工作，有2人在高等教育机构工作。而在私营部门就业的25人中，除1人在私立中小学，1人在私立高等教育机构就业之外，其余的都在私营企业或公司工作。此外，还有1人在私营企业工作之余，还自己开设汉语培训班。因此，目前在从事汉语教学与培训的奖学金生比例为25.6%。另外，调查发现，从事汉语教育的奖学金生主要分布在埃及和喀麦隆两国，这与两国的汉语教育较早进入国民教育体系有关。

(5)相对于男生来说，非洲女性孔子学院奖学金生在就业时更倾向于选择从事汉语教学。在就业的21名男性奖学金生中，在中小学和高等教育机构就业的分别有2人，另有1人兼职从事汉语培训，从教比例为19%，从事汉语教学与培训比例为23.8%；而在就业的22名女性奖学金生中，在中小学和高等教育机构就业的分别有2人和5人(其中在公立教育机构和私立教育机构就业的分别有5人和2人)，另有1人担任志愿者汉语教师，从教比例为36.3%，从事汉语教学与培训比例为31.8%。之所以存在这种差异，是因为女性倾向于选择更为稳定的工作岗位，而男性更倾向于选择高风险和高收入的职业。

(6)尽管从事汉语教育与培训的非洲孔子学院奖学金生的比例不高，但是绝大多数已经就业的孔子学院奖学金生也在从事与中文或者中国有关的工作。

在这些就业者中，绝大多数人的工作与中文或者中国有关，其比例高达95%，仅有2人明确说当前职业与中国或中文没有关系，另有3人未做说明。这种关联性主要体现在三个方面：①从事翻译工作，这是比例最高的。②从事汉语教学或在中国的高校任教。③从事中国与其他国家之间的外贸工作。就此而言，符合孔子学院奖学金项目所确定的宽泛的目标——培养各种合格汉语人才。

(7)就奖学金项目对受益者个体职业发展的影响，非洲奖学金生持积极评价的比例相对来说较低。在"奖学金项目有助于我获得一份工作""奖学金项目有助于我获得更高的职位"这两个问题上，受调查者持"认同"和"完全认同"的比例较低，其和分别为59.0%和60.0%。这与前面所统计的受调查者的就业状况和晋升状况是比较一致的。

在41名就"在参加了奖学金项目之后，您获得晋升了吗？"[④]这一问题做出回答的受调查者中，有18人选择了肯定的答案，仅占43.9%。与此同时，在"我在奖学金项目中获得的知识与技能与我现在的工作相关"这一问题的调查中，选择认同与完全认同的分别有15人和14人，占比分别为36.6%和34.1%，而完全不认同的为1人，不认同的为7人，不确定的有4人。

(8)尽管受益者项目在帮助自身求职和晋升方面满意度还不高，但是绝大多数奖学金生对奖学金项目整体感到满意。在项目有助于实现个人的学术期望和人生目标、项目影响个人思维方式、对项目整体感到满意以及积极向身边人介绍奖学金项目这五个问题上，选择"认同"和"完全认同"的比例之和均超过80%，其中有92.3%的受调查者"认同"和"完全认同""我在积极向我身边的人介绍奖学金项目"。一些学生将汉语国际教育专业硕士学位视为进一步攻读博士学位的阶梯。

(9)奖学金生对孔子学院奖学金项目的评价，呈现出性别差异。整体来说，男生对项目的评价要高于女生，造成这种差异的主要原因是女生对奖学金项目有助于就业和职位晋升的评价上明显低于男生的评价。这从男女生就业和职业晋升的现状可以得到验证。在受调查者中，男性对自己当前工作的满意度要明显高于女性(前者为95.2%，后者为71.4%)，与此同时，女性对自身收入的不满意程度又明显高于男性(前者为25.0%，后者为9.5%)。从中反映出在非洲国家，女性在职业发展道路上处境不利。不过从统计数据可以看出，女生要比男生更看好奖学金项目对实现个人学术期望和人生目标所具有的积极作用。

(10)来华留学，无论时间长短，这段经历均对绝大多数孔子学院奖学金生的中国印象产生了积极的影响。在“结束奖学金项目之后，我继续与中国的老师、同学、朋友保持联系”“奖学金项目使我对中国的印象发生了积极的变化”“结束奖学金项目之后，我继续关注中国”“结束奖学金项目之后，我经常向身边的人介绍中国的发展”这四个调查问题上，选择“认同”和“完全认同”比例之和都接近或超过九成，其中高达96.8%的学生结束奖学金项目之后，继续与中国的老师、同学、朋友保持联系；而89.3%的学生在结束奖学金项目之后，经常向身边的人介绍中国的发展。正是因为如此，所以可以期待他们在未来的中非交流中起到积极的作用。

二、建议

(1)孔子学院总部/国家汉办应该进一步优化孔子学院奖学金项目政策设计。①要明确和细化孔子学院奖学金项目的政策目标。如前所述，从文字表述来看，孔子学院奖学金项目的政策目标变得更为简洁和明确；从内容来看，也有所变化。但是，将原有政策目标——“培养合格的汉语教师和各类汉语人才”简化为“培养合格的汉语教师”，实际上是政策目标的窄化。这一调整是否合适值得商榷。同时，孔子学院奖学金项目应该是国家汉办/孔子学院总部政策措施的有机组成部分，各项政策措施有必要在统一的政策目标下相互衔接，各有侧重。因此，孔子学院奖学金项目的政策目标表述需要进一步明确和具化。②就培养合格的汉语教师以及使奖学金生形成积极、正确的中国印象这双重目标而言，汉语国际教育专业硕士、一学年研修＋汉语国际教育专业硕士、汉语国际教育本科这类奖学金要比短期的奖学金类型对奖学金生的影响更大，收益更为明显。因此，孔子学院奖学金项目的结构要向这些类型倾斜，适当增加学位型奖学金数量，减少短期奖学金规模。③在非洲地区，孔子学院奖学金项目还可以向女性倾斜。因为调查发现，在非洲，女生更有可能在择业时选择成为汉语教师。同时在非洲国家，女性普遍处境不利，因此对于改变她们的命运来说，奖学金项目意义更为重大。

(2)孔子学院总部/国家汉办要设法推动非洲孔子学院奖学金生，特别是其中的优秀学位生，也就是潜在的合格汉语教师投身非洲的汉语教育与培训工作，推动汉语在非洲的推广。非洲是全世界孔子学院发展最快、最具活力的地区。在中非合作论坛框架下，以及“一带一路”建设相关倡议的推动下，中非经贸关系发展势头强劲，为汉语在非洲的推广注入了强大的动力。但是，非洲汉语推广起步晚，大部分非洲国家还未将汉语教育纳入其国民教育体系，非洲本土汉语教师教育与培训体系薄弱，汉语需求与本土汉语教师供给之间的矛盾十分突出。这凸显了孔子学院奖学金项目在培养非洲本土汉语教师上所具有的重要意义。然而调查结果显示，在学成就业的非洲孔子学院奖学金生中，仅有约1/4从事汉语教学与培训。这显然不符合孔子学院奖学金项目的主要政策目标。

造成这种状况的原因是多方面的。①因为在很多非洲国家，汉语教育还未进入其国民教育体系，中小学中汉语教师工作岗位有限，而大学的教师职位门槛又高，不易进入；②因为在很多非洲国家，就社会地位和待遇来说，教师职业，特别是中小学教师职业并不具有吸引力，相较而言，私营企业或自我就业为这些非洲国家的孔子学院奖学金生提供了机会更多、薪水更高的职位；③因为很多非洲国家经济落后，教育财政紧张，补充汉语师资并非这些国家教育发展战略中的优先事项。

因此，需要在各个层面上系统思考解决这一困境。①国家汉办/孔子学院总部要努力推动非洲国家将汉语教育纳入国民教育体系，并在汉语教学大纲制定、汉语课程开发、本土汉语教材编写、本土汉语师资培养等方面提供支持和协助；②在汉语教育还未进入国民教育体系的国家，国家汉办/孔子学院总部应思考如何将学成归国的潜在汉语师资纳入所在国现有的、以孔子学院为核心的汉语推广体系，例如鼓励孔子学院聘用这些学生，让他们担任助教、助管，并在考核合格的基础上，择优聘用为孔子学院院聘的正式教师和管理人员，通过这样的方式储备汉语师资和汉语推广管理人员，避免人才流失。而这需要国家汉办/孔子学院总部制定更为灵活的政策和措施。

(3)作为项目管理机构的国家汉办/孔子学院总部以及奖学金生接收院校和推荐机构要强化对奖学金生的管理，准确跟踪奖学金生的学术成长与职业发展轨迹，及时为优秀奖学金生提供支持网络，帮助他们在学术和职业道路上获得更好的发展，尽快成长为相关领域的领袖。孔子学院奖学金实质上是一种中国政府奖学金形式。国际高等教育奖学金项目是世界上很多国家政府都选择实施的、具有公共外交/软实力和国际发展援助双重性质的重要政策工具。这种政策基于这样一种设定，它有助于发展中国家人力资源开发，从而推进这些国家的减贫与发展；同时在捐助国的留学经历有助于在奖学金生与捐助国之间建立起积极的联系，并期待这些潜在的"舆论领袖"未来能促进奖学金生所在国与奖学金捐助国之间良好关系的发展。为培养潜在的知华、友华非洲"舆论领袖"以及非洲社会经济发展各个领域的杰出人才，我们要通过孔子学院奖学金项目挖掘和培养一批非洲青年领袖，利用"孔子新汉学计划"和"中国政府奖学金"项目，支持孔子学院奖学金生在完成学业之后继续在中国攻读博士学位或者学习非洲国家发展亟需的专业，使之成为未来各国对华友好的社会精英。

同时，国家汉办/孔子学院总部以及奖学金生接收院校和推荐机构要投入资源建立起相关的数据库和校友会等支持网络，加强联系，互通信息。本次网络问卷调查中所暴露出的非洲孔子学院奖学金生个人信息不准确、问卷回收率低等问题实际上反映出了这方面工作的严重不足。

三、研究展望

进入 21 世纪以后，作为国际高等教育援助中的一个新兴捐助国，我国在国际高等教育奖学金项目上的投入规模和范围也不断扩大。除了中国政府奖学金和孔子学院奖学金项目之后，地方政府、高等教育机构以及跨国公司等也出于不同的目的纷纷设立国际高等教育奖学金项目。不过，我国对相关项目的评估及其研究明显落后于其他主要捐助国，未见公开的评估报告，研究成果寥寥无几。改进项目评估实践工作，加强项目评估学术研究，势在必行。

本研究是一项探索性研究，目的是起到抛砖引玉的作用，期望引起孔子学院奖学金项目利益相关者以及学术界对项目评估的重视。正是因为是一项探索性研究，所以还存在诸多不足。例如，问卷调查回收率和有效率太低，样本太少；数据采集渠道和方式单一，缺少质性数据；问卷设计不够合理，内容不够完整；数据的交叉分析还不够等等。这些不足也是今后研究的改进方向。特别要注意的是，那些没有配合评估调查的奖学金生，其消极的态度和无声的语言所透露的信息，更值得研究者深入跟踪和仔细分析。另外，本研究是孔子学院奖学金项目区域评估，今后的研究还可以拓展到国别评估和比较评估。

注释

①孔子学院奖学金项目的政策目标描述与项目类型是变动的。2017年孔子学院总部/国家汉办发布的孔子学院奖学金申请指南是这样表述的："为培养合格的汉语教师，促进中华文化传播，孔子学院总部/国家汉办（简称汉办）设立奖学金"；奖学金类别有汉语国际教育专业硕士、汉语国际教育本科、一学年研修生、一学期研修生、四周研修生、南亚师资班。

②柯克帕特里克最早是在其博士研究生学位论文中探讨了培训课程评估模式，后将研究成果发表在1959年的系列论文中。但是，与柯克帕特里克模式相关的最为人熟知的成果是柯克帕特里克1994年出版的《培训项目评估》一书。

③无效问卷多为在读的孔子学院奖学金生，而非结束奖学金项目的非洲学生填写的问卷。

④在这个研究中，晋升（promotion）是指以下其中一项：职责范围明显扩大；年收入明显增加；就业层次提高。

参考文献

[1] 徐丽华. 论非洲本土汉语教师培养模式[J]. 汉语应用语言学研究，2014(07)：176－184.

[2] Matt Mawer. A Study of Research Methodology Used in Evaluations of International Scholarship Schemes for Higher Education[R]. London, England: Commonwealth Scholarship Commission in the United Kingdom. 2014.

An Evaluation Report of Confucius Institute Scholarships Program in Africa

Zheng Song

(College of International Education, Zhejiang Normal University)

Abstract: This study is an exploratory evaluation of the outcome and effect of Confucius Institute Scholarships(CIS) program in Africa, which are financed by Confucius Institute Headquarters (Hanban). It is based on the data from the questionnaire, and take the policy objectives of CIS as main evaluative criterion. The findings show that CIS promotes individual development of students with scholarship, and plays a role of soft power and public diplomacy effectively. However, it does not achieve the goal of training the qualified teachers of Chinese language effectively. Finally, this study gives some policy suggestions about how to improve the implement of CIS in Africa.

Key words: Confucius Institute Scholarships; program evaluation; Africa; policy suggestions

华人华侨研究

青田侨商回国创业的社会制度性支持

王　逍*

（浙江师范大学　国际文化与教育学院）

摘　要：青田侨商回流是因国际金融危机引发的人口与资本要素回国返乡创业的现象，这为带动侨乡地方经济的发展提供了契机。本文立足人类学的整体观，从地方政府职能的合理配置、有效的制度举措、双向度侨乡人力资源的开发等三个方面，阐释青田侨商回国创业的社会制度性支持因素。

关键词：青田侨商；回国创业；政府职能配置；人力资源开发；社会制度性支持

2008年爆发国际金融危机以来，欧洲市场萎缩，经济下滑，居民失业率居高不下，消费持续低迷。这对80%都集中在欧洲的青田侨商造成不小的冲击。由于国外市场盈利情况不容乐观，侨商纷纷选择回国投资创业。归国侨商人口逐年增加，侨商回流成为一种显性的人口流动现象。如何保障归国侨商创业的权益，保持侨商创业热情，反哺地方经济的发展，是摆在地方政府尤其是侨乡面前的一项新课题。

目前，青田侨商回国投资的领域大多集中在房地产业和餐饮服务业，投资行业趋同明显。这一方面是近年来我国房地产价格暴涨引诱下的趋利性选择，另一方面是侨商对传统的生产组织方式、生活模式的守成性路径依赖。按照系统论的观点，企业与环境之间发生肯定、积极的交换关系才能保持系统的活力。

---

* 作者简介：王逍（1967—），女，湖南双峰人，浙江师范大学国际文化与教育学院教授，浙江师范大学华人华侨与文化传播研究中心主任，人类学博士，社会学博士后。

要扭转侨商当下的投资局面，就需要引入外生变量，而这很大程度上依赖社会对侨商回国投资的制度性创新。

从公共管理的角度看，这种制度性创新从根本上有赖于地方政府职能的合理配置与有效发挥以及相关制度支撑。本文立足文化人类学的整体观，从地方政府职能配置、有效的制度性举措、双向度侨乡人力资源的开发等层面，阐释青田侨商回国投资的社会制度性支持。

一、青田侨乡地方政府职能的合理配置与有效发挥

胡鞍钢对中国的经济转型研究指出，中国正在经历市场与规划高度融合的独特经济转型。一方面引入市场机制，对资源配置起基础性作用；另一方面改革计划机制，不断促进计划本身转型，从经济计划到公共事务治理计划，使市场和计划都成为中国发展相互补充、相互促进的手段[1]。整个中国经济的成功在于政府与市场的密切联动，政府这只“看得见的手”与市场这只“看不见的手”相辅相成。投资环境的优劣和市场运作的成败，在很大程度上取决于地方政府合理的职能配置及其有效发挥。核心在于建立廉能高效的政府组织。政府创造良好的投资环境，意味着建立现实可行的投资项目体系，提供优质的公共服务，等等。

(1)建立职责明确和协同合作的地方政府职能配置体系。对侨商地方政府而言，侨商回国投资的管理和运作是一项复杂系统工程。其高效廉洁的关键，在于合理有效的职能配置和有效运作，尤其应避免多头管理和权责不明的现象。具体而言，在横向层次上，地方侨务部门与各级政府部门，应形成良好的协同合作关系。在纵向层次上，各级政府相关部门，特别是外经贸部门、侨务部门等要建立有序、紧密的层级联系。诸如：在侨商投资信息、项目推广、金融政策等方面予以相互配合。其中各级侨务部门在侨商投资转型中，应发挥其他部门不可替代的作用。诸如：对国家有关侨务政策的充分解读，对侨商在当地投资状况的深度调研；纵向传递归侨事业发展信息，横向为所在政府部门提供侨务政策依据，保障侨商合法权益，等等。

(2)科学评估和动态管理侨商回流信息。地方政府在侨商回国投资事务

的管理上要有科学评估和动态性管理意识。所谓科学评估是指从发展眼光和辩证思维来看待侨商回流的现状和趋势。一方面,国内外市场环境变化是常态,侨商的投资意愿和投资行为也有变化波动。另一方面,侨商回国投资意愿与其所受金融危机影响的程度呈相对关系。例如,从事餐饮业的受金融危机影响相对较小,从事国际贸易的则受影响相对较大,致使后者比前者的投资转型的意愿更强烈。此外,欧洲侨商受金融危机的影响有时序上的差异。例如,西班牙侨商比意大利侨商受冲击早。基于此,地方政府有必要对侨商回流信息实行动态管理。这意味着"分时、分段、分地"地对侨商回流信息予以数据化管理。关键步骤在于通过多样化途径,收集足够丰富的侨商回流信息。诸如:通过实地走访和深度访谈的方式,对侨商的家庭状况、出国时间、经营现状、投资意向、投资需求等信息建立分类档案。这不是干巴巴的条文和资料汇编,而是带有人文关怀意味的人性化管理。充分把握投资者信息,建立数据库是地方政府与侨商们建立有效沟通的前提,是对侨商回国投资提供社会制度性支持的基础。

(3)以主客位相结合的视角,总结评估现有侨资分布与使用状况。当前,就侨资的地域分布而言,在青田当地的投资金额有限,而在国内其他地方的投资规模却不小。早在2004年,青田籍侨商在青田境外的投资总额逾3 000万美元,相当于青田境内华侨回乡投资额的5倍多[2]。尽管侨资总量规模惊人,但是资金分散,联合不足,不能满足资金密集型产业的投资需求。就目前青田侨商在家乡的投资而言,总体规模小、层次低。其主要投向房地产、酒店、皮革工业等传统加工业以及小水电项目,而对高新技术产业与文化产业等资本知识密集型产业却鲜有涉及。原因之一是地方公共服务的局限。例如,旅葡华侨詹亮投资的文化产业之所以未能设在青田境内,主要原因是金融服务跟不上。①

基于此,地方政府需要以侨商发展为本位,以侨商与侨乡互赢为原则,以侨商的主位视角和研究者的客位视角相结合的方式,深度分析产生以上状况的原因。尤其需要整体着眼,统筹安排,推动侨商与地方政府的双向互动,吸纳并引导侨资流向。作为市场主体,企业总是对市场保持最灵敏的嗅觉。在政府与侨商的互动中,最重要的一条原则是:政府的管理和规划应以尊重侨商的米提斯(metis)[3]为前提。米提斯,是斯科特在研究世界上那些试图改善人类状况的项目如何失败这一议题时,引用古希腊人的一个概念,其内涵是指对不断变动的自然和人类环境做出反应所形成的广泛实践技能和后天获得的智能，与“民间智慧”“实践知识”意思相近。但米提斯又是持续变化、动态的，一般不易言传，需要经验感觉。相较于显性固定且具有普遍适用性的技术知识，米提斯是一种具有复杂性和主观性的默会知识，是个体在实践中把握的权变知识，是个人技能、感觉与实践相互作用的结果。官方政策通常是对复杂社会环境的简化处理，不能照顾侨商回国投资的复杂性和随机性。因为米提斯的存在，政策的契合度始终是一个不能完满解决的问题。为此，政府针对侨资的管理职能的执行和规划方案的出台，要尽可能考虑侨商投资实践的知识。任何政府规划和设计都不能挤压作为市场主体的企业的活力，企业家的创新需要自由和制度的保障，政策的制定可由利益攸关的侨商企业家参与甚至主导。此外，政府要充分考虑侨商的合理诉求，尊重侨商的主位看法，让侨商参与投资项目的产生过程，从意向、论证直至出台，整个过程透明化、公开化，最终获得侨商的理解，并接受政府推出的投资项目。为此，投资项目的设置必须充分做好侨商投资意向的前期调研，项目包装上充分吸纳其合理意见，鉴于侨商个体的现实投资能力，规模较小且有市场潜力的项目往往更能受到他们的欢迎。

二、青田侨商归国返乡投资的制度支撑与举措

亨廷顿说：“发展和现代化方面的问题，都源于能否建立更有效、更灵活和更合理的组织。”[4]地方政府尤其是处于政治体系枢纽位置的县级（含县级市）政府，唯有更好地发挥统筹组织和协调工作，充分发挥区域产业布局、社会力量整合、制度环境创新、经济资源配置等职能，才能有效地推动侨商回国投资成功转型。

1.优化青田侨商归国返乡投资的市场环境

市场环境有软环境和硬环境之分。所谓软环境，主要指制度与舆论环境，包括公务人员的服务意识、侨商投资的优惠政策、侨商投资的社会舆论等。所谓硬环境，主要是物质生活条件，包括公共基础设施、公共卫生教育等。

先从市场软环境来看，关键是政府部门的为政理念和服务意识。理念是行动的先导。马克思·韦伯说："不是思想，而是物质和观念的利益，直接统治着人类的操行。然而经常是思想创造的世界形象，就像扳道工一样，决定着运行的轨道，利益驱动的行为就沿着这轨道运行。"[5]侨商回国投资环境的优化，前提条件在于职能部门公务人员树立服务意识，及时整合或强化相关职能部门的力量，做好侨资服务引导工作，提升经济管理能力和效率，进一步激发市场活力和侨商的创造力。政府要通过社会宣传和舆论引导，在全社会尤其是政府工作人员中统一对侨资的认识。切实为地方经济和侨商实际利益着想，严格执行国家侨务政策和各项经济举措，力戒嫉妒侨资的社会心理，营造公平竞争的经济文化环境，对新老华侨一视同仁，不歧视小规模的投资项目，热情服务每一位侨商，从而在全社会营造出一个良好的侨商投资环境。

与此同时，吸引侨商归国返乡投资定居，还必须优化公共服务，高度关切侨商回国生活的事务性问题，做好生活的后勤保障，解决其回国投资的后顾之忧，尤其应灵活解决侨商的户籍管理问题。有研究者对青田侨商的走访调查后发现，影响其回国定居最直接、最重要的因素是国内的户籍政策和华侨回国定居审批政策[6]。户籍关涉到侨商在国内的住房、医疗、教育、社会保障等各方面的切身利益。由于华侨回国定居牵涉较多问题，全国尚无统一性政策，各地的把握尺度不一。例如，浙江在现有法律框架内的制度性探索是："浙江华侨入境后，在拟定居地连续住满 3 个月，或者连续 6 个月内累计住满 3 个月的，可以申请回浙定居。"[7]浙江这一相对宽松的华侨回国定居审批制度，也是吸引侨商回国投资发展的重要因素。但广大侨商还希望有更进一步细致的保障措施，诸如解决看病难和小孩入托、入学等手续繁杂的问题。

2. 建立青田侨商投资项目推广体系

构建理性秩序是现代社会的核心诉求，是现代政府管理职能的目标指向，推动侨商投资有序化是政府侨资管理的职能目标。要使青田侨商的投资既符合当地经济社会发展的现实需要，又能满足侨商自身的经济利益诉求，就要求政府在优化投资环境的同时，还要建立侨商投资项目推广体系。

(1)畅通信息传播渠道，发挥华文媒体在回国投资中的宣导作用。在现代社会，个人的生存和发展离不开他对信息环境中的机会和风险做出战略反应的能力，要做出明智的经济决策，就必须解决公共信息的获取、交流和传播等问题。随着我国经济能力的快速提升，海外华文媒体更多地关注祖国发展信息，其中很重要的一项工作是为回流的华人提供资讯和准备。葡萄牙华文报纸《联合时报》就有不定期的地方专版内容，包括浙江、湖南、广东等地的经济信息。② 地方政府可以与海外华文媒体建立积极的合作关系，借助其传播平台，定期向海外华侨宣传当地的投资项目、投资环境和投资政策，使侨商及时从中捕获市场机遇，增强回国投资的信心。

(2)精心包装投资项目，打好投资项目组合拳。地方政府应为侨商回国投资提供多样化选择。投资项目设置应眼前利益与长远利益相结合，尤其要突显青田的比较优势。例如，生态农业开发、休闲旅游产业、健康养老产业等，青田具有得天独厚的条件。还可以创造条件，引导侨资投向公共基础建设项目，比如交通、供水、环卫等。尤其值得注意的是，项目包装上要积极咨询侨商的专业意见，尤其要重视新侨资源，结合他们的意愿和青田县域经济发展实际，借鉴欧洲的经验，设置具有前瞻性、成长性的联合投资项目。大项目的规划设计一定要有产业集群意识，将开发区建设为一个多元产业并存的科技文化生态园区，让尽可能多的侨商都能从中找到自己中意的项目。

(3)发挥好政府基金引导实业投资的作用，搭建侨资创新融资平台。曾有侨商尝试产品创新，从德国引进一套高科技环保废水处理设备，但是经营三四年后，因国内企业的抵制情绪导致产品成效差、资金回笼难度大，后来不得不放弃该项目。③ 这名侨商的困境折射的是创新行为的内在稀缺性。创新不同于一般私人产品，它具有公共品的属性，且投资期限长、风险大、资金需求多，所以创新具有内在的短缺性[8]。面对创业企业或成长期企业的资金需求，政府引导基金应该积极有为。政府引导基金也称“种子基金”，是由政府发起并吸收相关部门和投资机构等出资设立，通过债权、股权等形式投资于创业投资机构和领域的基金。其客户群体主要是创业企业或成长期企业，满足这类企业对资金的迫切需求[9]。对于高成长性、增值潜力大而商业银行或民间资本不愿意涉足的产业，尤其是创业期的中小高新技术企业，政府引导基金可充分发挥其杠杆作用，引导带动更多的侨商资本进入创业投资领域，可重点扶持符合国家战略的产业领域和企业。

(4)地方政府还应深化财政项目改革，对重大项目立项审批可以特事特办，尤其是对促进地方产业升级的高新产业、生态环境治理项目等予以重点支持。开展地方金融改革,集纳侨商的民间资本和外汇资源,可考虑设立华侨股份制银行,用以扶持侨商的产业开发。

(5)简政放权,简化项目审批手续,调动侨商作为市场主体的积极性。侨商在与国内相关人员打交道的过程中,对国人重关系而轻制度、重人情而轻原则的现象多有不适。这就需要政府进一步规范市场和强化契约精神。事实上,问题的核心在于处理好政府与市场的关系。上海自贸区的制度探索已经为其他地方的改革做出表率。发挥市场在资源配置中的决定性作用,正确处理好政府与市场两者共存的复合型关系。地方政府在宏观调控之下,让侨商自主投资,形成自己的投资特色,政府减少对微观经济的过度干预,将选择权还给侨商。实施"负面清单"管理,对政府而言,"法无授权即禁止";对侨商而言,"法无禁止即自由"。从而不断优化"两只手"的关系,进而创造公平有序的市场环境,最终达到侨商们所期盼的"一切按规范办事"。

3.完善利益共享和风险均摊的侨商投资风险防御机制

贝克在反思西方现代化的基础上,提出了"风险社会"的概念,风险既是本土的,也是全球的。风险是有威胁的未来,始终与事实相反,成为影响当前行为的一个参数[10]。在中国当前的现代化浪潮中,回国投资的侨商个体也必须面对潜在的、无法感知的风险。稍有不慎可能被不诚信所欺骗,以至于数十年累积的资产血本无归。

人们对风险的感知决定其思想和行动。由此,地方政府尤其要理解侨商回国投资的心态,区分不同类型的投资行为,关注不同时段下的投资情境。侨商投资的目的是盈利。出国创业与回国创业是两种不同的创业类型,前者是白手起家,了无牵挂,敢冒险;后者是财富守成,保底思维,投资谨慎。一方面由于侨商对国内的投资环境与政策不很熟悉,另一方面侨商个体抗市场风险能力弱,倘若投资失当而造成不可挽回的损失,往往会挫伤侨商投资的积极性。例如,2010 年,70 多位青田籍侨商上海滩遭遇购房陷阱而"被买黑房",六千万巨款打水漂的事件,值得地方政府和侨商深刻反思。据《法人》杂志的报道,在上海市松江区,开发商上海博联置业有限公司违法占地,修建无土地使用证、建设用地规划许可证、预售许可证的"三无黑房",骗取青田籍 70 余位华侨 6 000 余万元房款。上海博联置业公司董事长涉嫌行贿一案正式立案并被追逃，至于涉事的青田县某服务公司，其管理机构则以“该公司承包给个人了，一切纠纷和法律责任均由承包人承担”来回应受损侨商的维权诉求。[④]

若要杜绝类似事件的再次发生，就需要地方政府真正奉行以人为本的执政理念，具备整体式思维眼光，为侨商回国投资建立利益共享、风险均摊的投资风险防御机制，保护侨商投资的积极性。政府理应为侨商在国内的投资“保驾护航”。当然，侨商自身也要增强风险意识，对投资项目予以审慎的评估。

在构建风险防御机制上，政府尤其要确保投资政策的稳定性、可操作性与可持续性。政策缺乏连续性和稳定性已经成为青田侨商在国内投资的一大隐忧。“中国的关系太复杂，地方政府换届，原有的关系又要重新建立。”[⑤]侨商渴求稳定的政商关系，地方政府需要强化契约意识，讲究诚信，新老政府之间要做好有法律效力的衔接，不至于在投资政策、项目开发上引发不必要的争端。例如，金冠军等 4 名青田侨商在山东某地的房地产开发至今未获得房产证，以至于纠缠在官司中，问题就在于政策的“断层”，“以前我们去的时候，那些市长、书记对我们很好的。现在，换了人了，他们说这是历史遗留问题。”[⑥]可见，地方政府在治理上仍有明显的人治色彩，现代治理的法治意识淡薄，需要进一步推动服务型政府建设，提升政府的现代化治理能力，确保政策的连续性。

4.构建侨乡文化资源与地方经济的互动格局

“亲缘、地缘、神缘、业缘、物缘”等五缘文化，是青田侨商在海外赖以生存的社会支持体系。保护好侨商的社会文化纽带，应成为侨乡地方政府的文化战略。

(1)挖掘侨乡历史文化资源，做好民俗文化传播，强化侨商对桑梓亲缘和地缘的情感与文化认同。地方政府在招商引资中必须意识到“爱、信任、忠诚、愤怒”等情感因素对侨商回流的影响。“我们青田人出去的有 80%以上是初中以下文化，人很淳朴，认死理、认发展，家乡感情特别重。他们想光宗耀祖，想回归家乡，回归青田。”[⑦]第一代侨商对故乡有普遍的“地方依恋”，怀念童年、亲近乡土、情感投入是侨商地缘、亲缘等五缘文化认同的重要内容。情感所形成的内聚力可以使人朝着同一目标行动。人的情感既是生理的，也是心理的，它是长期文化浸染的产物，美国人类学家克利福德·格尔茨说过：“我们的思想、我们的价值、我们的行动，甚至我们的感情，像我们的神经系统一样，都是文化的产物——它们确实是由我们与生俱来的欲望、能力、气质造出来的。”[11]而这种隐形的气质通常外化于我们的传统节日、民间谚语、人生仪礼等集体记忆之中。

利用传统节日，传播民俗文化，是增强海外华侨家乡情感认同的一种十分可行的方式。詹亮先生就提出借鉴“葡侨日”⑧的做法，呼吁全国人大将传统的团圆佳节——中秋节，列为海外华侨华人的“侨民日”，通过传统节日的庆典活动来凝聚华侨人心。以“侨民日”为概念，地方政府可以积极挖掘地方文化资源，组织特色民俗文化活动，通过网络和电视向全球华侨直播或展播，这种以节日活动为载体的“历史——民俗”传播[12]的意义就在于建构一种社会情境，通过共同参与、表演或观看，以形象、直觉和情感为沟通纽带，重申信条、行为道德规范和群体理想。这种情感动员对于强化海外华侨对地方的认同富有积极意义，一方面可以解其思乡之苦，另一方面也让其看到政府对他们的重视，激发其内心的尊严和认同。

此外，还可设立华侨纪念馆和华侨博物馆，达成个人生命史与社会大历史在同一时空下的相互言说，将华侨个人历史的微观叙事与民族宏观叙事相勾连，将华侨个人成长与地域文化特征相结合，使侨乡精神文化特质实现“可视化”，达到一种长期的、耳濡目染的公共传播涵化效果。纪念馆既可作为地方的乡土教育基地，又可作为地方的旅游文化资源，还可以是海外华侨寻根寄托的精神家园。例如，“中国近代博览会之父”陈琪纪念馆就“作为一个世博会的宣传和教育基地，宣传陈琪的爱国思想和崇高追求，宣传世博会的丰富内涵和伟大意义，弘扬爱国主义精神，发展博览事业和博览文化并使之一代接一代地薪火相传。”[13]

(2)挖掘侨商报效桑梓的信仰与文化，激励引导侨商向企业家转型，承担社会责任。至诚积善、报效桑梓的传统是青田侨商非常优秀的文化品格。抗战时期，出钱出力，保卫祖国；社会主义建设年代，富不忘乡，捐资助学，建设家乡；改革开放以来，回国投资，开拓家乡经济发展思路，参与全球化竞争，为经济社会发展贡献自己的力量；支持香港、澳门回归，反对“台独”，反对“藏独”，反对一切分裂祖国的行为，为祖国统一大业开展旗帜鲜明的斗争，青田侨商们的家国情怀令人感动和钦佩。事实上，这种朴素的“家天下”的观念与西方强调的社会责任具有相似性。美国弗吉尼亚大学达顿商学院教授陈明哲对商人和企业家做了区别:商人重在交易,企业家则具有创业内涵,注重企业永续经营。永续经营的前提是承担社会责任,而非交易。他建议:"被冠以浙商、徽商、晋商的商人群体要从传统中转变出来,逐渐形成成熟的企业家观念,以至于他们信奉、贯彻和执行的是一种制度、典范,而非一种文化习惯。"[14]在这种报效桑梓的文化信仰从自发走向自觉的过程中,地方政府应该积极承担起培育责任,积极宣传侨商在社会公益事业上的所作所为,讲好侨商公益故事,挖掘提炼侨商公益文化内涵,从情感上激励并引导侨商向企业家转型,承担起社会责任,使之制度化并具有永续性。

三、双向度拓展青田侨乡人力资源

人是一切生产要素中最重要的要素,青田侨乡的人力资源开发是侨商群体壮大和可持续发展的内生引擎,也是青田城镇化建设的核心基础,能为青田的现代化转型提供契机。事实上,人才已经成为青田经济腾飞的制约因素,"科技人才、专业人才与经营管理人才的短缺,直接影响到青田县一些高技术产业项目的引进,不利于产业集群,不利于企业的技术创新,也影响进出口贸易的发展,制约了海外侨资进入青田"。[15]哈比森在《作为财富的人力资源》一书中指出:"人力资源——是国民财富的最终基础。资本和自然资源是被动的生产要素;人是积累资本,开发自然资源,建立社会、经济和政治组织并推动国家向前发展的主动力量。显而易见,一个国家不能发展人们的技能和知识,就不能发展任何别的东西。"[16]要实现青田人力资本的优势转化,关键在于夯实青田的教育基础。

所谓双向度拓展青田侨乡人力资源,是指从空间和时间两个维度开发有利于青田侨商返乡投资的人力资源。从空间维度看,侨乡人力资源开发包括两个层面:一是致力于本土人才的培育,为优化国内投资的技术型和管理型储备人才;二是呼唤海外人才回归,通常是接受过良好高等教育的第二代、第三代华人华侨,他们是推动侨商产业创新升级的高端人才。从时间维度看,侨乡人力资源开发包括两个面向:一是面向现在,即做好与当前经济社会发展需求相适应的中高等职业教育;二是面向未来,即做好针对"准华侨"中小学生的基础教育。

为此，青田侨乡人力资源开发需从以下几个方面着手：

(1)教育要与侨乡经济社会发展相适应，加强基础教育和中等职业技术教育，培育形成富有侨乡特色的教育生态。教育是人社会化的重要途径，人力资源开发的效用在于与当地社会文化经济发展相匹配。应拓展教育渠道，明晰教育层次。一方面，加强基础教育，遴选优秀人才进入大专院校，改善当地的人才结构；另一方面，强化中等职业技术教育，发展双语或多语学校，形成具有"全球化"印记的特色型职业教育。这样既可以为青田当地输送经济社会发展亟需的技术工人，又可以培训西班牙语、意大利语、法语等多语种的知识型"蓝领"，从而输送海外以满足华侨事业发展的需要，进而使青田成为一个与欧洲劳动力市场对接的人力资源输送枢纽。这种特色教育还可能吸引侨资回流，培育教育产业，进而促进当地经济的发展。

(2)整合海外高端人才优势资源，促进地方经济社会转型升级，提升地方经济文化品位。对外引资，更要对外引智。青田的发展应善于借助"外脑"。事实上，青田华侨中涌现出一大批杰出高层次人才，他们活跃在驻在国的政治、经济、文化、社会的各色舞台上，同时又与祖(籍)国保持相当紧密的经济与文化联系，其本身是"一个集人力资源(包括劳动力资源、人才智力资源)、资本资源、文化资源、政治资源、科技资源、信息及网络资源等资源类型于一体的资源系统"[17]。据《青田华侨史》统计，青田籍华侨华人高级知识分子达 115 位，包括军事将领、教授、科学家、艺术家以及体育明星等，现在已初步形成华侨高层次精英群体。例如，曾任法国总统亚裔顾问的孙文雄、美国著名建筑设计师饶及人、奥地利知名艺术家杨俊等均是青田籍华人界翘楚[18]。建议将各行各业的青田籍华人华侨精英纳入青田县政府的人才资源储备库，可聘请这些高端人才作为某项领域的发展顾问，吸收富有全球性视野的参考建议；或者由他们为家乡引进更多的资源，提升经济文化发展的品味；抑或鼓励他们自己带着与家乡产业发展相适应的技术和产品回乡投资，带动地方经济转型升级。

(3)充分意识到基础教育对象的特殊性，积极开展"留根工程"，有意识地强化青田乡土教育，增强新生代华裔对家乡的地缘认同。有研究者将在国内接受华文教育的华侨子女分为两类[19]：一类是父母已经在国外生活多年，或者已经加入所在国国籍，子女出生于国外，送回国接受华文教育的；另一类是父母在国外，子女出生于国内，由其他亲人抚养，在国内接受一般教育，准备到一定年龄出国的“准华侨”。从人力资源的未来流向来看，这些人将来都会出国，父母将他们留在国内接受教育的目的就在于学会中文，认同中华文化。文化是人类社会不朽的条件，国内华文教育是建立华侨文化与价值认同的关键环节。对地方而言，乡土教育则是培育家乡情结的重要方式。所以，应致力于开发青田侨乡文化读本，延续青田的方言文化，这些都对维系地缘的情感认同有积极意义。同时，这种极具针对性和地方性的文化教材还可以应用于青田侨商在海外的华文教育。

总之，加快侨乡人力资源开发具有经济和文化的双重意义。经济上，提升华侨整体的文化层次和知识水平，以更好地应对知识经济时代对人的综合要求；文化上，以基础教育为抓手，从小植入当地的文化集体记忆，加深“准华侨”们对地缘的归属感，增进家乡情感，适时回馈家乡。通过强化基础教育和职业教育，有针对性地开展语言、文化和技术的教育，使本土人力资源开发与侨乡经济发展、侨群可持续发展相对接，从而实现人尽其才、物尽其用；通过整合海外高端人才资源，带来新的思想、产品和技术，进而带动侨乡区域经济的转型升级。

四、结语

综上所述，侨商回国投资为青田侨乡发展带来了契机，也在书写新的青田侨乡与青田侨商历史。青田将从向世界市场单一的输出“人”，转向世界的产业、观念与青田人的双向流通。无论是宏观的政府职能配置，还是中观的制度支撑与举措，以及微观的人力资源开发，其核心命题都是地方政府应服务侨商，注重侨商的主体性，为地方发展留住侨商的人与心，留住侨商带回国的有形与无形的资源。进而以侨商为中介，将地方发展嵌入国际市场，开拓地方发展空间，实现侨乡与侨商的互惠双赢。

注释

①②⑦参见陈肖英，任幸芳．詹亮访谈纪要[Z]．青田开元大酒店，2013年10月28日。

③⑤参见任幸芳,徐文永.杨强华访谈纪要[Z].青田开元大酒店,2013年10月27日。

④综合《法人》杂志的两篇报道,分别是姜东良.70位华侨折戟上海地产[J].法人.2010(11):75—77;王磊磊.70位华侨折戟上海地产余波未了[J].法人.2012(11):72—73.

⑥参见陈肖英.金冠军访谈纪要[Z].青田开元大酒店,2013年10月27日。

⑧在葡萄牙,每年的6月10日是"葡侨日",用以纪念所有在海外打拼的葡萄牙侨民,意在提升民族凝聚力,促进民族团结,树立民族自尊。

参考文献

[1] 胡鞍钢.中国独特的五年计划转型[J].开放时代,2013(6):32—37.

[2] 徐剑锋.青田侨乡经济现状与发展研究[C].侨行天下.北京:大众文艺出版社,2006.

[3] [美]詹姆斯·C.斯科特.国家的视角:那些试图改善人类状况的项目是如何失败的(修订版)[M].北京:社会科学文献出版社,2012.

[4] [美]塞缪尔·亨廷顿.变化社会中的政治秩序[M].上海:上海三联书店,1989:29.

[5] 转自[英]阿兰·斯威伍德.文化理论与现代性问题[M].北京:中国人民大学出版社,2013:28.

[6] [7]季安照,袁靖华.当前浙江华侨回国定居现象探析[J].华侨华人历史研究,2008(2):25—31.

[8] 张云平,贾甫.让创新成为经济发展的助推器[N].光明日报,2014—1—15(15).

[9] 马林武.发挥好政府基金引导实业投资的作用[N].人民日报,2014—2—26(7).

[10] 徐道稳.风险社会话反思[J].社会学家茶座,2003(4):72—75.

[11] [美]克利福德·格尔茨.文化的解释[M].南京:译林出版社,2002:63.

[12] 吴予敏.无形的网络——从传播学角度看中国传统[M].北京:国际

文化出版公司，1988：29.

［13］陈渔光．传承伯父陈琪的博览业［C］．华侨华人（丽水文史资料第九辑）．北京：团结出版社，2013.

［14］赵博．管理的本质是抓住人的本性［N］．文汇报．2013－12－30(9).

［15］徐剑锋．青田侨乡经济现状与发展研究［C］．侨行天下．北京：大众文艺出版社，2006.

［16］转自金明善，车维汉．赶超经济理论［M］．北京：人民出版社，2001：335－336.

［17］转自娄亚萍．美国华侨华人与中国对美公共外交：作用机制与政策思路［J］．美国问题研究，2011(2).

［18］《青田华侨史》编纂委员会．青田华侨史［M］．杭州：浙江人民出版社，2011：184－189.

［19］吴雪萍，徐晓雷．华侨华人子女的华文教育研究［C］．侨行天下．北京：大众文艺出版社，2006.

The Social Institutional Support for Investment in China by Returned Overseas Businesspeople from Qingtian

Wang Xiao

(College of International Education, Zhejiang Normal University)

Abstract: Due to the international financial crisis, the phenomenon that the population and capital elements are flowing back to China has been called the reflux of overseas businesspeople from Qingtian, which provides a good opportunity for the economic development of Qingtian. From the holistic view of anthropology, this paper will mainly discuss three social institutional support factors for investment by overseas businesspeople from Qingtian, namely reasonable allocation of local government functions, effective institutional initiatives, and two-dimension human resource development of overseas Chinese.

Key words: Overseas businesspeople from Qingtian; return to entrepreneurship; government function assignment; human resource development; social institutional support

青田侨商回国创业的内源性动力机制

张凯滨*

（浙江师范大学　华人华侨与文化传播研究中心）

摘　要：国际金融危机制造的困境与祖国和平崛起带来的机遇，使远在欧洲的青田侨商重新将目光投向国内，他们意图通过“海外积累，回国投资”的路径实现经济转向。侨商经济与国内经济的有机联系及其在文化情感上的内生亲近感是他们回国创业的内驱动力。置身新的创业环境，青田侨商在知识储备、产业决策和社会资本等方面做好准备，通过“人心—产业—社会”一体化的自我调适过程，合成回国创业的内源性动力。

关键词：青田侨商；金融危机；回国创业；内源性动力

青田人迫于生存的压力和对美好生活的向往，从浙南大山奔赴世界各地。历经三百余年传承与发展，他们立足欧洲，辐射全球，基于文化心性的同源特征与社会经济的频频互动，逐步建构形成了一个特殊的群体——海外青田侨商。他们既有中华文化的涵养，又融合放眼世界的国际视野，昔日的背井离乡者，如今已经发展成为一支具有辐射力、影响力的经济力量。

全球化所展现的是世界被压缩，人与人之间的联系增强，世界形成一个相互联系的整体。经济上，2008 年爆发的国际金融危机突如其来，直接导致世界经济急刹车，至今未能重回正轨；政治上，以英国“脱欧”、特朗普赢得美国大选为代表的政治“黑天鹅事件”所展示的发达国家右倾保守倾向，这都为开放可持续的全球经济蒙上了阴影。置身于这一大变革、大调整的国际格局演变之中，

* 作者简介：张凯滨（1988—），男，浙江武义人，浙江师范大学华人华侨与文化传播研究中心助理研究员，中国传媒大学传播研究院 2015 级博士研究生。

青田侨商面临群体性的发展困境。面对祖国持续拓展的经济影响力，他们选择以“海外积累，回国投资”的方式应对现实困境，探索海外侨商经济的转向。

本文主要运用2013年青田侨商大会期间，对参会侨商的访谈资料、侨情信息专报、新闻报刊以及陆陆续续的其他田野调查资料，文献梳理与田野调查彼此参照，从经济与文化互动的双重维度展开分析，试图还原和解释海外青田侨商经济转向的内在逻辑与现实选择。

一、青田侨商经济的国内转向趋势

循着青田侨商的生计变迁轨迹，可以透视其海外置业与国内经济、文化的高度关联性，甚至可以说侨商经济是国内经济在国外的一种延伸。简单归类，可以将侨商的产业发展史划分为两个时段，以餐饮和服装代理为代表的劳动密集型产业阶段和以国际贸易为代表的资金密集型产业阶段。事实上，这与中国在世界产业链的位置密切相关。传统上，以输出劳动力为主，青田侨商通过售卖青田石雕、开办中餐馆、从事服装代理加工等劳动密集型低技术含量的经济活动完成资本的原始积累。改革开放后，中国参与全球化的资本、物资、劳动力和信息等生产要素的全球流动，释放了侨商这一流动性职业群体的经济动能。中国成为世界工厂，随之而来的新一波青田移民瞄准国际贸易的商机，依托自身的“双跨”(跨文化、跨市场)优势，展开国际贸易，主动将自身嵌入国际产业配置链之中。青田侨商作为中介商，基于一种国际市场上的信息差，形成比较优势，赚取差价，从而发展出一种桥接式的中介经济。在中国市场与国际市场之间，侨商敏锐地捕捉双边信息，发展跨国贸易，是中国与世界联动中较早获益的一批人。管中窥豹，从一家巴黎首饰批发小店的发迹史即可感知这一生动的历史过程。

徐乐平有巴黎“首饰大王”之称，20世纪80年代末，他在巴黎经营一家首饰批发小店。起初，他从犹太人手里进货，价格高、利润薄，式样不理想；后从日本、韩国以及中国台湾、香港等地开辟了进货渠道，生意日渐红火。不过，生意真正做大是在20世纪90年代。当时，国内的一些企业开始从事首饰生产加工，上海、深圳等港口城市可以直接从事进出口贸易。国内首饰样式新颖、价格便宜，徐乐平依托国内货源，逐步建立起遍及整个欧洲大陆的客户群，并形成了自己的营销品牌。如今，他日常经营的首饰达到数万种，形成庞大的首饰国际贸易网络。

侨商行走在祖（籍）国与侨居国之间，其“双跨”的营商模式深受双重市场的影响，但也意味着双重选择，存在“西方不亮，东方亮”的契机。世界金融危机的负面影响延续至今，欧洲经济整体下滑，失业率居高不下，居民消费持续低迷，对80%以上都聚集在欧洲的青田侨商来说，这带来了前所未有的冲击。据青田县政协港澳台侨委在2013年的一份调查显示，全球金融危机致使侨商收入减少、不敢投资；侨商经营盈利情况有明显的恶化，国外经营盈利比例从2010年前的76.6%下降至50.97%；有73.5%的侨商准备着手经济转向与转型。这一转变源于侨商对中国和世界经济大势的感知与把握，基于对自身比较优势的再认识。

侨商社会身份的流动性及其经济形态的中介性质，在某种程度上将侨商经济与国内经济相互“捆绑”。侨商与祖（籍）国之间存在的绵密联系，尤其是经济领域的现实感知，自然使其将目光重新聚焦国内的商机，而“一带一路”倡议所携的政策红利将进一步刺激青田侨商寻获新的发展机遇。据青田县公安局出入境管理科有关数据显示，回国定居侨胞从2008年的960人增加到2012年的3981人。青田县政协的侨情调查也显示，31.6%的受访者在县内有各类投资，有17%的受访者在省内外有投资。[4]人口流动和投资分布的两组数据，反映了青田侨商回国投资创业的基本取向。就经济决策而言，青田侨商回国创业应对世界金融危机，不失为一项务实理性的选择。

二、青田侨商回国创业的精神动力

青田侨商的祖辈甚至他们本人，原先都是浙南山区地地道道的农民，他们骨子里带着农耕文化的印记奔赴欧洲营生，不得不在欧洲市镇的契约经济中遵循一套有别于乡村礼法的秩序。由此，一群大山深处的农民及其后代在商业实践中，涵化形成务实、互助、果敢、诚信的精神品格。他们对乡土集体记忆的传承转化为务实互助的群体守望，而适应市场契约理性的过程形塑了果敢诚信的商业伦理。

“务实”是青田侨商在异国他乡的生存理念。“十八离乡求活路，漂洋卖力为谋生”，候崇言先生的这句诗是对第一代青田华侨出国谋生的真实写照。哪里有生活，就往哪里跑。从走街串巷的流动商贩到固定经营杂货铺的坐商，从经营餐馆到皮革百货贸易，从国际贸易到房地产、文化产业，青田侨商们经历了一代又一代的艰辛创业，迄今已闻名海内外。他们坚信多吃苦、多挣钱的信念，认为踏踏实实干下去、熬下去，苦日子总有出头的时候，正是凭借一点一滴的创业积累才汇聚成如今不同凡响的财富。

“互助”是青田侨商在海外的生存策略。亲朋相助、“搭会”筹资是中国小农经济与宗法血亲礼制结构带来的一抹温情。互助体系一方面具有稳定资金链，提升侨商个体抗风险能力的现实作用，另一方面也有助于在异乡营造平和安稳的社会心理氛围。注重乡情、守望相助是青田侨商引以为豪的精神品质。携亲族出国是侨商出国的主要方式，一人出国站稳脚跟后，往往带着几个、十几个亲属出国，从直系亲属到旁系亲属，再辐射到远亲及干亲、邻里等之类的拟制亲属，借助“亲帮亲、邻帮邻”的社会关系纽带以至形成大小不一的侨居国外的血缘与地缘关系网络。这一社会网络也构成了餐饮、皮革、国际贸易等行业在侨商中间的繁殖渠道，演绎了从打工仔向老板身份转变的神话。

“果敢”是青田侨商敢为人先的开拓气质。历史上，耕地缺乏、资源贫瘠、交通闭塞带来的生存压力，迫使当时的青田人以青田石雕工艺为媒介，背井离乡在外讨生活。山里人文化水平有限，西方世界对他们而言只是赚钱比国内机会多的地方，不大有文化上的排斥感，“而且与平原、沿海一带的居民相比，他们往往保持血性，没有框架束缚，敢于冒险，甚至毫无顾忌于法则或者规范”。而当冷战结束，新自由主义思潮风靡全球，市场经济呼唤开拓进取的市场主体。20世纪90年代以后，当代青田人秉承祖辈们闯荡世界的开拓精神，瞄准东欧、巴尔干地区的市场，开始从事国际贸易。风云诡谲的国际市场，果敢的青田人仍能傲立商海潮头。他们敢于拼搏，不怕输，民间有“不倒翁”之说，哪怕今天输得一无所有，明天也可能东山再起。

“诚信”是青田侨商在异域社会人际互动的准则。侨团内部的人际互信，降低了交易成本，“青田侨商具备一种开放的胸襟，只要会说青田话，又有第二个青田人口头担保，青田人之间可以零成本拿到货”。[6]对外诚信经营则赢得客源，树立口碑，提升个人与侨团形象，融入侨居国社会。比利时经营首饰店的徐孟坚在银行贷款上讲诚信，一次次提前还款，与当地银行官员建立了良好合作关系，从而在比利时经商如鱼得水。

海外青田侨商秉持的精神是其在跨文化生存磨砺中淘洗与凝练的文化品性，而增进务实、互助、果敢、诚信精神的历史所展现的侨商与祖（籍）国文化的延续性与亲近感，为其“海外积累，回国投资”的路径选择做了情感与文化心理上的铺垫。诚然，现实的经济形势驱使海外青田侨商重新发现国内经济发展带来的机会，但文化心理上的亲近感是不可忽视的情感催化因素。青田侨商回国创业的选择，是经济理性与个人情感相互勾连的作用，可谓情理交融，情真意切。

三、青田侨商回国创业的自我调适

整体而言，青田侨商具有“双跨”优势，既有国际视野，又能较快适应国内文化，这是其相对纯外资企业回国投资的优势。不过，回国创业的青田侨商内部具有较强的异质性，新老侨商的成长背景、社会阅历、知识水平以及对国内环境的熟知程度均有差异。因此，面对国内瞬息万变的市场环境，归国侨商要准确理解国内的制度环境、行业趋势及走向，需要做好心理、知识、技能等各方面的准备。长期在国外生活的侨商回国创业，需要重新经历自我调适的过程。

1.知识更新与理念转换

经济学家认为，企业与市场是两种相对立的协调生产的方式，企业以命令代替市场价格，由企业主通过经济计算来做出行动。这种通过一人或几个人来指挥生产的行动，是建立在他们所能收集掌握的知识上来判断利弊。知识有显性知识和缄默知识之分，显性知识可以收集，而缄默知识通常是主观的、个性化的、分散的、因地而异的、只可意会不可言传的，只能体现在具体决策和选择上。在知识经济时代，知识成为首要生产力。侨商通过知识的反思性运用来对现实产生新的阐释，将自身从传统的恒定束缚中解脱出来，从而拓展商业的边界。

社会数字网络化带来的信息流速加快，创新层出不穷，老一辈侨商时有跟不上时代的困惑与焦虑。旅意华侨金冠军一开始并不理解儿子花大钱满城做餐馆的广告营销以及网络下单消费优惠的经营方式，而后客流与收入的增加则让他不得不佩服年轻人的想法与做法。[1]在上海创立欧洲生活馆的陈永福直言知识技能老化导致竞争乏力是他们这一辈侨商的尴尬。作为20世纪八九十年代出国的侨商，他们接受教育的水平有限，在国外仅靠“传帮带”的模式积累的经验已经无法满足当下的需求，唯有通过终身学习来提高层次。[2]让侨商们感触最深的是经营管理模式的变更、产品和服务的创新都对他们的知识体系、经营思路提出了挑战。

从资本占有量来看，青田侨商多为“中小微型”资本运营商。他们的商业扩展轨迹所展示的是典型的家族企业成长史。从一人流动商贩，到“夫妻店”模式的坐商，再发展为子承父业并向亲戚朋友拓展。然而，当侨商的商业布局扩大，在侨居国、祖(籍)国多头经营时，半封闭式的家族企业管理模式愈发不适应市场。家族管理的内部利他主义在企业初创期的优势，在企业的成长期反而变成劣势。唯一的办法是侨商确立对非家族成员或专业人士的信任，在管理上以家族精英为内核，吸纳专业经理人构建现代企业治理结构；或者探索侨商抱团合作的股份制公司。这意味着让“外人”参与核心管理层，公私边界的重新定义，挑战青田侨商传统熟人社会的人际互动观念。

创新对于侨商而言并不陌生，既可以是生产一种新产品，采用一种新工艺，也可以是开辟一个新市场，建立一种新的企业组织方式。国内的数字平台经济发展走在世界前列，“互联网＋”的经济发展模式对侨商而言也是一种新的企业组织形式。信息技术的发展使企业从组织向平台转变，将原有的命令式的生产改为契约式的外包，如当下富有活力的滴滴出行、美团外卖等都采用这一模式。毫无疑问，这种颠覆性的市场运作模式对侨商回国创业带来新的刺激和挑战。

理念是人行动的先导，而知识为人的行动聚焦，即提供框架和路径。中国作为当今世界经济最具活力的区域之一，复杂的经济社会形势，快速更替变化的市场，其本质是知识生产频繁，信息流速加快。因此，侨商保持学习的弹性是其回国创业需要迈过的第一道门槛。

2.产业决策的战略高度

知识更新与观念转换也有助于侨商回国创业的产业决策。他们参考时间上的前瞻性与空间上的契合度两个二维指标，保持产业决策的战略高度。

“经济新常态”是当前政界与学界对国内经济形势的基本判断，中国经济进入换挡期，从高速追赶期向增速降落阶段过渡，资源和生产要素正在从第二产业向服务业转移。为缓解生态环境保护的结构性压力，绿色、低碳、循环经济被全社会给予广阔的发展预期。然而，现有调查显示，青田侨商回国投资的领域目前大多集中在房地产、矿藏等领域，行业结构比较单一，风险相对集中。这类产业的前瞻性弱，契合度低，而有部分侨商在评估经济形势与自身经济体量后，回国投资快消品行业、文化以及健康产业等有高前瞻性和强契合度的产业。

具体而言，中国经济的发展在中小城市催生了不同层次的中产阶级，因其消费趣味一致且具有很强的繁殖渗透性，遂逐渐形成了庞大的城市消费市场。其一系列表现，包括对高品质快消品的需求，文化消费的扩张，对自身健康的重视。例如，陈永福在上海创业做欧洲生活品质供应商，引进斯洛文尼亚的“多纳美”功效水；[3]荷兰海普诺凯乳品集团中国总经销徐丽敏回国推销荷兰优质奶粉。[4]类似的快消品引进国内都旨在顺应城市消费的品质需求，而国家下调日用消费品进口关税对青田侨商而言也是利好政策。以影视艺术和旅游为代表的文化产业，是侨商寻求投资多元化的又一突破领域。金王来在北京与朋友合资建影视文化传媒公司，[5]姜文耀在浙江桐庐开发旅游地产西欧城，[6]等等。侨商的投资优势在于将欧洲文化资源开发的理念、经验嫁接到国内市场，推出欧洲品质文化生活的概念，在影视和旅游等领域将国民对欧美的集体性想象所蕴含的符号和象征价值转化为经济价值。再如，借助浙南地区得天独厚的区域生态优势，部分侨商开发休闲养生游，干学雄在青田船寮镇建立的罗华山庄顺应美丽乡村建设与全域旅游的政策导向，也取得了不错的经济和社会效益。

此外，国内政策导向所释放的商业阐释空间为侨商的产业决策提供了宏观的风向标。“一带一路”倡议是侨商回国投资无法忽视的政策大背景，它倡导中国与沿线各国“共商、共建、共享”联动发展，搭建务实合作的平台，这为分布在欧洲的青田侨商提供了难得的机遇。侨商可以充分利用自身融通中外的资源、信息和平台优势，为发展中国与其侨居国的双边和多边贸易架设“沟通桥梁”。如何顺应国内社会发展需求，借力国家的全球发展战略，将大时代的发展吁求与个体安身立命的事业期望相勾连，是摆在每一个青田侨商面前的大课题。

3.社会资本的开发与善用

社会资本是互惠社会网络产生的可调配的规则和资源，个体或团体因人际活动形成社会网络、互惠性规范以及由此产生的信任，是人们在社会结构中所处的位置给他们带来的资源。这也属于前述的缄默知识，因地因人而异，具有很强的私人性。社会资本流通于侨商个体之间、侨团之间以及侨商侨团与当地政府之间。改革开放以来，中国社会一直在进行社会转型，从身份社会向契约社会转变的过程中，市场理性正逐步构建起来，但人情关系仍然发挥微妙的至关重要的作用。因此，恰当运用社会人脉关系，合理使用社会资本，习惯与同行、政府打交道是侨商回国创业的重要组成部分。

在海外，青田侨商基于对亲缘、地缘的认同，发挥同质性社会资本的内聚效应，整合家族关系、姻亲关系、宗族关系等各类社会关系，形成一个富有内聚性和封闭性的互助关系网络，进而构成一股相对稳定的经济力量。而在国内，异质性社会资本的运用更加考验侨商的敏锐度和灵活性。以业缘、物缘为纽带的，基于现代法理因素建构的社会关系与组织，如侨商团体、侨团联合会等，构成一种事业型社会资本。姜文耀在西欧城的开发中，立意要发动华侨资源都参与进来，形成开发的合力。[7]

任何一个成功的企业或者商人都离不开政府的支持，青田侨商在国内的投资亦同理。当前，各地政府对市场经济的介入程度不一，服务型政府建设仍处于摸索阶段，而习惯了西方规范化市场环境的侨商需要转变观念、转换立场，学会从政府的角度看问题，以“彼此的理解”为原则，有策略地与地方政府打交道，尤其是提升政策解读能力，寻找自身投资项目与地方经济发展需求的结合点。比如，回乡发展休闲旅游与丽水的地方发展战略相契合，可以争取更多的政策支持。① 此外，在壮大经济实力的同时，侨商要进一步拓展社会关系，发挥侨领的政治平台作用，参政议政，为侨商争取合法权益。

四、结语

出走于浙南的乡土，逡巡于欧洲的市镇，青田侨商带着敏锐的商业嗅觉往返于中西之间构建自己的商业王国。虽身在国外却心系祖国，侨商与国内民众共处一个经济与文化共同体之中。中国和平崛起带来的民族自信与商机，使在外闯荡讨生活的青田侨商重新打量国内市场。回国创业前景可观，而内生性经济联系链与文化情感线高度融合统一，构成了他们回国创业的内驱动力。在中国创造的新的历史机遇面前，青田侨商通过“人心—产业—社会”一体化的自我调适过程，做好知识储备、产业决策和社会资本等方面的准备，合成回国创业的内源性动力，以期获得青田侨商事业的成功转向。

注释

①2017 年 8 月 31 日，浙江省政府办公厅印发了《浙江（丽水）绿色发展综合改革创新区总体方案》，要求率先把丽水建设成为生态环境优美、空间格局优化、绿色经济发达、人民生活幸福、体制机制完善的大花园，打造践行"绿水青山就是金山银山"全国标杆和"诗画浙江"鲜活样本。

参考文献

[1] 陈肖英. 金冠军访谈纪要[Z]. 丽水：青田开元大酒店，2013.

[2][3] 王逍，徐文永. 陈永福访谈纪要[Z]. 丽水：青田开元大酒店，2013.

[4] 陈肖英，任幸芳. 徐丽敏访谈纪要[Z]. 丽水：青田开元大酒店，2013.

[5] 王逍. 金王来访谈纪要. 青田开元大酒店[Z]. 丽水：青田开元大酒店，2013.

[6][7] 陈肖英，任幸芳. 姜文耀和叶宙访谈纪要[Z]. 丽水：青田开元大酒店，2013.

The Endogenous Impetus for Investment in China by Returned Overseas Businesspeople from Qingtian

Zhang Kaibin

(*Research Center for Overseas Chinese and Cultural Communication, Zhejiang Normal University*)

Abstract: Overseas businesspeople from Qingtian, stuck in the dilemma caused by the international financial crisis, are shifting their focus from Europe to China, after seeing opportunities from the motherland's peaceful rise.

They are pursuing economic transition by investing back home based on what they have accumulated overseas. The inherent connection between the business of overseas Chinese businesspeople and domestic economic development and their internal affinity on cultural affection constitute the driving forces for them to start up business back home. Under the new entrepreneurial circumstances, businesspeople from Qingtian prepare themselves well for knowledge reserve, industry decision and social capital, which make up of the endogenous impetus for them to start up business in China by going through a self—adjustment process integrating people's mentality, industry and society.

Key words: Overseas businesspeople from Qingtian; financial crisis; start up business in China; endogenous impetus

欧美中餐文化功能探析

郭剑波*

（浙江师范大学　国际文化与教育学院）

摘　要：文章根据文化学、社会学的相关理论，结合欧美中餐的历史与现状事例，探讨与分析了作为物质和精神兼有的中国传统文化符号——中餐在跨文化交流中的5种功能，即交往、适应、凝聚、外交、认同功能。

关键词：中餐；功能；文化；欧美；华侨华人

饮食是人们日常生活必需的物质，积淀了本民族的许多文化内涵。“在文化诸层次中，最先相遇、最容易引起彼此兴趣与喜爱的，乃是文化的物质（器物）层面。……因此，文化交流往往从物质（器物）文化层面开始，而且基本上较少障碍。”[1]考察一个国家的移民史，最好的切入口便是饮食。中国饮食从先秦时代开始对外传播，到近现代通过华侨华人传遍全球。欧美的中餐历史至少应该有150多年，其经历了变革，也经受了异域文明的熏陶，基本被所在国接受与认可，在传播中国文化、塑造中国形象等方面发挥了积极作用。

一、三大文化“显功能”

作为饮食文化载体的中餐，在对外传播以及走向世界的过程中，至少表现出沟通中的交往功能、异文化中的适应功能和特有的凝聚功能等三大文化

---

* 作者简介：郭剑波（1966—），浙江诸暨人，中国华侨历史学会理事，浙江师范大学国际文化与教育学院副教授。

“显功能”。

功能一般指效能。《牛津英语词典》指出，功能是一种行为模式。美国社会学家默顿对功能进行了正、负区分，并提出“显功能”和“潜功能”两个层次。“正功能即积极的功能，某一事物，能维持他种事物的成长或生存，对他一事物来说，就是具有正面的、良好的、积极的功能。”[2]37“显功能即该社会成员有意识地要达到的结果，亦即可预期的、可观察的功能。”[2]39

1.交往功能

饮食是人类的基本需求，意识形态淡薄，文化色彩浓厚，世界各民族容易接受，在沟通中有较强的亲和力。“交往是人类特有的存在方式和活动方式，是人与人之间发生社会关系的一种中介，是以物质交往为基础的全部经济、政治、思想文化交往的总和。”[3]

中餐是中国文化的载体和特色符号，回顾它在欧美的传播历程，大致可分为开端、立足和发展三个阶段，主要是通过华侨华人或移民由下而上、渐进式地实现交往的。

(1)从19世纪到二战爆发前是开端，中餐以满足自身群体需要为主，是欧美华侨华人生存的主业之一。这一时期，文化冲突巨大、明显，当地主流民族对“外来者”表现出强烈的优越感，“黄祸论”“抢饭碗”等论调不断，中国移民在艰难中行进，美国的中餐流行“炒杂碎”。

(2)20世纪50年代起，随着西欧经济全面恢复与发展，华侨经济出现转折，中餐遍地开花，悄然改变了欧美社会的一些饮食习俗。以英、荷两国为先导，中餐逐渐融入当地饮食文化，“欧化中餐”开始被接受。是为立足阶段。

(3)20世纪70年代到90年代末，中餐在欧美出现新格局，中餐馆数量显著增长。如美国在70年代出现“北京烤鸭热”；到90年代，中餐业遍布英伦三岛，大小中餐馆有5500多家，法国5000家，荷兰2500多家，德国2000家，比利时1000家，维也纳、马德里各100多家，米兰40多家；2000年8月，美国《中餐通讯》统计全美共有35779家中国餐馆。此时，中餐业呈现出明显的多样化趋势，被当地人普遍接受。

进入21世纪，“左宗棠鸡”“熊猫快餐”等在美国非常流行。如2005年，《纽约时报》报道美国中餐馆数量已达3.6万家，超过麦当劳、汉堡王、温蒂快餐等美式餐饮连锁店总和；2011年12月，北京大学新闻与传播学院课题组在美国、德国、俄罗斯、印度所做的《中国文化印象》问卷调查显示，受访者对中餐的评价较好，在25种文化印象中排名第二，仅次于长城，成为历史较长、外国人平日接触较多的一种中国文化符号；2014年美国《时代》周刊调查显示，中餐在圣诞期间购物清单中名列第二，仅次于电影票；美国《财富》杂志评选2014年“美国人最骄傲的100件事”，中餐外卖位列其中，“左宗棠鸡”、锅贴、春卷、炒饭广受欢迎。《全球中餐发展形势报告2016》统计，海外中餐馆已超40万家，美国有5万多家。欧美成了中餐馆的主要聚集地，影响力日益扩大。

中餐在欧美的发展史和现状表明，作为异文化，它从遭排挤到融入，从相互碰撞到彼此走近，显示出融入当地社会的文化交往“正能量”，通过几代移民的自发迁徙、和平流动，从下而上地推动了与欧美国家的交往、沟通，展示了中国饮食文化“和”的核心理念。

2. 适应功能

异质文化在相互交往中，一种文化会不自觉地抵御另一种文化对其的影响和熏陶，冲突会在不知不觉中发生。文化人类学家莱迪菲尔德最早提出“文化适应”概念：“文化适应用于理解这样一类现象，具有不同文化的群体通过不断地接触，使双方或两个群体最初的文化类型发生变化。”[4]这一概念主要指文化对环境的适应，反映文化特性及其功能。任何时代，不同文化要进入对方领地，都需要交流和对话，一方要做出必要的变革而趋向调和，这就是文化的适应功能。

文化互动一般具有主动或被动两种状态，主动地适应是一种有目的的迎合和吸纳。当一种文化察觉到与异质文化的不同时，自主地做出调整来适应差异，相对于被动性适应，效果会更有张力。文化结构中，器物文化是最活跃、最先变化的，容易适应和迎合，具有很强的兼容性，因此不易发生冲突。

作为器物文化的中餐在欧美的一系列变革，正是为了适应当地的文化环境，体现出一种物质文化在适应新环境时的文化适应功能。它在欧美的传播，基本上是一种主动的适应行为，在色香味形、食材和菜名等方面的变革，是为了入乡随俗、投其所好，更接地气。如中餐利用当地原料，保留当地风采，形成了“中菜西做”“西料中用”和“西菜中作”三种新风格。“中菜西做”特别善于打造高档套餐菜式，制作更为精良；“西菜中作”是用西餐的原料和菜品制作。这两种制作都是中西饮食烹饪的互为借鉴与利用。如法国中餐在保留自身特点时，内容有适当突破。20世纪90年代，追求雅致饮食的法国人以食鲜花为时尚，而中国以花入馔源远流长，中餐便借机推出各式花馔，打造色、香、味、形俱全的佳肴，令法国食客倾心品尝，法国人对中餐的接受与喜爱度一路攀升，中餐丰富的文化元素得以展现。“西料中用”是中餐发展的自然风格，在异地经常吸收新环境中的烹调原料实现华丽转身。如番茄酱原属西菜调料，欧美人喜爱酸甜口味，西餐普遍使用番茄酱。中餐为迎合他们，也利用番茄酱创制各式甜酸类菜肴，并以番茄酱为主料调制出许多“汁水”，如“咕咾汁”（咕咾肉）、“芙下汁”（芙蓉蛋）等，这些“汁水”制成的菜肴颇受欢迎。番茄酱、沙司等西式调料在中餐里发挥了重要作用，拉近了中西饮食的距离。中餐在异地的这些变革很好地体现了文化的适应效能。

在用餐时间上，中、西方差异明显：中餐注重享受，所花时间较长；西餐追求便利快捷，上班族更讲究。为适应西方人的饮食时间，中餐馆便开出快餐和外卖服务。如英国在二战后分成餐馆和外卖店两大类。后者供应的食品从中式菜品到中西合璧，应有尽有。多数外卖店整周营业，每天长达十五六个小时，很受英国工薪家庭欢迎。据统计，英国中餐快餐馆有4000家以上，平均每天有近30万人光顾；在外卖菜品上，以甜酸、微辣为主，突出“酥香”风格，如“脆皮烤鸭”成为最受欢迎的外卖食物。在英国的外卖中，中餐稳居第一。

文化的适应是相互的，变革也是双向的。中餐在欧美的变革，既体现了双方的需求，也实现了两种文化的互补，除自身变化外，也对当地的日常食俗产生了影响。食料方面，中国多以植物性原料为主，欧美则以动物性原料为主。中餐的植物性原料慢慢地被欧美人所了解和接受，中国的健康养生理念也受到他们的推崇与喜爱。如豆腐，从19世纪传入欧洲，20世纪中期广泛食用，豆腐文化融入他们的文化生活；再如豆芽，也被普遍接受为健康食品，20世纪80年代，英国菜农广为种植并作为原料供应西餐。另外，中餐食具如炒锅和筷子，随着中餐的流行而被推广，65%的英国家庭都备有一口炒锅，家庭主动享受中餐；筷子与刀叉是中西食具的最大区别，欧洲中餐馆在供应中餐时会备筷子，让外国人学习和使用、知晓筷子文化。英国学者研究出一个数学公式帮助西方人使用筷子后，意大利人在中餐馆用餐时会主动要求提供筷子。可见，推广、普及中国餐具也是一种文化功能。

各种文化都有自己的重要特征和内核，交流和传播都会引起矛盾和冲突。中餐在欧美的生长经历过本土文化的抵制，也会有不少恶意的报道、抹黑和诋毁。如1995年德国媒体报道的“狗肉事件”、2007年2月纽约电视11台指责中餐馆用老鼠肉当鸡肉[5]便是典型的案例。然而，中餐采用多种举措，赋以新内涵，积极发挥文化的适应功能，修复和改变民众对其的态度与看法，逐步与西方文化融合贯通，为促进文化交流营造出良好氛围。

3. 凝聚功能

文化是区别不同民族的独特标志，处于同一文化背景的人在思维方式、生活方式、价值观念等方面是相通的。因此，“每一个民族成员对本民族的文化会形成一种天然的亲切感和认同感，文化本身就具有了强大的亲和力和凝聚力，这种亲和力和凝聚力成为一种集体的潜意识在各种场合下表现出来”。“文化的凝聚功能是指文化具有凝聚社会共识、保持社会认同、促进社会统一的功能。”[6]文化凝聚力主要表现在对内凝聚本民族和对外团结一致两个层面。

“首先是‘凝’。‘凝’乃是指‘凝结’，即人们的心理状态在文化的作用下呈现出一致性和一体化状态。在这种情况下，心理状态一致的人们可能是在一处，也可能分散在各处。”[7]处于同一文化共同体的成员，具有相似的文化认同感，这种共同的心理特征成为联结同一民族全体成员心灵的纽带。

中餐作为中华民族共享的饮食文化，渗透在人们的日常生活中，民族成员对其有相似的文化共识，容易产生亲切感和归属感。它在海外的传播、发展，面临不同地域、不同社会群体，对华侨华人展现了强大的文化凝结、聚合力。

欧美华侨华人在异地品尝中餐，内心产生了与国内同胞一样的民族情怀和文化共识。作为共享的文化符号，异地中餐总能发挥凝聚力，使国内外同胞在文化心理上趋于一致，有回故国的感觉。如青田移民在巴黎“牛车水”大酒楼主打青田风味，几万旅法青田人品尝家乡菜，思乡之情得到慰藉；中国旅法留学生共凑原料，统一在某中餐馆熬制腊八粥，以消解乡愁，海外同胞有了文化亲近感……因此，对华侨华人而言，海外中餐口味即便与国内存在差异，而在文化情感上却更趋一致。时下，不少海外中餐馆已然超出谋生的经济意义，成了触动华侨华人文化情愫的主要场所，充当了凝结海内外同胞的文化媒介。

“其次是‘聚’。‘聚’乃是指‘聚合’或‘聚集’，即由共同的文化活动所导致的原来并不在一起的人们在特定时间中趋向同一处所的行为。”[7]哲学家鲍德里亚认为，很多时候消费者在消费之外还希望借此成为某种人或表达对某种生活方式的向往。海外中餐馆不仅能凝聚华侨华人，也能使大量的被中餐吸引的当地居民聚集起来，在一方中餐馆里共同感受中国文化。这是一种"需要的满足"。因此，海外中餐馆不仅是就餐的场所，更是外国民众了解中国文化的窗口与交流中心之一。

遍布欧美各地的中餐馆，当地华侨华人是消费的主体，在异国的文化乡愁常常驱使他们光临中餐馆。小餐馆的华人老板乐意在节假日带上全家老小一起到正宗豪华型的中餐馆享受一番，平常分居在小城镇的华人全家也会进城，到唐人街买上一车中国货，再到中餐馆饮茶，或时常约上亲朋好友到中餐馆相聚。因此，节庆日或周日的午餐时分，一些享有口碑的中餐馆处处爆满，热闹非凡，各种方言此起彼伏，充满浓浓的温馨乡情。到中餐馆品尝家乡味道俨然成为海外华人日常生活中一个共同的文化活动。中国人讲究排场和热闹，大型豪华中餐馆更成为举办活动的场所，是华人婚嫁、生日等喜庆的首选之所，一来充满中国文化氛围，让他们感到亲切与自在，二来可满足他们追求热闹的心理，所以每逢良辰吉日，这里往往摆满了婚宴嫁娶的酒席。此外，一些中餐馆成为弘扬中国文化艺术的窗口，经常举办各种艺术活动，如巴黎的"老山东"餐馆，不定期举行中国书法、绘画、摄影等展览；诸多侨社机构也将定点活动场地首选中餐馆；华人企业也将各类商务应酬安排在著名的中餐馆举行。可见，中餐馆成了海内外同胞的文化共通点，将华人群体聚集一处，满足宴请、团聚、宣传、活动等各种社交需求。

当地居民是中餐馆的第二顾客群。荷兰马斯特里赫特酒店管理学院学生对荷兰中餐馆进行过调查，认为荷兰消费者对在荷兰生存 10 几年的中餐馆及其主打菜肴十分熟悉，中餐馆是荷兰家庭时常消费的地方。大量顾客到中餐馆进行消费，一是便宜美味，二是希望通过品尝中餐，了解中国和中国文化。当地民众，尤其是从未到过中国的人，在食用中餐时把餐桌当成一种交流渠道，试图和中国文化建立一种模糊的沟通，从而产生对中国的一种想象。许多中餐馆抓住外国顾客的这种心理，从各方面去讲好中国故事。如法国中餐馆，竭力创造一种当地人所追求的"中国化"，先从餐馆内部装潢着手，给客人营造一种属于中国的"异国情调"。红色代表中国传统文化的吉祥喜庆，巴黎许多中餐馆在装潢上就大量利用红色，如餐馆的招牌、桌布和家具等；另外，还添置一些非常中国化的小摆设，如观音菩萨、弥勒佛、檀香等，旨在打造餐馆一种传统的、具有代表性的"中国特性"，让人很快就能联想到中国。有巴黎人在一次实地调查中表示，即使没去过中国，身处中餐馆，就能感受到这个陌生而又神秘的国度，加深了对想象中的中国印象。因此，海外中餐馆作为一个文化交流和文化再现的场所，扮演着特殊角色，成功吸引大量外国人来聚集，体验和想象中国，感受中国文化，是中西文化相互了解的最佳形式之一。

饮食文化是一个民族文化本质特征的集中体现，法国学者穆兰曾提出“我们不是在用牙齿吃饭，用胃消化，而是在用思想品味文化理念，这些理念与一个社会的交流方式息息相关”[8]，“饮食因而可以被看作是穿行人类机体的一个重要文化坦途，它可以唤醒感情的联想，餐厅则激发消费者先前对不同地域和不同文化的记忆”[9]。

二、两个文化“潜功能”

跨文化交流、国际政治领域越来越利用文化的“显功能”和“潜功能”原理。潜功能“是没有被预料也没有被认识的客观后果，不像显功能那样容易察觉，往往要过一段时间才能发现”[2]39。揭示事物“潜功能”可加深对社会功能分析的力度。

在文化交流中，中餐除交往、适应和凝聚的“显功能”外，还具有特殊的“潜功能”，其背后深层的文化软实力，即外交和认同两个层面上的效能会随时间的推移而逐渐彰显。

1.外交功能

饮食作为人人共享的物质文化，最容易跨越文化差异，发生交流，从而缓解严肃政治交往中的紧张与冲突。法国美食家布里耶·沙瓦郎说过“餐桌上，看得到政治的精髓”。美食外交既有餐桌上的学问，也隐含着微妙的政治信息。“美食外交是把美食作为公共外交活动的载体，利用美食或美食文化本身的吸引力来改善国家形象和促进认同。”[10]“通过吃，人与人之间，团体与团体之间的紧张会因举杯开怀而松弛下来，相互之间的利益冲突也会大化小，小化了。”[11]

美国布雷登·鲁迪通过问卷调查得出结论：美食和国家形象之间存在正相关关系，并会产生“移情效应”。[12]所以，恰当利用饮食文化可以很好地展示国家形象，并弥补政治外交的不足或漏洞。

在全球化背景下，美食更从促进文化互动层面延伸至当代的公共外交，已成为各国文化外交的一种新途径。如泰国推出“全球泰国菜”项目以支持国外的泰国菜餐馆，马来西亚举办“世界的马来西亚厨房”活动等，2014 年中国国务院侨办实施“中餐繁荣计划”都可看成是一种美食文化外交。

欧美是中国的外交重镇，中餐充当了文化外交的重要工具，不论是在公开的外交场合（国宴招待），还是外国政要私下的喜好，都与政治存在密切的关联。欧美中餐馆已从立足生存的经济支柱产业转换成以食为媒的文化交流渠道，成为当地民众了解中国文化图腾的入口。2008 年北京奥运会期间，《世界眼中的中国》调查结果显示，中餐仅次于长城和功夫，成为中国“象征”。[13]据统计，美国有 93％的成人吃过中餐，10～13 岁的小孩中有 39％喜爱中餐，只有 9％喜爱美国菜。[14]可见，中餐与中国文化、国家形象认知之间的关联度十分紧密。

在中国，政治可以通过烹饪来表达，“宴饮活动通常是官场交往、维护官员人际关系和谐、达到政通人和的重要手段”[15]。在国事访问中，美食是一种轻松且不着痕迹的外交手段。传统美食外交局限于政府间的交流，它借助饮食与政治的关系，通过一种柔性外交方式提升外交活动质量和双边关系。因此，宴请绝不只是外事交往中一个貌似简单的接待程序，它在地点环境、菜单和饮食的选择和安排上除体现一定的礼遇和规格外，还会成为外交事务中的一个闪光点，有时可作为一种助力推动外交的成功举行。1972 年周恩来总理与美国总统尼克松之间的“烤鸭外交”助力中美 1979 年建交便是案例，烤鸭被誉为“外交神器”。2016 年，德国总统高克访华，接风晚宴安排在一座四合院餐厅品尝北京烤鸭，烤鸭美味受到盛赞；该餐厅还招待过意大利总理、荷兰国王等政要，都用烤鸭招待。在菜肴准备和就餐地点选择上，中方都提供了一种代表中国传统文化的美食环境，积极营造和谐的外交氛围。在外国接待我方的外交事务中也推出了中餐。如 2014 年李克强总理、2015 年习近平主席访英过程中，首相卡梅伦均采用中西合璧的中餐形式，邀华裔名厨为领导人烹制中餐，中餐登上英国“国宴”餐桌，此举融进中国文化元素，展现出英方的诚、尊、亲和理念。

中餐外交功能除体现在政治宴会外，还在私下受到各国政要的青睐。一些外国政要在日常生活中会经常光顾中餐馆，如尼克松访华善用筷子，老布什难忘中国烤鸭，克林顿点中餐外卖付小费出手大方，法国前总统希拉克爱吃川菜，把“邓小平”和“川菜”列为他对四川的两大崇拜，前总统萨科齐爱挑中餐馆举办庆功宴和生日宴；英国前首相布莱尔度假不忘吃中餐；1963 年，英国玛格丽特公主夫妇在中餐馆品尝“北京鸭”被拍，由此引发“北京鸭”走红，中餐声誉鹊起，发展进入鼎盛时期。当下，英国约有 1.8 万家中餐馆和外卖店。政治人物喜爱中餐不仅很好完成了外交使命，也带动本国民众的中餐热，促进中国饮食文化的进一步传播。

当代美食外交突破政府外交藩篱，外交主体实现了多元化，客体主要面向公众，而不是政府，俨然成为一种公共外交。它“致力于创造一个情感更为模糊的情感联系，通过美食这一媒介加深彼此间的文化理解”[16]。赵启正认为：“公共外交和政府外交组成国家的整体外交。参与公共外交的各方从各种角度向外国公众表达本国国情，说明本国政策，解释外国对本国的不解之处，并同时在国际交流中了解对方的有关观点。开展公共外交的目的是提升本国的形象，改善外国公众对本国的态度，进而影响外国政府对本国的政策。”[17]

美食既然是公共外交手段，可由不同主体来发起和实践：

(1)国家层面的中餐公共外交。公共外交的终极目标是上升到国与国之间在政治上的外交活动，国家在行为主体中应占主导地位。近年来，中国相继推出几项有利于发扬中华饮食文化的措施，2014 年国侨办提出“中餐繁荣计划”，2016 年建立“海外惠侨工程中餐繁荣基地”，支持海外中餐业发展；此外，相关部门在全球范围举办许多中餐美食文化的主题活动，如 2015 年举办巴黎国际杯“中国美食文化节”，加强中餐的国际交流；2016 年在西班牙举行“欢乐春节——行走的年夜饭”主题活动，使中国饮食文化和春节文化更好地走近西班牙民众，等等。通过这些活动，以“食”为媒，提升中国整体形象。

(2)社会团体、民间组织的中餐公共外交。为更好地促进中餐朝正规化、标准化发展，相关社会团体可发挥自身优势，担当公共外交的中坚力量。如 1995 年 7 月，美国《中餐通讯》创刊，并于 2004 年开始主办每年一届的“中餐百佳”评选活动；2010 年 1 月 3 日，国际中餐网上线；北京东方美食文化集团开发中国首个中餐艺术全球传播平台“东方美食”，世界中餐业联合会与《欧洲时报》集团签署共同促进欧洲中餐传播的协议，法国《欧洲时报》和《东方美食》杂志社合作推出欧洲首家以弘扬中餐为目的的美食杂志——《食尚亚洲》，等等。这些社会团体充分利用自身资源和影响力，借助大众传媒平台优势和项目合作，打造中餐全新形象，不断高扬中华美食的文化正能量，改善当地民众对中餐乃至对中国的态度和认知。这是中餐公共外交不可或缺的职责。

(3)个体民众的中餐公共外交。全球化视域下，公共外交实施的主体应包括民众个人。一些有名望和成就的社会精英，可利用自身的亲和力和社会影响力，在公共外交活动中担当发言人或把关人角色，最能发挥作用。如伦敦华埠商会主席兼会长邓柱廷曾荣获英国皇室颁发的荣誉，在英国华人社会具有很强的号召力，他在英国推广中华饮食文化，给英国民众提供中餐的正确信息和形象，有力地促进了英国中餐的发展。

综上所述，中餐公共外交在主体和模式上已呈多样化，中餐文化可从各方面、多角度展示，中国美食外交能力也可通过不同途径提升。当下，在“一带一路”战略实施进程中，中餐是连接“中国梦”和“世界梦”的良好渠道，它在海外的繁荣有利于他国对中国的理解和认同，中国的文化影响力和国际形象会日益改善。

2. 认同功能

任何人都有其群体归属，拥有自己的族群文化，在语言、服装等方面表现出来并得以判别自我和他人。食物也可以作为一种认同标识，不同的族群对本族群的饮食存在情感上的惯力，有着生理和身体上的依赖以及特殊的饮食习惯。德国人说“你吃什么你就是什么人”，法国人也说过“告诉我你吃什么我就知道你是谁”。“文化与认同常常结合起来形成特定的文化认同，成为个人或集体界定自我、区别他者、加强彼此的同一感以凝聚成拥有共同文化内涵的群体的标志。”[18]认同包括多种类型，核心是文化认同。海外中餐在跨文化交往中可以作为华侨华人“我是谁”的判断和说明，可视为认同纽带。

在欧美，华人群体热衷于到中餐馆就餐，通过饮食活动以达到文化认同的情形非常普遍。但华侨华人新生代，主要是第二、三代及其以后，“中国特性”趋弱，发生了所谓的“在地化”“香蕉人”现象。英国媒体报道：英国华二代与中国文化渐行渐远，文化特性上更像英国人，对祖(籍)国身份认同意识逐渐淡漠，他们对食物的口感、口味也已发生变化。因此，很多华人家庭会在空闲时到当地正宗的中餐馆品味中餐，甚至自开餐馆的华人老板也会前往正宗的中餐馆领略真正的中国味道，通过“舌尖上的文化记忆”，品味一种习惯性认同。很多华人父母为了让下一代不忘文化之“根”，会在家庭教育中更多地介绍和展示中国传统文化，吃中餐便是其中之一，润物细无声地去影响和引导新生代的文化认同，使之避免在外国文化的大环境中被完全同化。所以，对在海外出生和成长的华人来说，吃中国菜代表学习中国文化，他们在吃中餐的过程中了解中式菜的名字和口味，通过到中餐馆用餐来传递中国文化，使中餐饮食习惯扎根于华人生活中，在一定程度上维系着海外华人的文化认同。

移民在适应文化环境时必然要接受当地文化，中餐在入地后也发生了一些异化，由此形成了兼具中西特色的海外中餐，移民借此重新建构自己的身份，既有适应的需求，又保留了中国元素。他们在新的环境中消费并保留原来的食物就是对其“自我”身份的保护。许多中餐馆提供中外文两份菜单，中国风的装饰等等，都是用来展示文化根源的手段；有些中餐馆特意使用印有生肖图案的一次性垫纸，并辅以外文说明，借助消费饮食之便向当地民众介绍生肖文化；法国一家名为“活着的面条”的兰州拉面馆鼓励法国客人抛弃使用刀叉的习惯，只提供筷子，将正宗的中餐文化进行到底；法国的“老山东”餐馆在2013年将餐馆法文名字命为“孔子故乡”，强化华人餐饮的中国内涵等，这些举动都是维护华人文化身份、传播中国文化的重要手段，吸引了更多食客的眼球，发挥了中餐文化的认同功能。

华侨华人遍布世界各个角落，饮食的认同有对“根”的认同感，中餐没有被彻底同化，具有一定的族裔性。他们通过海外的中餐文化找到自己的“家”，找到自己的“根”，也找到了自己的文化认同，并把中国的饮食文化带到四面八方。

参考文献

[1] 何芳川. 中外文化交流史（上卷）[M]. 北京：国际文化出版公司，2008：19.

[2] 何星亮. 文化功能及其变迁[J]. 中南民族大学学报，2013(5)：37－39.

[3] 百度百科“交往”词条：http://baike.baidu.com/link?url=UMAd4OtVFLbWSsntj7firbd0FsfqEDSfJze1I7RGXgV0sZeRNw8kUTfR1G9f39rop_nrWjNpBOjGIEJiBZmO1_.

[4] 章必功，傅腾霄. 移民文化新论[M]. 北京：人民出版社，2010：359.

[5] 于科先. 中国饮食文化在美国的传播、发展与融合[J]. 商业文化月刊，2014(24)：56－57.

[6] 叶志坚. 文化功能论[J]. 中共福建省委党校学报，2003(10)：34－35.

[7] 冯之浚等. 文化的社会功能[J]. 学术月刊,1988(1):40.

[8] 杨晓敏. 中法文化碰撞中的巴黎中餐馆[J]. 法国研究,2010(1):66.

[9] 麦克·费瑟斯通等. 消费文化与中国饮食在英国[J]. 江西社会科学,2007(8):235.

[10] 钟新、潘亚楠. “有味道”的认同建构:美食外交的演化、功能与路径[J]. 对外传播,2015(3):76.

[11] 亢海宏. 西方人眼中的中国饮食文化[J]. 对外传播,2014(5):62.

[12] Braden Ruddy(2014), Hearts, minds, and Stomochs: Castrodiblomacy and the Potential of National Cuisine in Changing Public Perceptions of National Image[J]. Public Diplomacy ,winter :30-32.

[13] 杜博. 海外中餐馆:小载体大文化[N]. 人民日报·海外版:2012-05-16(6).

[14] 中国侨联. 华人的骄傲 数字话中餐——美国中餐发展 150 年历史回顾(三). http://www. chinaql. org/c/2014-06-25/495047. shtml.

[15] 佟辉. 食艺调谐与政通人和——中国饮食文化政治与审美功能透析[J]. 寻根,1995(5):44.

[16] 保罗·S·罗克尔. 中国的美食外交[J]. 中国经济报告,2014(5):85.

[17] 周庆杰. 太极拳与公共外交[J]. 中华武术研究,2012(5):64.

[18] 张欣辉. 力量与规范:全球化时代的民族文化认同[D]. 济南:山东大学,2005.

Analysis on the Function of Chinese and American Chinese Food Culture

Guo Jianbo

(*College of International Education, Zhejiang Normal University*)

Abstract: The article based on the related theory of culturology, sociology, history and current situation of the combination of European and American Chinese food, discussed and analyzed as the material and spiritual and some Chinese traditional culture symbol of Chinese food in cross－cultural communication, 5 kinds of functions, namely, communication, condensation, diplomatic, and adapt the identity function.

Key words: Chinese food; Function; Culture; Europe and America; Overseas Chinese

专业建设与人才培养

汉语国际教育专业现代汉语课程学生学业评价研究

马洪海　胡德明*
（浙江师范大学　国际文化与教育学院）

摘　要:现代汉语教学和学业评价存在着一些突出问题,既有教师和学生的问题,也有评价机制的问题。现代汉语课程需要加大过程性评价力度,采用多元化评价方式。本文提出了一个具有可操作性的现代汉语课程学生学业评价方案,主要对过程性评价进行设计,包括评价内容、评价依据等。过程性评价内容主要包括课程小论文、读书报告、练习作业、实践总结和课堂表现五个方面。该评价方案有利于激发学生学习的主动性和创造性,有利于培养学生的兴趣爱好,有利于提高学生的实践能力。该评价方案可以为其他语言学类课程的过程性评价提供重要的参考。

关键词:汉语国际教育;现代汉语课程;学业评价

学业评价改革是教育改革的一个重要组成部分。国务院办公厅2015年5月13日发布《关于深化高等学校创新创业教育改革的实施意见》,强调改革教学方法和考核方式。该文明确提出各高校要广泛开展启发式、讨论式、参与式教学,扩大小班化教学覆盖面,推动教师把国际前沿学术发展、最新研究成果和实践经验融入课堂教学,注重培养学生的批判性和创造性思维,激发创新创业

---

* 教改项目:浙江师范大学教学改革重点项目“语言类课程多元化学业评价指标体系研究——以现代汉语课程为例”。

作者简介:马洪海(1964—),男,河南正阳人,浙江师范大学国际文化与教育学院副教授,博士。

胡德明(1963—),男,安徽芜湖人,浙江师范大学国际文化与教育学院教授,博士。

灵感。运用大数据技术，掌握不同学生学习的需求和规律，为学生自主学习提供更加丰富多样的教育资源。改革考试考核内容和方式，注重考查学生运用知识分析、解决问题的能力，探索非标准答案考试，破除“高分低能”积弊。①

学业评价是指对学生在学校课程上所取得的学业成就的测量和评价，是通过各种方法收集学生学业成就的客观信息，为学习和教学提供反馈，同时也负有引导学生全面健康发展的责任。[1]也有人对学业评价作广义和狭义的理解。认为：“从广义上讲，所谓学生学业评价，是指教师首先依据一定的教育目标，确定出学科课程的具体标准，然后通过使用多种测验和测量的方法，对学生在学校课程学习中取得的学习成就进行综合判断，从中得出关于学生是否达到预定教学目标的结论的过程。从狭义上讲，学生学业评价是对学生个体学习进展和行为变化的评价。它主要考核学生对于各门学科知识的掌握情况，各种学习能力的发展水平，实际操作技能的熟练程度，对学习的情感态度，包括兴趣、态度、动机、习惯和价值认识。”[2]本文所说的学业评价是指广义上的学业评价。学业评价可以从不同的角度分类。按不同的认知维度，可分为知识评价、技能评价、能力评价；按在教学过程中的作用，可分为形成性评价、诊断性评价、终结性评价；按评价的主体，可分为他人评价、自我评价。学业评价与课程评价是两个不同的概念，进行学业评价，不涉及对课程的评价和反思。[3]

学生学业评价是教师教学工作的一个重要组成部分，具有很强的引导、激励和反馈作用。学业评价应从单一的纸笔考试向多元的考核方法扩展，应体现评价的科学性和有效性，应在教学实践中尽可能符合实际需要，从而推动学生的学业进步。而目前高校汉语国际教育专业现代汉语课程学生学业评价还存在着诸多问题，对这些问题进行研究，对于深入推进现代汉语教学改革具有重要的意义。

一、现代汉语课程学生学业评价现状分析

现代汉语课程是汉语国际教育（原对外汉语）专业的一门专业基础课，也是一门专业核心课程，通常在大学一年级开设，分为上下两个学期，占 6～8 个学分。该课程立足于汉语作为第二语言教学，要求学生了解汉语的特点，系统掌握现代汉语语音、词汇、语法、汉字及语用知识，培养学生汉语知识的应用能力、

教学能力以及初步的语言研究能力。

长期以来，绝大多数学生能够认识到现代汉语课程的重要性，学习认真，但也有一部分学生认为该课程内容烦琐，枯燥乏味，学习兴趣不大，缺乏主动性。教师评价学生学业成绩，通常只重期末考试，以笔试闭卷为主，缺乏系统的学生学业评价体系。有时甚至只有期末成绩，而无平时成绩。也有教师虽把学业评价分为期末成绩和平时成绩两部分，期末成绩约占 70%，平时成绩约占 30%，平时成绩通常只有上课考勤和有限的课后练习，过程性评价成绩所占比例偏低。教师对学生的过程性评价简单化，流于形式，缺乏规范，效果不明显，导致学生平时不看书，考前突击，甚至考试作弊。

总地来看，现代汉语教学和学业评价仍存在一些突出问题，表现在以下多个层面。

1. 学生层面

学习主动性不够，阅读范围窄。不少学生课前不预习，平时连教材都没能完整地看一遍，更不用说课外阅读。只记忆知识点，缺乏实践，发现问题和解决问题的能力没能得到足够的训练。考前突击，一出考场，知识全还给老师。

2. 教师层面

对学生缺乏足够的引导，例如给学生提供参考书目或阅读书目不充分或不及时，没能及时提出相关的论题供学生思辨，学习方法指导不够。作业布置后不及时检查点评，不利于调动学生学习的积极性。教学实践环节偏少，不利于学生去积极主动发现问题并解决问题。

3. 评价机制

现代汉语课程学业评价大多只重期末考试，过程性评价没有很好地得到重视，缺乏过程性评价体系。有些虽有平时成绩，但只限于上课考勤和少量的作业，对学生的过程性评价过于简单化，流于形式，缺乏规范，效果不明显。

上述这些问题都与目前的学生学业评价方式密切相关。要解决好这些问题，则需要对学业评价进行改革，制定并实施相应的现代汉语课程学生学业评价方案。

二、学业评价改革理念与思路

1.改革理念

以学生为中心，发挥学生学习的自主性，激发学生的学习热情，变被动接受为主动探究。紧密结合对外汉语教学实践，联系语言生活实际，培养学生对语言问题的敏感性和对语言研究的兴趣，提高思辨能力。结合学校教学改革和学生工作实际，加大过程性评价力度，采用多元化评价方式，使课程评价更趋合理。

2.改革思路

制定"现代汉语课程学生学业评价方案"，主要对过程性评价进行设计，包括评价内容、评价依据等。通过撰写读书报告，引导学生阅读专业文献；通过撰写小论文，初步培养学生发现问题和解决问题的能力；通过撰写实践总结，引导学生积极参加汉语教学辅导等实践活动，把所学的理论知识运用到实践中；通过采取项目加分的办法，鼓励学生积极参加学院活动，参与科研和学科竞赛。要求在读硕士研究生参与教改，中外学生合作学习，教学与思政紧密结合，使课堂思政落到实处。

三、现代汉语课程学生学业评价方案

针对现代汉语课程教学以及学生学业评价存在的问题，引入过程性评价，制定相应的现代汉语课程学生学业评价方案。评价方案由过程性评价和期末考试两个部分组成，过程性评价分值占60%，期末考试分值占40%，总分为100分。

过程性评价包含以下五个方面的内容。

1.课程小论文

（1）该项考核内容所占分值为20%。

（2）具体要求：学生可根据自身在现代汉语学习和实践中所发现的问题，运用所学的现代汉语知识，对该问题进行描写、解释、论述，撰写学术论文；或者针对感兴趣的现代汉语某一专题进行综述，撰写综述论文。字数不少于2 000字。

（3）组织实施：任课教师在教学过程中对学生选题和写作进行引导，选题应小而实；教师可以找几篇范文供学生阅读和参考。课程小论文实施方式可以有两种形式，一是每人撰写1篇，二是分组撰写。如果采用分组形式，一般3－5人为一组，选出小组长，负责本组的论文写作与答辩等工作。学期末上交课程论文并参加答辩。任课教师在答辩中及时对课程论文给予点评，根据学生的论文质量、答辩情况等进行打分。

2.读书报告

（1）该项考核内容所占分值为10%。

（2）具体要求：学生根据任课教师指定的阅读书目，选择一部著作精读，撰写读书报告。字数不少于2 000字。

（3）组织实施：任课教师在学期初提供课程阅读书目。学期中第12周左右统一上交读书报告。有研究生助教的可以请研究生助教负责批阅并进行登分，任课教师抽查并向学生总结反馈读书报告情况。

3.练习作业

（1）该项考核内容所占分值为10%。

（2）具体要求：练习作业由教材课后练习和课外补充练习两部分组成。要求学生利用自修时间按时完成。

（3）组织实施：教师在每一次课结束时布置课后练习作业（课外补充作业练习也可以由课代表利用QQ群、微信群等课后发布）。要求每学期至少统一上交2次练习作业，由课代表收齐统一交任课教师，任课教师或研究生助教负责批阅并进行登分。任课教师还需要对作业中出现的普遍问题进行梳理，及时向学生讲解。

4. 实践总结

（1）该项考核内容所占分值为10%。

（2）具体要求：要求同学参加“汉语加油站”，或参加同留学生1对1结对子等与外国留学生相关的学习辅导等实践活动，详细记录辅导过程和留学生所提的问题，以及留学生的差错，包括汉字书写、语音、词汇、语法等，针对这些问题和错误，查阅相关资料，提出解决方案，对学习实践进行总结与反思，字数不少于1 000字。[②]

（3）组织实施：任课教师在学期初布置相关的实践任务，课程结束后由课代表收齐统一上交实践报告。任课教师逐一审阅实践总结并打分登记，向学院推荐“汉语加油站”优秀志愿者。

5. 课堂表现

（1）该项考核内容所占分值为10%。

（2）具体要求：遵守课堂纪律，主动回答问题，积极准备并参与课堂讨论。

（3）组织实施：任课教师根据上课考勤、课堂提问、课堂讨论等情况给每位同学进行综合打分。根据考勤，每旷课1次扣1分，每请假2次扣1分，每迟到3次扣1分，扣完该项分值为止。任课教师课题提问或课前给出相关的讨论话题，多次积极主动回答问题或参与课堂讨论者，该项考核成绩可以给满分。

学期结束，进行期末考试，期末考试采取闭卷考试形式，所占分值为40%。

此外，为鼓励学生积极参与科研和学科竞赛，课程评价尝试实施加分项目。加分项目规定如下：公开发表与现代汉语课程内容有关的学术论文，课程总评成绩加5分；申报并获批院级、校级及以上与现代汉语课程内容有关的语言类课题，负责人课程总评成绩加5分，参与人加2分；参加学校及以上单位组织的语言文字类竞赛获奖者，一等奖加5分，二等奖加3分，三等奖加1分；参加学院组织的语言文字类竞赛二等奖以上获奖者加2分；获得学院“汉语加油站”优秀志愿者加2分。

现代汉语课程总评成绩＝过程性评价（60%）＋期末考试（40%）＋加分项目得分[③]。

现代汉语课程学生学业评价方案如表1所示：

表1 现代汉语课程学生学业评价方案表

评价项		评价依据(要求)	所占分值(百分比)
过程性评价	课程论文或论文竞赛	选题新颖 有问题意识 具有学术性和创新性 参加答辩	20
	读书报告	结构清楚 内容概括简练 有自己的思考 语言通顺、书写规范	10
	书面作业	作业完整 答案(观点)正确 书写规范整齐	10
	实践总结	实践情况概述清晰 归纳实践中遇到的问题及解决方法 实践反思	10
	课堂表现	遵守课堂纪律 主动回答课堂提问 积极参与课堂讨论	10
期末考试		期末考试(笔试、闭卷)	40
奖励加分		方案规定的加分项目	根据实情计分

四、现代汉语课程学生学业评价反思

加大过程性评价力度,采用多元化评价方式,使现代汉语课程评价更趋合理。注重学生学习的自主性,激发学生的学习热情,变被动接受为主动探究。紧密结合对外汉语教学,联系语言生活实际,撰写小论文和读书报告,培养学生对语言问题的敏感性,培养学生研究语言的兴趣和初步的科研能力。鼓励学生积极参与课堂讨论,提高思辨水平。鼓励学生积极参加“汉语加油站”等实践活动,把所学理论运用到实践中。通过加分项目的实施,调动学生参加学校学院组织的各项活动的积极性,激发学生参与课题申报的积极性。

现代汉语课程学生学业评价方案得到了学生的认可。从学生反馈的意见来看，他们认为现代汉语课程学业评价十分切合实际，绝大多数同学认为“很好”“很合理”。如有学生认为：“这是一个全方位的评价，也是很合理的，既能督促我们认真听课，又可以提高自己思考问题和解决问题的能力。”“首先，我觉得期末成绩占50%以下，而过程性评价占50%以上是很有必要的。据我所知，有些老师在期末快到的时候会划重点，这就意味着，平时学习认真不认真对课程成绩影响不大，只要在期末好好复习也会考出不错的成绩。过程性评价能够比较综合地评价一个同学，是对其一整学期努力学习的肯定。然后，现代汉语课程学业评价与其他课程学业评价方式最大的不同就是它还有加分的规定，这不仅能鼓励同学多参加与现代汉语课程有关的活动，也是给在出勤方面扣过分的同学一个加分机会。这点超棒！”[④]

现代汉语课程过程性评价在实践中也给我们带来一些思考。①班级人数不能太多，建议采用小班化教学。②中外学生汉语水平有别，这会给教师课堂教学以及过程性评价带来一定的困难，建议教师根据留学生的实际情况灵活调整评价要求。③教师应及时进行作业检查点评，作业上交时间可以错开一点，可以减少师生一时的匆忙。④过程性评价要求太多，学生有压力，有些评价项目在实施的过程中可以做调整，比如第一学期安排读书报告，第二学期安排小论文。

评价是一个非常复杂的过程。评价要有利于把学习过程还给学生，要有利于激发学生的主动性和创造性，要有利于培养学生的兴趣爱好，要有利于提高学生的实践能力。总之，该评价方案具有很强的可操作性，不仅适用于现代汉语课程，也可以为语言学概论、古代汉语、对外汉语语法教学等其他语言类课程的过程性评价提供重要的参考。

注释

①《关于深化高等学校创新创业教育改革的实施意见》（国办发〔2015〕36号）于2015年05月04日成文，2015年05月13日发布。第二部分“主要任务和措施”中的第四点特别指出“改革教学方法和考核方式”。

②该项评价内容仅适合中国学生，如果班级有留学生，可以让留学生写学汉语的心得体会，字数要求也可以放宽一些。

③加上加分项目的得分，学生的总评成绩有可能会超出100分。如果出现

该情况，那么现代汉语课程总评成绩按满分100分计分。

④自2015年开始，我们开始尝试对现代汉语课程实施过程性评价，之后，我们又针对该评价方案向学生进行了调查。

参考文献

[1] 徐岩，丁朝蓬. 建立学业评价标准 促进课程教学改革[J]. 课程·教材·教法，2009(12)：3－6.

[2] 王红艳. 学生学业评价：含义、作用与改革趋势[J]. 哈尔滨学院学报，2013(3)：126－127.

[3] 冯生尧. 课程评价含义辨析[J]. 课程·教材·教法，2007(12)：6.

On the Students' Academic Evaluation of *Modern Chinese in Teaching Chinese as a Second Language*

Ma Honghai　Hu Deming

(*College of International Education, Zhejiang Normal University*)

Abstract: There are some prominent problems between teaching *Modern Chinese* (MC) and its academic evaluation, which are not only about the problems of teachers and students, but of the evaluation mechanism itself. The curriculum MC needs to strengthen the evaluation process and adopt diversified evaluation methods. Based on more practical teaching experiments, this paper proposes an exercisable scheme of academic evaluation for students majoring in Teaching Chinese as a Second Language, which mainly concerns the evaluation content, evaluation criteria etc., in the design of process evaluation. The content of process evaluation therein concludes five aspects, namely course paper, reading report, exercise assignment, practice summarization and classroom performance. In addition, this evaluation scheme could bring considerable benefits for students, such as the initiativity and creativity stimulation, the interest cultivation and the practical ability improvement; on the other hand, it could also provide an important reference for the process evaluation of the other linguistic courses.

Key words: Teaching Chinese as a Second Language; *Modern Chinese*; academic evaluation

汉语国际教育专业双语课程建设

——以浙江师范大学国际文化与教育学院为例

宣炳善*

（浙江师范大学　国际文化与教育学院）

摘　要：汉语国际教育专业是以双语人才培养为主要目的，以汉语教学为主要内容的跨文化语际实践的新专业。相对于原有的对外汉语专业，汉语国际教育专业培养具有更为广阔的全球化视野的人才，因此需要开设相应的双语课程培养双语人才，以适应新时代发展的需要。浙江师范大学国际文化与教育学院的汉语国际教育专业也需要开设双语课程，开展跨文化语境的汉语语际实践，并积极探索双语课程建设的语言类型的多样化。

关键词：汉语国际教育；跨文化语境；双语课程；课程建设；双语人才

2012 年 9 月，教育部印发《普通高等学校本科专业目录（2012 年）》，其中涉及对外汉语专业名称的更改，延用已达 28 年之久的对外汉语专业在 2012 年教育部的本科专业目录中改名为“汉语国际教育”专业，并与原来的中国语言文化专业、中国学专业合并，新专业代码为 050103。专业的改名实际上是在中国进一步推进经济全球化与文化全球化的基础上产生的，也为专业的双语人才培养提供了广阔的实践空间。2013 年 9 月，习近平总书记在哈萨克斯坦纳扎尔巴耶夫大学提出“丝绸之路经济带”的倡议，将亚洲、欧洲与非洲视为利益共同体与命运共同体。为积极配合国家的“一带一路”战略，进一步实施中华文化“走出去”，2012 年新设立的汉语国际教育专业在未来的发展过程中需要强化国际

---

* 作者简介：宣炳善（1971—），男，浙江诸暨人，副教授，历史学博士，主要从事民俗学与文化教学研究。

化人才的培养，特别是双语人才的培养，而双语人才的培养则需要双语课程建设的支持。

在借鉴国际上关于双语教育(bilingual education)理论与实践的基础上，为提高浙江师范大学国际文化与教育学院本科学生的双语表达的国际化能力，增强跨文化意识，也需要开设相关双语课程，进一步培养具有跨文化语境意识的双语人才。

浙江师范大学汉语国际教育专业的长期目标是建设国际化专业，而国际化专业主要通过国际化课程得以实现。国际化课程建设首先应从双语课程建设入手，作为国际化课程的第一阶段实施。在积累一定双语教学经验后，再开展全英语授课的第二阶段建设，体现国际化办学的渐进性与不断提高的特点，从而从整体上提升国际文化与教育学院本科学生的国际化能力，建设具有自身特色的国际化专业。

一、对外汉语专业名称的变化与专业发展

在中国高校中开设对外汉语专业始于1985年。1985年经国家教委批准，北京语言学院、北京外国语学院、上海外国语学院、华东师范大学4所大学开设了第一批对外汉语教学专业。对外汉语专业的产生是中国改革开放的产物，因此带有一定的专业发展的教育试验的性质，所以最初全国只有四所高校开设对外汉语本科专业，在专业数量上有所控制。在后来的专业发展过程中，由于来华留学生数量不稳定，中国也刚开始对外开放，所以这四所高校对外汉语专业的大多数学生在本科毕业时，并没有从事对外汉语教学，而是去了公司、机关、媒体等非教学部门，从而造成了对外汉语课程的教学型设置与实际就业工作性质分离的情况。自1985年起，对外汉语专业经过10余年的发展，教育部对于该专业的发展也在进一步规范之中，特别强调了对外汉语专业双语教学的专业特征。

1998年国家教育部高等教育司编纂的《普通高等学校本科专业目录和专业介绍》中，对对外汉语专业的人才培养目标做如下描述：本专业注重汉英(或另一种外语或少数民族语言)双语教学，培养具有较扎实的汉语和英语基础，对中国文学、中国文化及中外文化交往有较全面了解，有进一步培养潜能的高层

次对外汉语专门人才；以及能在国内外有关部门、各类学校、新闻出版、文化管理和企事业单位从事对外汉语教学及中外文化交流相关工作的实践型语言学高级人才。

因此，对外汉语专业在教育部的专业定位设计中属于能胜任双语教学人才培养的专业目标。但遗憾的是，在实际的对外汉语专业教学过程中，对外汉语专业的双语教学呈现分离现象，对外汉语专业的双语教学与其他专业没有形成明显的区分。如汉语言文学系的本科学生在学习母语汉语的同时，也需要学习英语或者其他外语，而对外汉语学生的语言学习情况也是如此。因此，原有的对外汉语专业没有形成专业化的双语课程建设。2012 年 9 月，对外汉语专业改为汉语国际教育专业之后，双语课程建设有望得以全面开展。

从 2002 年浙江师范大学成立对外汉语专业至今已有整整 15 年。浙江师范大学对外汉语专业的双语教学的开展经历了长期的实践与发展，因此需要总结经验，进一步发展自身。

浙江师范大学对外汉语专业成立于 2002 年，同年开始招收一本学生。2004 年开始招收行知三本学生。对外汉语专业原隶属于人文学院，对外汉语系与中文系并列设置。2002 年对外汉语专业的培养目标是培养具有扎实的汉语和英语基础，全面了解中外文化，具备跨文化交际能力，能够适应汉语国际传播，能在国内外将汉语作为第二语言进行教学的复合应用型人才。

国际文化与教育学院于 2006 年 4 月 5 日成立，是在原国际教育交流学院、人文学院对外汉语系基础上组建而成，是根据学校“十一五”总体发展战略的需要而成立的一个新型学院，其目标是培养外向型、复合型的对外汉语教育与对外文化传播人才。自 2007 年 11 月以来，浙江师范大学先后在海外建立了五所孔子学院，分别是喀麦隆雅温得第二大学孔子学院、乌克兰卢甘斯克国立大学孔子学院、坦桑尼亚达累斯萨拉姆大学孔子学院、莫桑比克蒙德拉纳大学孔子学院、美国天普大学孔子学院。五所海外孔子学院汉语教学工作的开展也得到了国家汉办的大力支持，国际化办学的专业特色日益突出。2009 年对外汉语专业列为浙江省重点建设专业，专业发展得到了更多的制度支持。

自 2002 年以来，该专业现已招生 16 届，目前在校本科学生 267 人。浙江师范大学对外汉语专业历年专业人数如下：2002 年，53 人；2003 年，57 人；2004 年，90 人；2005 年，90 人；2006 年，146 人；2007 年，132 人；2008 年，127 人；2009 年，112 人；2010 年，53 人；2011 年，58 人；2012 年，55 人；2013 年，56 人；

2014 年，66 人；2015 年，66 人；2016 年，68 人；2017 年，67 人。自 2002 年至 2017 年的 16 届学生中，该专业已累计招收 1296 名本科学生。其中 2004 年至 2009 年，还招收三本的行知学生。

在专业招生过程中，新的招生情况也促使汉语国际教育专业迫切需要建立双语课程，逐渐形成双语课程体系。在 2013 年之前，浙江师范大学国际文化与教育学院的对外汉语专业面向国内招生，生源全部是中国人。但自 2011 年，浙江师范大学国际文化与教育学院的汉语国际教育专业开始招收海外留学生，出现了海外留学生与中国本科学生一起上课的现象。由于学生来源的国别化差异，虽然海外留学生选择就读汉语国际教育本科专业，其汉语已具有一定的基础，但是由于跨文化语境差异的存在，海外留学生在《古代汉语》《中国古代文学》《中国文化通论》《民俗学》等涉及中国历史文化语境的课程的学习上，出现了明显的课程不适应现象。因此，如果相应课程采用双语教学的方式，则有助于降低海外留学生在本科课程学习过程中的焦虑感，从而降低课程学习的难度。也有部分留学生要求给他们单独开设课程，但是由于师资等原因，目前仍然采用中外学生混合编班的方式。因此，在汉语国际教育专业本科生生源日益国际化的情况下，双语课程的设立与双语教学的开展则成为解决这一问题的有效方式，并进一步培养学生的跨文化体验。

更名后的汉语国际教育专业更加突出国际化办学的专业思路。浙江师范大学汉语国际教育专业强化本专业学生对中国传统文化的文化认知与文化认同，并适应新时代的发展，主要致力于培养面向非洲地区三个孔子学院为需求的国际汉语师资，并在课程设置上进行优化。本专业人才培养的特色是以语言教学与文化教学并重；国际化与区域化并重；文化自主性意识与跨文化传播意识并重为国际汉语师资培养的三大核心，具有鲜明的专业文化特色。该专业培养具有扎实的汉语、英语双语基础和宽广的中外文化知识，注重对中国传统文化的文化认知与文化认同，具备跨文化交际和汉语国际教育能力，能够在海外孔子学院、孔子课堂、国内外中小学、语言培训机构等各类教育单位开展汉语教学与中国文化教学，适应汉语国际教育事业需要的复合型师资人才。

基于这一专业人才培养的目标，汉语国际教育专业建设双语课程就具有其必要性。

二、汉语国际教育专业建设双语课程的必要性

与英语相比，汉语在国际上仍然是弱势语言，保护弱势语言，积极推进世界各种语言的发展，本身就是对世界文化多样性的贡献。在中国的国际文化交流事业中，语言传播是一个重要组成部分，而国家战略层面的汉语国际推广问题绝不只是一个简单的语言教学问题。随着中国“和平崛起”外交总方针的提出，汉语国际推广与中华民族的伟大复兴以及中华民族的民族精神的全球和平型传播紧密相关。2006 年 3 月 13 日国务院办公厅发布《关于加强汉语国际推广工作若干意见的通知》的文件，文件第一次明确将“对外汉语”提升为二级学科，强调要把对外汉语事业作为汉语国际推广的国家战略来实施，并指出汉语国际推广是我国扩大对外开放，提高国家软实力和实现和平发展的国家重要战略举措，提高汉语的国际竞争力也就是提高国家的国际竞争力。

但是 20 世纪 80 年代以来的国内对外汉语专业课程的设置，过于强调语言本体论与工具论，把对外汉语教学理解为单一的语言学问题。由于没有充分考虑全球化(globalization)的社会发展语境，原有对外汉语专业文化类课程设置过于强调中国传统文化的静态分析。原有对外汉语专业课程设置已不能适应现有汉语国际教育(Globalization of Chinese Language)的新形势，因而需要进一步改革，特别是建设双语课程，开展双语教学。

在汉语国际推广的新形势下，面向海外学生的汉语教学作为一项具有国家文化战略意义的综合性教育事业，既是汉语言文字的对外传播，也是中华传统文化的对外传播。传统的对外汉语课程设计侧重语言学习，较少兼顾语言与文化的互动性，因而难以胜任跨文化语境下的汉语国际教育的人才培养。在汉语国际教育“走出去”的文化战略背景下，有必要增加中国文化对外有效传播的相关课程，提升中国文化软实力，扩大中华文化国际影响力。对外汉语专业(the major of Teaching Chinese as a Foreign Language)向汉语国际教育专业(the major of the Globalization of Chinese Language)转型也已成为专业发展的趋势。

专业国际化程度表现的一个重要特征就是双语课程的设立与双语人才的培养。“双语”是指在一个多语社会里，一个民族或一个人除了使用自己的母语

外，还兼用另一语言的现象，这是广义双语的概念。一些现代化程度比较高的国家，如加拿大、比利时、新加坡等都实行双语制，中国的深圳和香港也实行双语制。而在教学中的双语则是指双语教学，西方多采用“双语教育”这一称呼。“双语教育”是描述各种在不同程度上使用两种或两种以上语言的教育计划。在某一时期，同时或连续使用至少两种语言进行教学。这两种语言是教学媒介，而在中国，“双语教育”则本土化为“双语教学”这一更为具体的技术性称呼。

双语教学是用非母语进行部分或全部非语言学科的教学。在教学过程中，使用两种语言作为教学媒体，第二种语言是教学的语言和手段而不是教学的内容或科目。

双语教学主要有三种类型：

(1)学校使用一种不是学生在家使用的语言进行教学。这种模式称之为浸入型双语教学。

(2)学生刚进入学校时使用母语，然后逐渐地使用第二语言进行部分学科的教学，其他学科仍使用母语教学。这种模式称之为保持型双语教学。

(3)学生进入学校以后部分或全部使用母语，然后逐步转变为只使用第二语言进行教学，这种模式称之为过渡型双语教学。

在中国的语境中，国内的双语教学以保持型双语教学为主。采用双语教学的课程属于双语课程，因此，双语课程就是指采用了双语教学的课程，从而培养学生的双语表达能力与跨文化意识。

关于对外汉语专业的双语教学以及英语在对外汉语专业的位置问题，在2004年人文学院办学时期，当时曾组织师资对苏州大学、上海财经大学、华东师范大学、暨南大学华文学院、福建师范大学五所高校进行全方位考察。这五所高校的一个共同课程设置的特点就是强调汉语教学与英语教学双语并重，而且特别重视英语的教学。

华东师范大学对外汉语专业重视现代汉语与英语口译，设有汉英语言对比、英语口译、英汉翻译等课程，学生中有90%以上报考专业英语八级，并积极参与每年度的上海电影节担任口语翻译工作。暨南大学华文学院也重视英语教学，专门设有专业英语教研室，4年中全部开设英语课程，其中有四门专业课程全部用全英语授课，这四门课程分别为《西方语言学名著选读》《英美概况》《英美文学名著选读》《西方文化概论》。全英语授课的课程比其他课程的课时费要高出3倍。暨南大学华文学院同时也十分重视现代汉语教学，将现代汉语分解为现代汉语语音、现代汉语语法、现代汉语词汇、现代汉语修辞四门课程。福建师范大学海外教育学院设有英语听和说课程，该课程共 6 学分，128 课时。福建师范大学海外教育学院规定每学年每周英语的课时不少于 10 课时。每年还组织学生去菲律宾学习英语夏令营两周，同时也强化现代汉语的教学，设有朗读与演讲、正音课等课程。上海财经大学对外汉语系的英语教材和英语系的英语教材相同，师资也相同，其英语课程占总课程的一半，有相当多的考生报考英语专业八级。苏州大学重视应用性人才的培养，强化英语，外语类课程有 900 课时，设有商务英语、口语翻译等课程。福建师范大学海外教育学院与暨南大学华文学院的对外汉语的本科课程中，有一半是用全英语授课，因此学生境外实习的语感良好。总体来看，这些高校的对外汉语专业特别重视英语的教学。

自对外汉语专业改为汉语国际教育专业之后，更加突出了在海外开展汉语教学的多语言环境的教学适应能力，实际上提高了对双语表达能力的要求。目前从事双语教学的教师为数不多，汉语专业教师的外语能力也有待提高，而外语专业教师对于汉语国际教育的专业认知往往存在一定的距离，从而在一定程度上制约了双语教学的开展。

汉语国际教育专业的双语课程建设是指双语课程设置、双语讲义编写、双语授课、课堂双语对话、双语作业等多种方式开展的双语课程实践，最终目的是为了提升学生的双语表达能力。结合浙江师范大学汉语国际教育专业学生的语言实际情况，建设双语课程也具有一定的可行性，但究竟哪些课程适合开展双语课程教学则需要进行可行性方面的分析。

三、汉语国际教育专业建设双语课程的可行性及其实践

对外汉语专业的传统培养模式主要是从语言教学出发，侧重强调学生的汉语教学能力，但在国际化方面的进一步引导则相对较少。“国际化”首先是一个当代社会全球化的现实需要。国内传统的对外汉语教学在课程设置、教材内容、教学方法、人才培养、教育管理模式等方面与国际化的专业办学理念存在着一定的差距。因此需要建设双语课程，从而培养学生的国际化意识。

2012 年之前的对外汉语专业以及之后的汉语国际教育专业，在高考录取

时，对于学生的外语有单科要求，因此整体外语水平相对于中文系学生而言，其外语基础较好，适合开展双语教学。浙江师范大学国际文化与教育学院对外汉语学生的英语表现总体良好。如国际文化与教育学院2008级对外汉语专业082班四级通过率为100％，六级为86.7％，而初阳学院学生六级通过率为85％，对外汉语专业学生的英语表现超过初阳学院的学生。2008年，对外汉语学生在全国大学生英语竞赛中荣获特等奖1项，一等奖1项，二等奖1项，三等奖6项，CCTV杯英语演讲赛校赛选拔赛三等奖1项。2009年，4名对外汉语学生在2009年外语报刊信息采集与解码邀请赛浙江省高校决赛中分别获得1个二等奖、3个三等奖；3名学生获得2009年全国大学生英语竞赛非专业组特等奖；在2010年，两位对外汉语学生获得2010年全国大学生英语竞赛（浙江赛区）一等奖。2011年以来，每年均有学生获得全国大学生英语竞赛非专业组的奖项。

而且对外汉语学生积极参加国际文化活动，积累了丰富的双语文化体验。国际文化教育学院的国际文化月活动已形成特色，成为对外汉语学生积极参与并与外国学生沟通交流的重要平台，每年均有30人以上参加该项活动。国际文化月系列活动包括“中西文化大视界”、国际汉语志愿者体验之旅、“汉语之星”留学生中文大赛、“我声飞扬”外文歌曲大赛、“汉语之星”留学生中文大赛、世界风情照片展等。通过多年发展，国际学院的国际文化交流协会成为校级协会，组织全校学生开展国际文化交流活动，对外汉语学生的涉外能力得到很大的锻炼。国际文化与教育学院还定期派遣对外汉语本科生赴美国、韩国、意大利、乌克兰、喀麦隆作为交换生学习或者以汉语志愿者方式开展汉语国际教育。

由于浙江师范大学国际文化与教育学院的学生具有良好的双语能力与跨文化锻炼的经验，在长期筹备的基础上，2015年3月，国际文化与教育学院启动第一批院级双语课程建设。在建设初期，学院提出的课程建设的目标与要求如下：

本科课程双语教学是指用英语等外语讲授非外语类课程的教学。双语教学的最终目标是：通过双语教学，使学生能同时利用母语和英语等外语在专业知识领域进行思维、学习、工作和交际，培养学生了解和掌握世界科技最新成果和向外发表学术成果的能力。

（1）双语课程建设周期为两年。凡列入汉语国际教育专业本科教学计划的所有课程均在申报范围之内。

(2)师资是保证双语教学课程教学实施和质量的关键。因此,申报双语课程的教师一般应具备教学经验丰富,具有博士、硕士学位,有出国学习和进修经历,专业学术水平和外语水平高,外语口语能力强,热心双语教学等条件。

(3)教材在双语教学中尤为重要。因此,要求老师要注重教材的先进性、学术性、易接受性,选择最新出版的外语原版教材或自编讲义进行教学。

(4)鉴于目前实际情况,汉语国际教育专业的双语教学可采用"外文教材、兼用中文外文讲授"和"中文教材、兼用中文外文讲授"两种方式进行。课程教学的具体标准是:

①使用的外文教材或中文教材应是正式出版的教材(含国内影印版)。

②布置的作业50%使用外文。

③课程考试中用外文命题的试题及用外文答题的比例不少于50%。

④教师的课堂教学语言50%必须使用外文。

学院第一批双语课程在实际建设过程中批准为两门:《中国文化经典双语选读》《跨文化交际》,主要是基于语言教学与文化教学平衡发展的考虑。国际学院第一批双语课程自2013年初实行,并与新的汉语国际教育专业人才培养修订计划相结合,适时增加双语课程比例,突出国际化专业特征。

双语课程在实际的建设过程中,可以注重营造双语教学的语言环境,如建设双语教室,在双语教室的墙上张贴双语图片,建立"双语角",设立"双语阅览室",组织形式多样的双语教学活动,如唱双语歌曲、讲述双语故事、观看双语录像与双语影视、开展双语竞赛等等,以营造良好的双语教学环境。

目前,国际文化与教育学院汉语国际教育专业双语课程采用的双语教学类型是"汉语+英语"模式。由于浙江师范大学所在地金华与义乌接壤,彼此之间交通方便,目前乘坐高铁只需要10几分钟。义乌作为世界上最大的小商品集散地,来自130多个国家和地区的1万余名外商常年居住在义乌,特别是来自阿拉伯国家的外商人数最多,国际文化与教育学院也有大量的阿拉伯学生。因此国际文化与教育学院未来完全有必要引进阿拉伯语师资,拓展双语课程的双语教学类型,积极建设"汉语+阿拉伯语"模式的双语课程,从而实现双语课程的语言类型从单一化向多样化的转变。

国际文化与教育学院汉语国际教育专业具有良好的双语教学基础,因此需要进一步积极推进双语课程建设。将来可以适时启动建设院级第二批双语课程,可以考虑将《语言学概论》《第二语言习得》《西方文化通论》《文化教学理论与方法》《外国文学》等课程纳入双语课程建设，积极培养双语人才，从而为国际化专业的发展提供坚实的基础。

参考文献

[1] 戴庆厦. 构建双语和谐的多语社会[J]. 民族教育研究，2007(2).

[2] 黄明. 浅析新加坡英汉双语教育政策[J]. 中国教育学刊，2007(4).

[3] 李泉. 对外汉语教学学科理论研究[M]. 北京：商务印书馆，2006.

[4] 王莉颖. 双语教育理论与实践——中外双语教育比较研究[M]. 上海：上海教育出版社，2008.

[5] 王斌华. 双语教学的回眸与前瞻——国际视野 本土实验[M]. 上海：上海教育出版社，2008.

[6] 国家汉语国际推广办公室. 国际汉语教师标准[M]. 北京：外语教学与研究出版社，2008.

[7] 郑新夷. 双语研究：从理论到实践.[M]. 厦门：厦门大学出版社，2012.

The Construction of Bilingual Courses of the Major of Globalization of Chinese Language

—Taken College of International Education, Zhejiang Normal University as an Example

Xuan Bingshan

(*College of International Education , Zhejiang Normal University*)

Abstract: The major of Globalization of Chinese Language is the new major to develop bilingual talents and regard Chinese teaching as the main contents during the cultural communication practices of different languages. When compared with the former major of Teaching Chinese as a Foreign Language, the major of Globalization of Chinese Language cultivates the talents with profound global vision . Based on the new situation , bilingual courses should be established to foster the bilingual talents . The major of Globalization of Chinese Language at the College of International Education , Zhejiang Normal University also has the duty to establish bilingual courses to carry on the cultural communication practices of Chinese language, exploring the language types of the construction of bilingual courses positively.

Key words: Globalization of Chinese Language; inter-cultural context; bilingual courses; course construction; bilingual talents.

“汉语加油站”的实践与创新

陆书伟*

（浙江师范大学　国际文化与教育学院）

摘　要:“汉语加油站”是一种新型的汉语辅导形式,是由浙江师范大学国际文化与教育学院为提高留学生的汉语水平而开创的一种免费、常规的课外辅导活动,为中外学生进行跨文化交际提供了平台,既可以增强留学生学习汉语的兴趣,又可为中国学生提供专业实习的机会。经过3年多的运行,使数百学生从中受益,目前已经发展成为学院的一项品牌活动,在中外学生中具有了一定的影响力和吸引力。本文详细介绍了“汉语加油站”的产生、发展、运行模式、成效和不足,并就其进一步的发展提出了一些建议。

关键词:汉语加油站;辅导者;被辅导者;可持续发展

一、名称及其相关概念

“汉语加油站”是由浙江师范大学国际文化与教育学院(下文简称“国际学院”)为留学生学习汉语而创办的一种免费的、常规的课外辅导形式。其目的是促进中外学生交流,增强留学生学习汉语的兴趣,及时巩固课堂上学到的汉语知识;同时也为中国学生尤其是本学院的汉语国际教育专业本科生提供专业实习的机会,增强其对外汉语教学的技能。

“汉语加油站”于2014年5月正式启动,至今已运行3年多,受益学生达

* 作者简介:陆书伟(1979—),男,山东东平人,浙江师范大学国际文化与教育学院讲师,博士。

数百人。其一对一的汉语辅导模式，不仅及时解决了许多留学生在汉语学习上遇到的疑难，也切实提升了众多中国学生的教学实践能力及外语沟通能力，目前已发展成为国际学院的品牌志愿者活动之一。3 年来，“汉语加油站”举办的不少活动被校园网、微信平台、地方报纸等报导，在留学生中产生了不小的影响力和吸引力。因此，有必要对其运行经验进行总结并积极推广这种辅导模式。

“汉语加油站”是对人们熟知的“英语角”及“汉语角”的继承和创新。

在 20 世纪 90 年代前后，随着国内掀起的学英语的热潮，在校园、公园等场所，会定期举办“英语角”。参加者主要是学生，也有社会人员。可能会有一位或多位英语为母语者参与并作为核心成员，其余人员与该核心成员用英语对话，或成员之间用英语互相交流。这种松散、自然、免费的语言交流活动曾经为很多中国青年提高英语水平起了很大的作用。

“汉语角”源于“英语角”的概念。是为母语为非汉语者定期举办的练习汉语、交流学习心得的聚会。有为外国人举办的“汉语角”，也有为国内少数民族学生举办的“汉语角”。随着“汉语热”在全球的升温，不少外国人到中国留学学习汉语，另一方面，孔子学院在全球遍地开花，加快了汉语国际传播的步伐。为了让学习汉语的外国人有汉语语境和练习汉语的机会，在国内高校或海外设有孔子学院的高校内自发组成或专门组织了“汉语角”。

“英语角”“汉语角”的组织和运行，是较为松散、简单的，对参与者没有太多的要求与限制，其主要功能或目的就是为参与者提供练习口语的场所。而“汉语加油站”与前两者的区别是：①其名称形象地表明了功能，是为留学生学习汉语“加油”，即为学习汉语的学生提供全方位的帮助，而不仅仅为其练习口语提供场地或机会；②从管理和运行看，“汉语加油站”是半官方的，有较为稳固的成员、有明确的规章制度。

二、组织形式

从辅导者与被辅导者的人数对比看，主要有一对一、一对多两种形式。其中一对一的辅导是最常用、最受欢迎的模式，能为留学生提供很多针对性的辅导，其弊端是有时辅导者的知识、能力不足以解决某留学生提出的特定问题，而且每次活动组对完毕后，留学生在这一时间段就没有其他的辅导者可选择。从2017年4月份开始，本院针对留学生共同出现的疑难问题，组织过多次一对多的小班辅导，有助于集中解决留学生遇到的汉语困难；但由于留学生汉语程度、时间安排不一致等原因，导致出勤率不高，辅导效果不甚理想。

从辅导者与被辅导者的国籍看，有中—外、外—外、(中＋外)—外等形式。占主流的形式是“中—外”一对一的配对模式，之所以这种模式比较受欢迎，是因为中国学生的母语是汉语，且受过一些相关的培训。“外－外”或“(中＋外)－外”模式，即较为资深的外国留学生加入进来做志愿者，以便辅导来自其国家或与其同一母语的初学者，这种模式深受那些初来中国、汉语基础薄弱，且英文不流利甚至不会英文的留学生的欢迎。分别有过以俄语、阿拉伯语、法语为母语的留学生参与其中帮助辅导。

从学习形式看，主要有答疑、选定内容讲解、话题讨论、语言互学等模式。其中答疑式最常见，即留学生带着特定的问题前来寻求帮助。在一些长期固定的辅导组对中，辅导者会根据自己对被辅导者的了解，选定内容进行讲解。而对于汉语水平已经比较高的留学生来说，则主要是和辅导者讨论一些感兴趣的话题或结成语言互学伙伴。

三、运行模式

1. 活动时间、地点

“汉语加油站”在每学期两端的数个星期不安排活动，分别为筹备和扫尾阶段。活动从第5、6周开始到第14或15周结束，一共进行10周，累计活动50次左右。活动固定在每周一至周五下午16:00－17:30进行，在此时间段中国学生和留学生基本没课，空余时间比较一致。

地点是国际学院留学生教室。教室有两类，包括候场/自习教室、中国学生与留学生结对辅导教室，根据学生人数适当增减教室间数。选择在此处进行活动，是由于本院的留学生对教室分布比较熟悉，有利于留学生集中。

2.运行机制

(1)设计活动方案。国际学院学工办老师主要负责总体的组织工作。每个学期开始后,由学工办相关老师、学生会成员、各班班长等着手安排“汉语加油站”活动事宜。

(2)招募、遴选、培训志愿者。学工办向中国学生下发通知,有意向者填写《“汉语加油站”志愿者申请表》。志愿者主要从国际学院大一至大三学生中招募。有汉语教学经验者、外语成绩优异者或学生干部优先。有意做志愿者的学生报名后,须参加国际学院组织的面试。面试内容为汉语知识、中国文化知识、跨文化交际能力和外语水平等。面试通过后,国际学院会指派老师、往届志愿者共同对新志愿者进行岗前培训。一般做法是邀请资深教师讲解一些留学生常见的偏误及跨文化交际策略等;邀请往届成员现身说法,介绍自己的辅导经验。

(3)通知留学生报名。志愿者招募结束后,相关人员通过网站通知、在教室张贴海报等形式进行宣传。报名参加活动的留学生包括进修生、本科生、研究生三类,其中来自国际学院汉语进修系的初级和中级水平的学生占到参加活动的留学生总人数的8成以上。

(4)中外学生对接。留学生、中国学生按所属班级,由其班级负责人进行对接。班级负责人分别通知该班“汉语加油站”成员相关活动事宜。

(5)开展活动。“汉语加油站”每日设2名“站长”,由学生会成员或责任心较强的志愿者兼任。“站长”负责每日的现场引导、组对、维持秩序、记录活动情况等工作。留学生与中国学生在“站长”的安排下到候场教室集合,自行寻找语伴,成功配对后前往辅导教室登记并进行一对一学习。若配对未成功,则留在候场教室自习等待或先行离去。若有特殊情况可采用多对一或一对多的形式。一般是每日一对一随机组对,若两名中外学生长期固定结对,则由学生自行联系约定学习交流时间。

2017年4月初,由于留学生人数远多于中国学生,导致部分留学生找不到中国学生进行一对一结对,为解决“生多师少”的问题,原有的一对一辅导向跟班小组上课过渡。具体做法是,管理人员向每个留学生班级分配3～5名中国学生,这几位中国学生每天轮流,以上课的形式对来自该班的学生集中进行辅导。

(6)汇总资料。“站长”每天负责登记一对一人员姓名，收集当天志愿者的反馈，并每晚在“汉语加油站”志愿者交流 QQ 群内公示或讨论。人员签到信息记录便于后期志愿者考核，反馈信息则供群内交流讨论。每周活动结束后，“站长”需将这些信息制作成周活动情况汇总表上报给负责人。

四、参与者

1.参与者的目的

中国学生方面，有近一半的参与者表示是出于自愿前来帮助外国学生学习汉语，有 1/4 的参与者想借这一平台实践自己在课堂所学到的汉语言专业知识。还有学生认为这是一个能提高外语水平或交朋友的机会，二者均占 10%左右。也有 3%的学生表示其主要目的是增加志愿者时间。

留学生方面，约 3/4 的留学生是以提高汉语水平为目的，以交友为目的的学生占到 13%，以通过 HSK 某个级别为目的的学生接近 10%。这和创立“汉语加油站”的初衷是基本吻合的，留学生来此提高汉语水平是其最基本的目的，而交友则是扩大其交际圈的手段，拿到 HSK 证书则是其最直接的功利目的。无论进修生还是学历生，都面临着参加汉语水平考试的压力，HSK 证书不仅是其汉语水平的权威证明，还是申请奖学金、申请学位必不可少的材料。除具有这三类目的的留学生组成了“汉语加油站”的核心学员外，还有一些是没有明确目的的边缘学员，只是出于好奇、观望、打发时间、陪同伴等而前来参加活动。

2.参与者的素质

(1)志愿者应有的素质。志愿者在辅导过程中的身份是“老师”，其素质的高低决定了汉语辅导质量的优劣。我们认为，“汉语加油站”的志愿者应该具备以下几条素质：

①有扎实的汉语知识。志愿者应该对汉语基础知识如古代汉语、现代汉语知识掌握非常牢固，并能够灵活运用；应了解国家的语言文字政策及发展动向；应该有强烈的语感。

②有满腔的教学热忱。既然报名做志愿者,就应该真正喜欢做这份辅导工作,才能从中获得成功的喜悦。不应该只是为了积累志愿者时间换取评优资格而消极参与其中。

③有一定的教学技巧。辅导要有一定的技巧,要注重"可懂输入",使用外国学生听得懂的语句、合适的语速,选取生活中的事例,深入浅出地去讲解相关知识,切实让留学生理解并学会。

④有较强的跨文化交际意识。留学生们来自不同的国家,其国内制度、宗教信仰等与中国可能会有较大的差异。辅导者要有跨文化交际意识,采用合适的言行进行文化沟通和比较,避免因言行不当而造成文化方面的误解或冲突。

⑤有一定的政治觉悟。来学习汉语的留学生不可避免地会有其政治倾向或对中国的政治存在偏见、误解。志愿者应有一定的政治敏锐性,要能够适时鉴别出学生所提出的有关政治性的问题中哪些是询问,哪些是偏见,哪些是挑衅;及时选取合适的角度进行回答、纠正或反驳。不可口无遮拦、人云亦云,以免造成不良后果。

(2)留学生应有的素质。结合往年的运行经验以及志愿者们的反馈,我们发现对留学生要求太过宽松也会带来一些问题。为了维持"汉语加油站"的良性运转,对参与进来的留学生应当做出适当的限制和明确的要求。大致包括以下几个方面。

①有明确的学习目的。孔子说"不愤不启,不悱不发",志愿者应在留学生真正有学习汉语的内在需求时给予辅导,才会出现事半功倍的效果。"汉语加油站"所提供的"油"既不是硬塞给留学生的学习负担,也不是见者有份的低廉赠品,而是留学生真正想要的汉语知识援助。学校、学院为组织开展此活动付出了大量的人力物力,资源有限,要合理利用,倍加珍惜。对前来参加活动的外国人的学习目的、身份等需要"站长"观察、把控。

②有一定的汉语水平。"汉语加油站"所提供的汉语辅导是对课堂教学的补充,是"雪中送炭""锦上添花",而不能取代系统的课堂教学。来参加活动的留学生,应当具备一定的汉语基础而不是从零学起。有一定的汉语基础,才易于提高和有效沟通。曾有一位志愿者遇到的因无法沟通而导致辅导失败的案例很有代表性。她反馈到:

上个星期二和一个来自也门的留学生一起学习。该名留学生的汉语水平处于起步阶段,刚学完语音,且发音很不规范;英语也只会一点点。这就造成我们之间的交流问题。不管我用英语还是中文问他今天要学什么，他都不能理解，只是随便翻开书本的一页，说："It's ok."这让我很为难，不知道该辅导哪里。

③有较强的时间观念。每天辅导时间只有1.5小时，而有些留学生时间观念比较淡薄，经常出现迟到早退现象。留学生如果迟到较长时间，不仅使辅导时间缩短，而且有可能因结对已经结束而无法找到辅导者。

④有一定的规则意识。留学生在中国学习和生活，应当遵守中国的做事规则，这是在中国语境下礼貌、修养的外在表现，也是使沟通顺畅进行的前提。有些留学生在参加活动时表现随意、懒散、粗鲁，有的留学生甚至坐在桌子上，这些都是不应该的。

⑤有良好的个人习惯，包括卫生习惯、行为习惯等。因为一对一辅导是面对面的交流，二者距离较近，要有良好的卫生习惯，如衣衫整洁、口气清新等；不要在被辅导时嚼口香糖、叼着牙签等；在辅导结束时，应当主动收拾干净桌面上的草稿纸、垃圾等。

五、成效与不足

1.成效

经过3年多的运行，"汉语加油站"取得的成效是多方面的。

(1)良性运转。"汉语加油站"的运行目前已经实现常态化，形成了较为完善的规章制度，能够保证规定周次内的工作日每天开展，形式也随着需求不断丰富，一对一辅导和小班辅导两种方式相互配合。

(2)育人成果。"汉语加油站"在3年多的发展中，参加人数不断增加，中外学生每周最多达到410人次。该活动对辅导双方的汉语学习都有巨大的促进。留学生作为被辅导群体是最大受益者，可以从中获得很多个性化的帮助。中国学生作为辅导者，在长期的活动中应用了专业知识、提升了专业技能；通过在这一平台的实践检验，也深切感受到了自身在汉语教学知识、能力上的欠缺，产生了更强的学习动力。

(3)树立品牌。"汉语加油站"作为中外学生交流学习的平台，已经成为国际学院的品牌活动，是招生宣传的一个重要组成部分。几乎国际学院所有中国学生都或多或少地参与过"汉语加油站"的活动，"汉语加油站"在留学生中也获得了不错的口碑。根据我们的调查，有留学生表示之所以选择来浙江师范大学留学，就是因为这里在课外有免费的一对一汉语辅导，可见"汉语加油站"已经具有了较大的影响力。

2.问题与不足

虽然"汉语加油站"已经取得了不少实质性的成果，但毕竟尚处在初步发展阶段，在实际操作中还有很多问题，需要不断在摸索中解决。存在的问题大致分为以下几个方面。

(1)管理工作有待完善。"汉语加油站"的管理问题主要表现在组对匹配效率低、突发状况多、对辅导流程监督不力、通知不及时和签到效率低等方面。

在辅导过程中出现的一些细节问题缺少管理。如有些男留学生在结对成功后，会主动加女志愿者微信，但在以后的联系中并不是向志愿者请教问题，而是约女志愿者去吃饭、看电影等，甚至发送不恰当的语言或提出过分的要求，在某种程度上对辅导者造成了骚扰。有些志愿者只是为了签到而来，签名后便离开，但管理者并未记录志愿者签到的具体时间和辅导时长。

(2)部分留学生学习目标不明确。有相当数量的留学生经常出现"无备而来"的情况。有些留学生只是为了让中国学生辅导其完成课后作业，甚至直接委托中国学生代写作业；还有的学生不带课本、纸笔，只带着一部手机。这样的学生既没有明确的目的，也没有积极的学习态度，使得辅导效率降低，从而浪费了宝贵的时间和资源。

(3)辅导者存在教学知识不扎实、能力不足等问题。几乎每一位辅导者在辅导过程中都遇到过这样或那样的困惑，主要包括语音、词汇、语法和汉字等方面的纠错和讲解等，而这些困惑却无法及时得到解决。有些志愿者来参加活动凭借的仅是一腔热情，解释、举例皆凭感觉，汉语知识的不扎实或阐释能力不足导致其在辅导过程中力不从心，不能切实解决留学生提出的疑问。

六、发展建议

为了实现“汉语加油站”的良好运行和可持续发展，针对其现状和存在的问题，结合过往经验，我们认为可从以下几个方面加以完善。

(1)院方应加强管理，提升效能。院方应提升自身管理效能，制定相关文件，完善管理制度，细化管理规则，使管理常规化、明确化，从宏观上对活动做好安排。管理人员要及时做好信息传递工作，合理安排双方辅导人数与辅导时间。在优秀志愿者评选工作上，应改变以时间定优劣的单一评价标准，采用综合评价模式，从多种角度衡量辅导成效，促进对中国学生评比效能的最大化。应对留学生的参与频度及学习效果进行跟踪记录，对进步较大者予以表彰，使之带动其他学员积极进步。要定期为志愿者组织培训和答疑，定期对中外参与学生的舆情进行调控，营造积极向上的学习氛围。

(2)志愿者应提升自身辅导能力，意识先行。“教然后知不足”，志愿者在实践中发现自己有很多方面还需提高。辅导者应不断学习语文知识，培养敏锐的语言观察力。除掌握书本知识外，辅导者还要经常进入汉语课堂听课，了解教学进度，向任课教师学习教学方法。

观念决定行为方式，具有正确的观念才能正确地行事。为了使辅导活动有序、有效开展，志愿者应牢固树立有关观念，并贯穿辅导过程的始终。现列举以下几个方面。

①师生意识。在辅导过程中，辅导者与被辅导者应该是单纯的师生关系。只有明确了这种关系，双方在辅导活动中才会找准自己的位置，各行其是。

②交换意识。辅导过程中志愿者与留学生之间应该是合作共赢的关系，双方都应该是受益者，双方应该进行知识的交换。志愿者应处处留心，在付出劳动的同时，主动、有意识地获取必要的知识和资料。如可以向留学生学习外语，或为自己撰写学科论文、学年论文、毕业论文、参加进一步深造等搜集资料和数据等。

③成效意识。“加油”之名即形象地表明参与活动能够增加知识，掌握技能，提升水平。每次活动前，双方都应该有明确的目标，要进行“目标教学”；每次活动结束，双方都应有切实的收获。留学生要看到自身汉语有哪些进步，志

愿者要知晓自己实践了哪些技能或发现了哪些问题。

(3)被辅导者应端正学习态度,适应规则。在招收"汉语加油站"学员时,就应该对"站规"有一定的说明,使留学生有充足的思想准备,重视这一课外辅导活动。志愿者在辅导的过程中,也应该对留学生强调中国人的时间观念、礼貌规则等,使其按照中国规则行事。对于屡次迟到或早退、把"汉语加油站"作为代写作业的渠道、抱有不当目的的学员应该予以警告或剔除。

尤为重要的是,除了每天有两位中国学生担任"站长"外,还应该选取一位或两位留学生担任"站长"或"班长",让留学生管理留学生,沟通会更方便,效果会更好。

(4)组织形式以一对一为主,小班为辅。3 年多的运行实践证明,一对一辅导有针对性,学生易于接受,有利于在短时间内提升被辅导者的汉语水平,故应作为一种主要的辅导手段坚持开展。同时,也应继续实践小班辅导,变跟班辅导为专题提升,各专题滚动开设,让留学生根据自己的汉语学习需求自由选择相应的专项训练。两种辅导同时开展,分清主次。小班专题辅导的模式在"汉语加油站"的发展中是一新生事物,中外参与者均需要一定的适应过程,运行模式上尚需数个学期的实践检验。

(5)"汉语加油站"强化功能,充分拓展。"汉语加油站"在对留学生做好汉语辅导的基础上,还应该从深度和广度上开拓功能,最大程度地发挥该平台的效能,使参与者尽可能收益最大化。

从深度上说,要在"汉语"上做文章,不仅是汉语辅导,还要有汉语研究。不能将"汉语加油站"限定为留学生学习汉语的单向受惠平台,而应该使所有参与者都能受汉语之益。要为留学生的汉语学习加"油",也要为中国学生和老师的对外汉语教学实践与研究加"油"。

从广度上说,要在"语言"上做文章,变"汉语加油站"为"语言加油站"。此平台是多种语言汇集的场所,蕴藏了丰富的语言资源。参与者在此不仅能为学习汉语"加油",还能为练习或学习其他语言"加油"。将单纯辅导汉语的场所变成具有可提供多种语言服务功能的"加油站",利用参与者的多种语言背景优势,为其他需要外语的部门或个人提供帮助,如汉外互译、外语助教等,甚至可以创收。

七、结语

“汉语加油站”经过3年多的发展，已经积累了丰富的经验，并不断创新，目前已经成为汉语课堂教学不可缺少的补充，使众多的中外学生从中受益，应该坚持开展活动并积极推广其运行模式。相关人员应适时总结经验，不断完善管理和组织形式，办出特色，实现“汉语加油站”的可持续发展。

参考文献

[1] 吴勇毅. 刍议汉语个别教学[A]. 北京：中国社会科学出版社，2002.

[2] 吴仁辅. 对外汉语一对一个别教授研究[C]. 北京：中国社会科学出版社，2002：37－51.

[3] 曹贤文. 国际汉语有效教学研究[M]. 北京：世界图书出版公司北京公司，2014：15－30.

[4] 池建海. 一对一汉语教学相关问题分析[J]. 黑龙江教育学院学报，2014(4)：60－62.

[5] 姚佳. “可懂输入”对“一对一”汉语教学的启示[J]. 亚太教育，2016(12)97－98.

The Practice and Innovation of the “Chinese Enhancement Lounge”

Lu Shuwei

(*College of International Education, Zhejiang Normal University*)

Abstract: The “Chinese Enhancement Lounge”, an innovative Chinese language tutoring mode developed by the College of International Education (CIE) of Zhejiang Normal University, is a series of free and conventional extra—curricula volunteer tutoring activities. It acts as such a platform that not only enables intercultural communications between Chinese and international students, but also stimulates the international students' interest to learn Chinese as, and it also provides practice opportunities for Chinese students. After being in operation for three years, it has benefited hundreds of students and become one of the brand activities of CIE. This paper introduces the origin, development, operation mode, effects and deficiency of the "Chinese Enhancement Lounge" in detail, with some suggestions regarding its future development.

Key words: Chinese Enhancement Lounge; tutor; tutee; sustainable development

《汉语国际教育研究》(第4辑)征稿启事

《汉语国际教育研究》由浙江师范大学国际文化与教育学院组织编纂，每年一辑。《汉语国际教育研究》以促进汉语国际教育专业与学科可持续发展为目标，为从事汉语国际教育相关的教学与管理研究者提供学术研讨和理论创新平台。稿件一经出版即赠样书1～2本，第4辑征稿截至日期为2018年10月31日。竭诚欢迎国内外专家、学者、研究生惠赐佳稿。

《汉语国际教育研究》主要栏目设置：

第二语言习得研究、汉语与汉语教学研究、文学与文化传播研究、国别化汉语教育研究、孔子学院建设研究、非洲社会文化研究、华人华侨研究等。

来稿注意事项：

(1)字数：来稿字数以8 000字左右为宜，重大学术问题的论文篇幅可不受此限。

(2)篇名：篇名应简明、具体、确切，能概括文章的特定内容，符合编制题录、索引和检索的有关原则，一般不超过20个字。

(3)作者署名：作者署名置于篇名下方。

(4)作者单位：作者应标明其工作单位全称(应写到所在院系或研究所)，加圆括号置于作者署名下方。如：(浙江师范大学 国际文化与教育学院)。

(5)摘要：摘要应能客观地反映论文主要内容的信息，具有独立性和自含性，一般不超过300字。

(6)关键词：关键词3～5个，关键词之间用分号分隔。

(7)作者简介：依次为作者姓名、出生年、性别、籍贯、职称、学位。作者简介以脚注形式标注于文章首页页脚。

(8)基金项目：标明基金项目名称及项目编号，以脚注形式标注于作者简介上方。

(9)正文:文内标题力求简短、明确,题末一般不用标点符号。层次一般不超过 4 级,依次用“一、→(一)→1.→(1)”表示。表格采用三线表编制,应有表序和表题,表序和表题置于表格上方,表注则置于表格下方,表内数字要对齐;插图要标明图序、图题,置图下方。引文一定要核对原文,做到准确无误。

(10)注释:凡对文章篇名、作者及文内某一特定内容所作的必要的解释或说明为注释。用“①、②、③、④……”编号,置于正文之后。

(11)参考文献:用于说明引文的出处,用“[1]、[2]、[3]……”编号,置于参考文献之后;参考文献序号应与正文中序号对应,多次引用同一文献,在文内文献引用上标同一序号并标明页码。各种参考文献的类型,根据 GB/T7714-2005《文后参考文献著录规则》执行。有关参考文献示例如下:

①专著:[序号]主要责任者.文献题名[M].出版地:出版社,出版年:页码.

②期刊文章:[序号]主要责任者.文献题名[J].刊名,年,卷(期):起止页码.

③报纸文章:[序号]主要责任者.文献题名[N].报纸名,出版日期(版次).

④外文版专著、期刊、论文集、报纸等,用原文标注各项,切忌中文与外文混用。

(12)英文题名、英文作者署名及工作单位、英文摘要、英文关键词,与中文一一对应,置于参考文献之后。

《汉语国际教育研究》联系方式:

(1)通讯地址:浙江省金华市婺城区浙江师范大学国际学院《汉语国际教育研究》编委会(邮编:321004)

(2)联系电话:0579—82298780、82298782

(3)投稿邮箱:hygjjyyj@zjnu.cn

《汉语国际教育研究》编委会

2018 年 2 月 26 日